本教材（编号：JC2021005）
由中国社会科学院大学教材建设项目专项经费支持

中华人民共和国史研究的理论与方法

宋月红　王爱云　著

图书在版编目(CIP)数据

中华人民共和国史研究的理论与方法 / 宋月红，王爱云著. -- 北京：当代中国出版社，2021.12
中华人民共和国史系列教材
ISBN 978-7-5154-1128-6

Ⅰ.①中⋯　Ⅱ.①宋⋯②王⋯　Ⅲ.①中国历史—现代史—研究—教材　Ⅳ.①K270.7

中国版本图书馆 CIP 数据核字（2021）第 120885 号

出 版 人	冀祥德
责任编辑	宋卫云
责任校对	康　莹
印刷监制	刘艳平
封面设计	任晴清　马　骥
出版发行	当代中国出版社
地　　址	北京市地安门西大街旌勇里8号
网　　址	http://www.ddzg.net　邮箱：ddzgcbs@sina.com
邮政编码	100009
编 辑 部	（010）66572264　66572154　66572132　66572180
市 场 部	（010）66572281　66572161　66572157　83221785
印　　刷	北京润田金辉印刷有限公司
开　　本	787毫米×1092毫米　1/16
印　　张	16印张　287千字
版　　次	2021年12月第1版
印　　次	2021年12月第1次印刷
定　　价	48.00元

版权所有，翻版必究；如有印装质量问题，请拨打（010）66572159 联系出版部调换。

《中华人民共和国史系列教材》编委会

主　任：姜　辉

副主任：李正华　宋月红　冀祥德

委　员（按姓氏笔画排序）：

王巧荣　王爱云　李　文　张金才　张星星

武　力　欧阳雪梅　郑有贵

目 录

导 论 ·· 1

第一章　中华人民共和国史研究的兴起和发展 ·· 13

第一节　唯物史观对中国史学发展的影响 ·· 13
一、唯物史观在中国的传播及其对中国史学的影响 ································· 13
二、唯物史观在新中国史学中指导地位的确立 ······································· 15

第二节　20世纪50年代国史研究的起步与开展 ··· 17
一、党政领导人对国史研究的倡导 ··· 17
二、国史研究、编纂工作的起步及其成果的产生 ···································· 22

第三节　改革开放以来国史研究的发展 ·· 25
一、国史研究的恢复与展开 ··· 25
二、关于国史研究工作的初步规划 ··· 28
三、实施《当代中国》丛书研究编纂 ·· 30
四、国史研究专门机构的设置 ··· 31

第四节　新时代国史研究的繁荣 ··· 33
一、党中央高度重视国史学习、研究和宣传 ·· 34
二、国史研究和国史学科建设取得突出成绩 ·· 35

第五节　国史研究编纂的代表性成果 ··· 36
一、当代中国研究所著《中华人民共和国史稿》 ···································· 37
二、马克思主义理论研究和建设工程重点教材
　　《中华人民共和国史》 ··· 39
三、多卷本《中华人民共和国史编年》 ··· 41
四、《新中国70年》 ·· 42

第二章　国史和国史研究中的重大理论问题 ·· 46

第一节　第二个《历史决议》的认识论基础及其对国史研究的
　　　　　指导意义 ··· 46
一、遵循实事求是原则 ··· 46

二、正确评价毛泽东的历史地位……49
　　三、科学揭示毛泽东思想活的灵魂……52
　　四、根据全部历史来认识和处理历史问题……57
　　五、分清历史的主流与支流……61
第二节　人民群众的历史主体地位与国史人物的历史作用……65
　　一、人民群众的历史主体地位……65
　　二、国史人物的产生及其历史作用……69
第三节　改革开放前后两个历史时期的辩证统一关系……77
　　一、历史发展逻辑……78
　　二、认识论基础……88
　　三、科学认识和把握改革开放前后两个历史时期的关系……93
第四节　国史与中共党史及其研究之间的关系……99
　　一、国史与中共党史的统一关系……99
　　二、国史研究与中共党史研究融通互鉴……113
　　三、国史研究与中共党史研究的主要区别……120

第三章　国史研究中若干思潮辨析……135
第一节　历史虚无主义在国史研究中的表现与实质……135
　　一、"转换"历史主题……135
　　二、伪造所谓"新史料"……136
　　三、偷换历史范畴……138
第二节　历史研究的"碎片化"……140
　　一、"碎片化"孤立、静止地对待历史……141
　　二、"碎片化"混淆历史逻辑……142
　　三、"碎片化"为其所用地切换历史场景……143
第三节　关于改革开放前后两个历史时期关系的"否定说"
　　　　与"统一论"……144
　　一、"否定说"的主要表现……144
　　二、"统一论"的基本内涵……145

第四章　国史通史研究与专门史研究的关系……150
第一节　国史通史研究和编纂的学理基础与方法……150

一、国史通史研究和编纂的学理基础 ……………………………… 150
　　　二、国史通史的基本内涵及特色 …………………………………… 153
　　　三、国史通史研究和编纂的基本方法 ……………………………… 157
　第二节　国史专门史研究的兴起和发展 ……………………………… 160
　　　一、中外史学中的专门史 …………………………………………… 161
　　　二、国史专门史研究的兴起和发展 ………………………………… 162
　第三节　国史通史研究与专门史研究的关系 ………………………… 165
　　　一、国史通史研究与专门史研究各有所长 ………………………… 165
　　　二、国史通史研究与专门史研究互相促进 ………………………… 166

第五章　国史史料的整理和研究 …………………………………………… 169
　第一节　国史研究是史观与史料的有机结合 ………………………… 169
　　　一、历史观对史料运用的决定性作用 ……………………………… 169
　　　二、坚持用唯物史观指导史料的解读与运用 ……………………… 171
　第二节　国史史料的分类与收集 ……………………………………… 173
　　　一、国史史料的分类 ………………………………………………… 173
　　　二、国史史料的收集 ………………………………………………… 178
　第三节　国史史料的整理与辨别 ……………………………………… 183
　　　一、史料辨伪 ………………………………………………………… 183
　　　二、史料勘误 ………………………………………………………… 186

第六章　国史研究的方法 …………………………………………………… 190
　第一节　国史研究的马克思主义历史主义分析 ……………………… 190
　　　一、实事求是,全面地、辩证地看待历史事件与人物 …………… 191
　　　二、把历史事物放到具体历史环境中认识 ………………………… 194
　　　三、以联系的观点认识历史事物的产生和发展 …………………… 197
　　　四、把历史事物置于历史发展过程中认识 ………………………… 200
　第二节　国史研究的定性与定量分析方法 …………………………… 203
　　　一、国史研究的定性分析方法 ……………………………………… 203
　　　二、国史研究的定量分析方法 ……………………………………… 206
　　　三、国史研究坚持定性与定量分析相结合 ………………………… 209
　第三节　国史研究的国情调研方法 …………………………………… 211

一、国情调研对国史研究的意义与作用 …………………… 211
　　二、国史研究中国情调研的开展 …………………………… 214
第四节　国史研究的比较研究方法 ……………………………… 220
　　一、比较研究方法的基本原则 ……………………………… 220
　　二、国史比较研究方法的运用 ……………………………… 223
第五节　国史研究的跨学科方法 ………………………………… 228
　　一、跨学科方法在国史研究中的运用 ……………………… 229
　　二、国史研究跨学科方法的功效与要求 …………………… 232
第六节　国史研究的口述史学方法 ……………………………… 235
　　一、国史研究中口述史学方法的应用 ……………………… 235
　　二、口述史学方法的价值与功效 …………………………… 238
　　三、口述史学方法的缺陷与对策 …………………………… 241

阅读文献 ………………………………………………………… 244
后　记 …………………………………………………………… 246

导 论

中华人民共和国史（简称国史），是指中华人民共和国成立以来的历史，也就是中华人民共和国成立、建设和发展的历史。这是中国共产党领导全国各族人民进行中国革命、建设和改革的历史，是马克思主义基本原理与新中国的具体实际相结合的历史，是人民的创业史、探索史和奋斗史。国史研究以此为研究对象，逐渐形成一门与中国古代、近代史研究相衔接，与中共党史研究相联系而又相对独立的史学研究领域或学科。如同哲学社会科学其他学科一样，国史研究有其理论与方法。国史研究越发展，国史研究的理论与方法也就越成熟。国史研究的理论与方法，以国史为根本依据，以唯物史观为指导，以历史理论特别是国史理论为思想认识基础，内涵丰富，领域广阔。国史研究的理论与方法，建立在国史研究及其经验与规律的基础上，同时借鉴其他学科特别是中共党史等相近、相关学科的理论与方法，是国史研究学科体系中不可或缺的有机组成部分，对于国史研究具有规范、引导和推动作用。

一

中国共产党历来重视历史，善于借鉴和运用历史经验。毛泽东指出："我是靠总结经验吃饭的。"邓小平也指出："历史上成功的经验是宝贵的财富，错误的经验、失败的经验也是宝贵的财富。"中共十八大以来，习近平总书记对加强历史研究作出许多重要论述。他强调："我们回顾历史，不是为了从成功中寻求慰藉，更不是为了躺在功劳簿上、为回避今天面临的困难和问题寻找借口，而是为了总结历史经验、把握历史规律，增强开拓前进的勇气和力量。"中国共产党在领导中国革命、建设、改革的长期实践中，始终坚持把马克思主义基本原理同中国具体实际相结合，不断总结历史经验，深刻把握并熟练运用历史规律，增强理论自觉和行动自觉，从而推动党和人民的事业不断破浪前行。

中华人民共和国成立70多年来，创造了世所罕见的经济快速发展奇迹和社会长期稳定奇迹，中华民族迎来了从站起来、富起来到强起来的伟大飞跃。这种前无古人的伟大实践，给理论创造、学术繁荣提供了广阔空间，也给新中国史研究提供了宽广舞台。习近平总书记指出："要继续加强对党史、国史的学习，在对历史的深入思考中做好现实工作、更好走向未来，不断交出坚持和发展中国特色社会主义的合格答卷。"在"不忘初心、牢记使命"主题教育中，中央"不忘初心、牢记使命"主题教育领导小组2019年7月印发了《关于在"不忘初心、牢记使命"主题教育中认真学习党史、新中国史的通知》，要求把学习党史、新中国史作为主题教育重要内容。2020年1月8日，习近平总书记在"不忘初心、牢记使命"主题教育总结大会上的讲话中再次指出："党的历次集中教育活动，都以思想教育打头，着力解决学习不深入、思想不统一、行动跟不上的问题，既绵绵用力又集中发力，推动全党思想上统一、政治上团结、行动上一致。要把学习贯彻党的创新理论作为思想武装的重中之重，同学习马克思主义基本原理贯通起来，同学习党史、新中国史、改革开放史、社会主义发展史结合起来，同新时代我们进行伟大斗争、建设伟大工程、推进伟大事业、实现伟大梦想的丰富实践联系起来，在学懂弄通做实上下苦功夫，在解放思想中统一思想，在深化认识中提高认识，切实增强贯彻落实的思想自觉和行动自觉。"在习近平总书记看来，"学习党史、国史，是坚持和发展中国特色社会主义、把党和国家各项事业继续推向前进的必修课。这门功课不仅必修，而且必须修好"。习近平总书记的重要论述和党中央的明确要求，为国史研究指明了前进方向、提供了根本遵循。

第一，国史研究要坚持正确的政治方向、价值取向和学术导向。习近平总书记指出："坚持以马克思主义为指导，是当代中国哲学社会科学区别于其他哲学社会科学的根本标志，必须旗帜鲜明加以坚持。"国史研究必须毫不动摇地坚持马克思主义指导地位，深入学习贯彻习近平新时代中国特色社会主义思想，坚持正确的政治方向、价值取向和学术导向，用马克思主义的立场观点方法对待党史和国史，旗帜鲜明地运用唯物史观指导国史研究工作。

第二，国史研究要更好地服务党和国家工作大局。当前，我国正处在实现中华民族伟大复兴的关键时期，2020年中国全面建成小康社会，2021年中国共产党成立一百周年，这些都是中华民族发展史上的重要里程碑。国史研究工作者要紧紧抓住历史机遇，聚焦重大理论和现实问题，从历史的视角书写和记录人民的伟大实践、时代的发展进步，深入总结中国共产党领导中国人民进行伟大社会革命的宝贵经验，深入宣传阐释只有中国共产党才能领导中国人民站起来、富起来、强起来的历史必然性，弘扬中国精神、凝聚中国力量，鼓舞全国各族人民坚定不移走中国特色社会主义道路，意气风发地迈向实现中华民族伟大复兴的光明未来。

第三，国史研究要加快推进国史学科体系、学术体系、话语体系建设和创新。新时代党和国家事业发展，对国史研究提出了新的更高要求。国史研究工作者要增强责任感和使命感，树立精品意识，通过扎实严谨的学术研究，形成对新中国发展历程、辉煌成就、宝贵经验的权威历史记述，推出一批高质量、有影响的国史研究成果，为全党全社会提供权威参考，不断深化对共产党执政规律、社会主义建设规律、人类社会发展规律的认识，总结治国理政经验，发挥资政育人功能，为新时代坚持和发展中国特色社会主义、实现中华民族伟大复兴的中国梦提供有力学理支撑。

二

历史可以分为自然史和人类社会史，随着生产力和生产关系的发展而愈益成为人类社会的历史。人类社会的历史首先是生产发展的历史。生产发展的历史充满了人类社会创造的一切文明成果，蕴涵着人类社会发展的规律，饱含着国家兴亡、民族盛衰的经验与教训，形成人类社会发展进步的阶梯。

中华人民共和国在新民主主义革命胜利的基础上成立。它的成立，彻底结束了旧中国半殖民地半封建社会的历史，开辟了中国人民和中华民族独立、自由、民主、富强和复兴的伟大时代。中华人民共和国成立特别是改革开放以来，中国共产党在中国革命、建设和改革的各个历史时期，坚持和发展毛泽东思想，形成和发展了邓小平理论、"三个代表"重要思想、科学发展观和习近平新时代中国特色社会主义思想，对什么是马克思主义、怎样对待马克思主义，什么是社会主义、怎样建设社会主义，建设一个什么样的党、怎样建设党，实现什么样的发展、怎样发展，坚持和发展什么样的中国特色社会主义、怎样坚持和发展中国特色社会主义等一系列关系党和国家前途命运的基本问题，进行了接力探索和科学回答，创造性地实现了中国社会由新民主主义到社会主义的转变，确立社会主义基本制度，实现中国历史上最广泛最深刻的社会变革；艰辛探索适合中国国情的社会主义建设道路，大规模地进行经济建设，建立起独立的比较完整的工业体系和国民经济体系，积累了在中国这样一个社会生产力水平相对落后的东方大国进行社会主义建设的重要经验；决策实施改革开放，确立社会主义初级阶段基本路线，深刻揭示社会主义本质，不断解放和发展社会生产力，实现中国经济社会发展的历史跨越。

中华人民共和国成立迄今已70多年，完成全面建成小康社会，正在向实现中华民族伟大复兴推进。在这一波澜壮阔的伟大历史进程中，中国人民迎来从站起来到富起来再到强起来的伟大飞跃，中国社会发生翻天覆地的变化，中华民族走向伟大复兴。

国史有其主题与主线，并彰显其主流与本质。国史的主题与主线、主流与本质，相互联系、不可分割，深刻反映国史的总体面貌和内在发展规律。

国史的主题是，中国共产党领导全国各族人民，根据社会基本矛盾及其变化，进行中国革命、建设和改革，建立、完善和发展社会生产关系，不断解放和发展社会生产力，解决好发展不平衡不充分问题，更好满足人民在经济、政治、文化、社会、生态等方面日益增长的需要，更好推动人的全面发展、社会的全面进步。

国史的主线是国史的基本发展脉络。关于国史的主线问题，从不同意义或认识角度，可以有不同的表述。有的认为只有一条，有的则主张有多条。如朱佳木认为，如果把历史作为某个特定空间、时间内人的主体活动与客体物质关系交互作用的鲜活过程，从历史发展的具体动因这个层次、这种意义上理解，主线不会只有一条，而会有多条。据此，他提出，国史的主线至少应有三条，即探索中国社会主义的发展道路，争取早日实现中国的工业化和现代化，维护中国的国家安全、主权和领土完整。在这三条主线中，第一条最重要，因为它决定着中华人民共和国的国体。①

国史由中华人民共和国的成立而发端，围绕建设一个什么样的国家而展开和推进。因此，也可以从这个意义上说，国史的主线就是把中国建设成为富强民主文明和谐美丽的社会主义现代化国家，实现中华民族伟大复兴。

国史虽然曲折复杂，但成就辉煌、前景光明。国史的主流是：在指导思想上，尽管发生过教条主义、经验主义和主观主义等方面的失误与错误，但马克思主义中国化总是向前发展和深入推进的，毛泽东思想、中国特色社会主义理论体系既一脉相承又与时俱进；在经济社会上，发展成就是主要的，并影响深远，曲折、失误甚至错误则是次要的、暂时的，且是在纠正错误中发展的；在国家制度上，社会主义基本制度确立、完善和发展，推动中国社会发生广泛而深刻的变革，促进社会生产力不断解放和发展；在社会发展道路上，国史的基本方向和总趋势是，探索适合中国国情的社会主义建设道路，不断完善和拓展中国特色社会主义道路。

国史区别于中国古代史、近代史以及其他国家的历史，其本质在于，它是中国共产党领导人民在马克思主义中国化理论成果的指导下，进行社会主义现代化建设的历史进程。中华人民共和国的成立是中国人民在中国共产党的领导下，将马克思主义基本原理与中国革命具体实际相结合，取得新民主主义革命胜利的必然结果；中华人民共和国的建设和发展，同样是中国人民在中国共产党的领导下进行的，是中国共产党的领导和执政史，因此也是马克思主义基本原理与中国革

---

① 朱佳木：《论中华人民共和国史研究》，《中国社会科学》2009年第1期。

命、建设和改革的具体实际相结合的历史。以不断发展着的马克思主义为指导，规定了这一历史发展的基本方位，马克思主义中国化则成为这一历史发展的一条基本规律。中国共产党把马克思主义基本原理同中国实际和时代特征结合起来，领导全国各族人民取得革命、建设和改革的伟大胜利，开创和发展了中国特色社会主义，从根本上改变了中国人民和中华民族的前途命运。中国特色社会主义道路、理论、制度和文化是党领导中国各族人民奋斗、创造、积累的根本成就，并作为中国特色社会主义的实现途径、行动指南和根本保障，统一于中国特色社会主义伟大实践。历史和现实表明，只有社会主义才能救中国，只有中国特色社会主义才能发展中国。中国特色社会主义是当代中国发展进步的根本方向和实现中华民族伟大复兴的必由之路。坚持和发展中国特色社会主义，中国特色社会主义道路必将越走越宽广。

国史研究，作为以中华人民共和国史为研究对象的历史研究领域或学科，既具有史学研究的一般规律性，又具有自身特殊性。从古至今，历史研究的意义与功能在于，究天人之际，通古今之变，反映历史面貌，总结历史经验，探索历史发展规律。欲知大道，必先为史，以启发爱国心，存史、资政、育人和护国。邓小平说："要懂得些中国历史，这是中国发展的一个精神动力。"① 在国史研究中，使主观认识符合客观实际，求国史之实之真，首先必须以马克思主义基本理论为指导，正确理解和全面掌握马克思主义中国化的科学理论成果，即毛泽东思想和中国特色社会主义理论体系。因为它们不仅是国史的内在组成部分，是国史研究的重要内容，而且是指导国史发展的思想基础，是国史研究应当坚持和贯彻的指导思想。离开这一点，国史研究就会是盲目的、支离破碎的；否定这一点，国史研究将会陷入"历史虚无主义""个人英雄主义""价值中立"等唯心史观的泥潭。因此，要做到科学研究国史，马克思主义对国史研究的指导地位与其他哲学社会科学一样，是不可动摇的。坚持马克思主义对于国史研究的指导地位，是一项任重而道远的科学工作。只有在国史研究的整个过程中始终坚持马克思主义基本原理，坚持社会主义方向，才能使国史研究沿着正确的发展道路走向繁荣。

研究历史须有一个正确的历史观。坚持马克思主义对国史研究的指导地位，最根本也是最直接的就是要全面贯彻唯物史观。列宁指出："马克思的历史唯物主义是科学思想中的最大成果"②，"是唯一科学的历史观"③。毛泽东也指出："马克思

---

① 《邓小平文选》第3卷，人民出版社1993年版，第358页。
② 《列宁选集》第2卷，人民出版社1995年版，第311页。
③ 《列宁选集》第1卷，人民出版社1995年版，第10页。

和恩格斯综合了人类认识史的积极的成果,特别是批判地吸取了黑格尔的辩证法的合理的部分,创造了辩证唯物论和历史唯物论这个伟大的理论,才在人类认识史上起了一个空前的大革命。"①唯物史观一经传到中国,就在中国引起了真正意义上的思想革命和解放。习近平总书记指出:"在革命、建设、改革各个历史时期,我们党运用历史唯物主义,系统、具体、历史地分析中国社会运动及其发展规律,在认识世界和改造世界过程中不断把握规律、积极运用规律,推动党和人民事业取得了一个又一个胜利。历史和现实都表明,只有坚持历史唯物主义,我们才能不断把对中国特色社会主义规律的认识提高到新的水平,不断开辟当代中国马克思主义发展新境界。"②

唯物史观与以往历史理论的根本不同主要在于,它强调从社会关系体系和物质生产考察人类社会的一切历史,主张物质生产是一切社会现象的根源和决定因素,经济的要件是历史上唯一的物质的要件;它尊重人民群众的历史主体性,指出人民群众是历史的主人,是历史的真正创造者。因此,研究国史,就必须从中国国情和社会历史条件出发,围绕中国社会不同历史发展阶段的社会主要矛盾来展开,并以是否满足社会生产力的发展要求作为衡量历史发展与否及其发展程度的基本尺度;同时,人民民主专政的国体决定了研究国史尤其要把中国共产党的领导、人民群众的历史主体地位及其首创精神,具体地历史地统一起来。这样,把唯物史观贯彻到国史研究中所遵循的基本立场、观点和方法,就形成历史唯物主义的国史观和方法论,表现为社会主义史观、共产党执政史观和人民民主史观及其方法论的总和。坚持这样的国史观和方法论,才能从根本上坚持国史研究的正确方向,并通过国史研究,科学构建国史研究的理论与方法论体系,从而以国史研究的丰富学术成果,为探索社会主义建设规律和共产党执政规律提供历史依据和智力支持。

国史研究,以研究内容定位,可以分为思想史、制度史和实践史研究等,也可以分为政治史、经济史、文化史、社会史、外交史,以及生态史研究等;从研究角度上说,可以形成若干具有认识论与方法论意义的学科分支领域,如国史哲学、国史研究的理论与方法、史料学、编纂学、史志学、口述史学、历史地理学等,又如通史性研究、分期史研究、专门史研究和比较研究等。而且,这些学科分支领域既具有一定的相对独立性,又内在地联系在一起。比如,思想史、制度

---

① 《毛泽东选集》第1卷,人民出版社1991年版,第303—304页。
② 《习近平在中共中央政治局第十一次集体学习时强调 推动全党学习和掌握历史唯物主义 更好认识规律更加能动地推进工作》,《人民日报》2013年12月5日。

史和实践史研究中，思想与制度为实践提供认识基础和制度规范，实践检验并丰富与发展相应的思想和制度；政治史、经济史、文化史、社会史、外交史，以及生态史本来就是一体化地统一于国史的总体之中的。再比如，地方史不仅具有专门史性，而且与国家层面上的国史研究形成"央地关系"。这是历史的局部与整体的关系。而且，地方史中具有国家意义、普遍意义和典型意义的历史内涵，是国史研究无论在广义或狭义意义上都不可缺少的重要内容。同时，专门史、地方史研究不可能离开国史的整体性、通史性研究。

建立健全国史研究的学科体系，需要发展国史研究的主要分支学科或领域。

其一，国史史料学，以记载国史史实的文献、档案和口述资料为主要研究对象，在国史研究中处于基础性的地位。没有对国史史料的整理、甄别与运用，国史研究将成为无源之水、无本之木；没有对国史史料系统而翔实的掌握，国史研究将可能是片面的和难以深入的。

其二，国史编纂学，以国史编纂及其方法为研究对象，探索国史编纂的规律与特点。

其三，国史研究理论与方法，以如何认识和研究国史为基本内容，是衡量国史研究这一学科发展程度的重要标志，也是推动国史研究不断发展的重要认识来源和理论基础，包括历史哲学意义上的国史观、国史本体论、认识论和方法论。国史观是国史哲学的核心内容，并与国史本体论、认识论和方法论一起构成国史哲学的基本体系。马克思主义国史观是以唯物史观为思想理论基础的历史观。

其四，国史学史，以国史研究这一学科的发展史为研究对象，总结本学科建设经验，预测学科发展趋势。

其五，比较国史学，是用比较的方法，一方面，比较历史问题，认识历史事物的一般性和特殊性，把握历史发展的复杂性和多样性；另一方面，把本国史与国别史、世界史联结起来，认识本国历史发展所处的历史方位、历史阶段及其特征，以及本国历史发展对世界历史发展的作用与贡献。

国史研究的这些分支学科或领域的发展是互为条件、相辅相成的。只有各个分支学科或领域在发展上相互促进，才能推动国史研究全面、协调和可持续发展。为此，需要遵循国史研究的规律，系统总结国史研究的历史经验，借鉴历史学和其他学科的理论与方法，逐步建构起比较完整的国史研究学科体系。

不仅如此，历史本来就是复杂的、综合的，多学科和跨学科研究日益成为国史研究的重要发展趋势与特点。

三

建设和发展国史研究的理论与方法，既需要研究国史的理论与方法论，又需要研究国史研究的学科理论与方法。因此，在国史理论学科建设与理论研究中，有必要在概念上确立和区分"国史理论"和"国史研究理论"。人们认识和研究国史，既可以形成国史理论，也可以形成国史研究理论。这两种理论形态相互联系，但在内涵、意义与作用上又有所不同。如果说国史理论主要揭示什么是国史及其如何发展，那么国史研究理论要解决的则是如何认识和研究国史。

国史理论是关于国史上社会矛盾关系及其变化发展的带有规律性的思想认识成果，包括国史发展的主题与主线、动力与条件、内涵与本质等的基本立场、观点和方法。其中，中国共产党的国史理论在国史研究中处于指导地位。中国共产党在领导全国各族人民进行社会主义建设和推动马克思主义中国化的历史进程中，根据中国历史、世界历史及其相互关系，科学总结人类社会发展规律、社会主义建设规律和共产党执政规律，形成和发展了中国共产党的国史理论。国史理论是中国共产党在唯物史观指导下，对中华人民共和国成立以来中国革命、建设和改革的历史进程与经验的认识和总结，主要存在于《关于建国以来党的若干历史问题的决议》等党的历史文献，以及党和国家主要领导人关于国史的论述中。国史在发展，中国共产党的国史理论也随之不断丰富和发展，并为国史研究奠定了思想理论与方法论基础。

人民群众的历史主体地位问题，是中国共产党的国史理论的根本问题。中国共产党坚持尊重社会发展规律与尊重人民历史主体地位的一致性，指出人民群众是历史的真正创造者，在国史发展中始终处于历史主体地位。人民总是在社会矛盾运动中不断开辟前进的道路。

中华人民共和国成立以来的社会形态问题，是中国共产党的国史理论的基本问题。中国共产党坚持和探索社会基本矛盾运动规律，指出中华人民共和国的成立，彻底结束了旧中国半殖民地半封建社会的历史；新民主主义革命是社会主义革命的必要准备，社会主义革命是新民主主义革命的必然趋势，社会主义改造基本完成，社会主义基本制度确立，实现了中国历史上最广泛最深刻的社会变革，人民群众日益增长的物质文化需要同落后的社会生产之间的矛盾成为社会的主要矛盾。中国特色社会主义新时代，社会的主要矛盾转化为人民日益增长的美好生活需要和不平衡不充分的发展之间的矛盾。中国特色社会主义是科学社会主义理论逻辑和中国社会发展历史逻辑的辩证统一，当代中国仍处于并将长期处于社会主义初级阶段，坚持和发展中国特色社会主义，是当代中国发展进步的根本方向和实现中华民族伟大复兴的必由之路。

关于国史发展阶段问题，在中国共产党的国史理论中主要集中于改革开放前后两个历史时期的关系，指出改革开放在党的历史上具有转折意义，是决定当代中国命运的关键抉择；以毛泽东同志为核心的党的第一代中央领导集体在领导人民进行社会主义建设中取得的独创性理论成果和巨大成就，为改革开放历史新时期开创中国特色社会主义提供了宝贵经验、理论准备和物质基础。改革开放前和改革开放后是两个相互联系又有重大区别的历史时期，但本质上都是党领导人民进行社会主义建设的实践探索，不能用改革开放后的历史时期否定改革开放前的历史时期，也不能用改革开放前的历史时期否定改革开放后的历史时期。

中国共产党的国史理论是党的思想理论的重要组成部分，加强国史理论的建设和发展，必须结合国史的实际，深入研究中国特色社会主义道路、理论体系、制度和文化的形成、确立与发展的历史进程、经验和规律，为坚持和发展中国特色社会主义提供历史根据和理论支持。

国史研究是否具备自身特点和系统化的理论与方法，是其是否完善并区别于中共党史研究和其他相关学科的主要标志。

国史研究理论是关于国史的认识论与方法论。它既包括唯物史观在国史研究中的应用与发展而形成的国史观，又包括国史史料学、编纂学、史学史，以及一系列以史论结合为特点的研究方法。

国史研究理论主要以国史通史性研究为基础。史不"通"则难知"大道"，也难为理。国史通史性研究是国史研究理论的重要基础与来源。在一定意义上说，国史研究理论就是在唯物史观指导下，把国史通史性研究与国史史学理论研究相结合的一项历史研究工作。

同时，无论是国史理论还是国史研究理论，都离不开以国史研究的范畴作为基础。中华人民共和国成立以来的历史发展，是中国共产党领导人民进行革命、建设和改革的历史进程，贯穿并蕴涵着社会基本矛盾运动和经济、政治、文化、社会等各种矛盾关系的调整与变革。这一历史发展，不仅是以人民群众为主体的社会物质生产和生活的发展进步，也是以马克思主义中国化为主导的思想理论发展。深刻揭示这一历史的主题与主线、主流与本质，就需要在国史研究中确立与国史的本体相适应的基本范畴，除用来反映纷繁复杂的历史现象外，更为根本的是用以通过历史现象透视历史本质。

国史研究坚持以唯物史观为指导，一项重要的认识工作，就是要将马克思主义的哲学范畴、历史学范畴和政治经济学范畴等，运用到国史研究中来，同时用国史的理论与实践，来丰富和发展这些范畴的内容与形式，使国史研究的认识逻辑与马克思主义中国化及其指导社会实践的历史发展逻辑相统一。

国史研究的范畴，是彰显国史发展的动力、表现国史的整体面貌、标示国史的基本内涵与鲜明特征的一系列基础性概念。国史研究的学科体系和话语体系，在很大程度上是由其范畴体系所支撑和表述的。深入研究范畴问题，对于国史学科建设，具有认识论与方法论意义。

四

中华人民共和国成立特别是改革开放以来，国史研究兴起和发展，学科建设不断推进，理论与方法研究逐步形成和发展，为形成国史研究的学科体系奠定了一定基础。其中，中共中央通过的《关于建国以来党的若干历史问题的决议》，党的主要领导人关于中华人民共和国史的论述，如《毛泽东邓小平江泽民胡锦涛关于中国共产党历史论述摘编》（中央文献出版社2021年版），为国史研究奠定了指导思想，指明了发展方向，提供了方法论。学术界围绕什么是国史，怎样认识、研究和编纂国史等问题，初步回答了国史的研究对象、定义、分期、主题、主线、主流与本质，探讨了国史与中国现代史、中共党史的关系，国史研究的社会功能等基本问题；比较深入地推进了关于国史中若干重大理论问题的研究，如由新民主主义向社会主义社会提前过渡的问题、改革开放前后两个历史时期的关系问题、中共十一届三中全会伟大历史转折和改革开放的历史必然性问题、计划经济的历史地位和作用问题等。国史研究虽然学术史还不长，但也已开展了多方面研究工作，并取得了积极研究成果，如《当代中国》丛书的编纂，党和国家领导人的文选、文集、年谱和传记的编辑与编纂，《中国共产党历史》的编纂，《中华人民共和国史编年》的编纂，《剑桥中华人民共和国史》及其述评，以及国史研究中通史类研究和专门史、专题史、地方史、口述史研究的展开等，使得研究和撰写关于国史研究理论与方法的著作，具备了必要的学术基础。关于国史研究的理论与方法的基础性研究成果与学术工作，初步建构起国史研究的学科体系的基本框架，有力地推动了国史研究广泛而深入的发展。

国史研究的理论与方法研究的基础性、综合性和前瞻性都很强，在国史研究自身学科建设中具有重要地位。然而，从总体上看，国史研究的理论与方法研究仍处于起步阶段，国史研究的理论与方法尚缺乏系统性、完整性、创新性，研究的广度、深度、程度和力度都有待加强，学科特点也不甚显著，严重滞后于国史研究的整体发展和学科建设的实际需要。

国史研究的理论与方法研究，首要的是应回答和阐释国史发展的主题与主线、主流与本质等基本理论问题，而缺乏系统的理论与方法的国史研究，则是难以适应这些理论问题研究的实际需要的。目前学术界之所以尚没有一部真正意义上的关于国史研究的理论与方法的专门著作，重要原因在于对已有研究成果缺乏系统的研究。繁荣发展国史研究，迫切需要在总结国史已有研究成果的基础上，深入开展国史研究的理论与方法研究，推动国史研究学科体系的不断完善和创新，逐步提高国史研究的规范化、系统化和科学化水平。

同时，国史研究的理论与方法研究，与国史中的政治史、经济史、文化史、社会史和外交史等专门史研究既相互联系，又在研究范围、角度和方法上有所区别，是国史研究中相对独立的学科分支领域。

国史研究的理论与方法研究，应坚持以辩证唯物主义和历史唯物主义为指导，集中研究国史研究的兴起与发展，即国史研究的学术发展史和学科建设史，探讨国史研究兴起的社会历史条件、学科背景，收集和整理国史研究的各个阶段所形成的研究成果，总结国史研究及其学科建设的基本经验，阐述国史研究的学科属性与特点，以及与中共党史研究等相关学科的关系，并以此为基础努力探寻国史研究的学科范畴、理论与方法，构建国史研究的理论与方法的基本框架。

中共十八大以来，习近平总书记明确指出，要认真学习党史、国史，知史爱党，知史爱国。他强调，历史是最好的教科书。2019年1月2日，习近平在中国社会科学院成立中国历史研究院时致贺信指出："新时代坚持和发展中国特色社会主义，更加需要系统研究中国历史和文化，更加需要深刻把握人类发展历史规律，在对历史的深入思考中汲取智慧、走向未来。"[1]2021年，习近平《论中国共产党历史》一书的出版，为新时代研究、学习党史、国史进一步指明了方向。学习、研究党史、国史，是坚持和发展中国特色社会主义、把党和国家各项事业继续推向前进的必修课。这门功课不仅必修，而且必须修好。要继续加强对党史、国史的学习，在对历史的深入思考中做好现实工作，更好地走向未来。这些重要论述阐明了学习党史国史的重要性及其战略意义。

学习党史国史，需要加强党史国史研究工作。然而，无论是学习还是研究党史国史，都面临一个理论与方法论问题。以科学的理论与方法论为指导，才

---

[1]《习近平致信祝贺中国社会科学院中国历史研究院成立强调总结历史经验揭示历史规律把握历史趋势 加快构建中国特色历史学学科体系学术体系话语体系》，《人民日报》2019年1月4日。

能学习和研究好党史国史,也才能为坚持和发展中国特色社会主义提供历史依据和精神动力。无论是学科建设还是思想理论建设,都需要加强国史研究的理论与方法研究。这是历史与现实、理论与实践赋予国史研究的一项重要学术理论责任。

第一章 中华人民共和国史研究的兴起和发展

在中国史学传统中，以隔代修史为主，但当代人写当代史也不失为一种重要学术理路。以中华人民共和国史为研究对象的国史研究，则传承了中国史学中研究和编纂历史的这一学术理路。中华人民共和国的历史时间尽管还不长，但是它在中国历史上的划时代意义决定了其历史研究的重要价值。而把它作为历史研究的对象进行科学研究，则是马克思主义唯物史观在中国传播、应用并中国化的历史进程中，随着中华人民共和国的成立、发展和变迁而起步并发展起来的。

第一节 唯物史观对中国史学发展的影响

唯物史观是马克思主义哲学基础，随马克思主义传入中国而在中国传播开来。在近代中国，李大钊1919年发表在《新青年》上的《我的马克思主义观》，比较全面地介绍和阐述了马克思"特有的唯物史观"。他指出，这一历史观有两个要领：一是"关于人类文化的经验的说明"，即人类社会生产关系的总和，构成社会经济的构造；二是"社会组织进化论"，即生产力与社会组织有密切的关系。① 至中国共产党成立前夕，唯物史观传播和影响日深。1920年9月16日，蔡和森写信给毛泽东说："马克思的唯物史观，显然为无产阶级的思想。以唯物史观为人生哲学社会哲学的出发点。结果适与有产阶级的唯理派相反，故我们今日研究学问，宜先把唯理观与唯物观分个清楚，才不至堕入迷阵"。② 次年1月21日，毛泽东复信说："唯物史观是吾党哲学的根据"。③ 中国共产党在马克思主义传播与中国工人运动相结合的基础上诞生，以唯物史观为其世界观和方法论基础，并在此后领导中国革命和建设的历史进程中坚持和发展马克思主义，并使之中国化。

一、唯物史观在中国的传播及其对中国史学的影响

在中国马克思主义史学发展史上，李大钊传播和运用马克思主义唯物史观，并在流派纷繁的近代中国史学界确立了中国史学革命的马克思主义方向。沿着这

---

① 中国李大钊研究会编注：《李大钊文集》第3卷，人民出版社1999年版，第27页。
② 《蔡和森文集》，人民出版社1980年版，第63页。
③ 《毛泽东书信选集》，中央文献出版社2003年版，第11页。

一方向，以郭沫若为代表的一批先进史学研究者，开始自觉地以唯物史观为指导进行中国历史与中国社会问题的研究，形成中国马克思主义史学研究的早期成果。如1930年3月由上海联合书店出版的郭沫若所著《中国古代社会研究》，堪称研究中国古代社会的代表作和典范之作，影响了一代学人。侯外庐在《韧的追求》中回忆："我一见郭沫若的《中国古代社会研究》，立刻就沿着他开辟的'草径'（何等光辉的一条'草径'），研究起王国维的遗产和郭沫若的方法。"① 这条"草径"就是运用唯物史观研究历史的方法。

马克思主义唯物史观从在中国传播之初，就与通过认识中国历史问题而探索和解决中国社会问题结合起来，成为马克思主义中国化的有机组成部分。郭沫若在《中国古代社会研究》自序中说："对于未来社会的待望逼迫着我们不能不生出清算过往社会的要求"，"认清楚过往的来程也正好决定我们未来的去向"。② 在这部著作中，他认为殷代是中国原始社会末期③，奴隶社会则起自西周，论证了中国古代奴隶制社会的存在，有力地回应了当时借"我们的国情不同"而认为马克思主义社会经济形态理论不适合中国的论调。④ 他指出："我们把中国实际的社会清算出来，把中国的文化，中国的思想，加以严密的批判，让你们看看中国的国情，中国的传统，究竟是否两样！"⑤ 关于古史分期问题，也即中国奴隶制与封建制的断限问题，他写这部著作时曾认为是在东周，40年代改为秦汉之际⑥，50年代初修正为春秋战国之交⑦，最终形成"春秋战国封建论"。1934年7月，吕振羽的《史前期中国社会研究》由人文书店出版，深入探讨了中国史前社会经济结构、母系到父系的血缘氏族制度。⑧ 这些研究成果在中国社会史和社会性质问题的论战中显现出马克思主义历史学的生命力，进一步扩大了马克思主义在中国的影响。1944年11月21日，毛泽东从延安写信给郭沫若说："你的史论、史剧有大益于中国人民，只嫌其少，不嫌其多，精神决不会白费的，希望继续努力"⑨。马克思主义史学在近

---

① 侯外庐：《韧的追求》，生活·读书·新知三联书店1985年版，第116页。
② 郭沫若著作编辑出版委员会编：《郭沫若全集·历史编》第1卷，人民出版社1982年版，第6页。
③ 郭沫若在1954年新版中将这一观点修正为殷代已进入奴隶社会。
④ 中国社会科学院历史研究所：《永远激励我们前进的榜样——深切悼念敬爱的郭沫若同志》，《人民日报》1978年6月27日。
⑤ 郭沫若著作编辑出版委员会编：《郭沫若全集·历史编》第1卷，人民出版社1982年版，第9—10页。
⑥ 郭沫若著作编辑出版委员会编：《郭沫若全集·历史编》第3卷，人民出版社1984年版，第4页。
⑦ 郭沫若著作编辑出版委员会编：《郭沫若全集·历史编》第1卷，人民出版社1982年版，第4页。
⑧ 吴泽：《我国马克思主义史学的开拓者——吕振羽》，《人民日报》1986年12月5日。
⑨ 《毛泽东书信选集》，中央文献出版社2003年版，第217页。

代中国的发展，对中国革命和中国思想界产生了不可替代的作用与影响。

自李大钊在中国传播马克思主义以来，唯物史观就在中国思想界和学术界扎下了根基，虽然受到过诋毁、排挤和打压，却从未中断过。中华人民共和国成立前夕，范文澜著文宣传李大钊的历史观，指出其为人民的历史观，不是"拜古"的，而是"爱今"的，不是"天命"的，而是"进步"的，不是所谓"无所为而为"的"学问之趣味"，而是要"变革"社会"创造"社会的，而是主张"求真"与"有用"合一的。[①] 吴玉章修改并在1949年5月至6月《人民日报》第4版连续发表的《中国历史教程绪论》[②]鲜明指出，研究历史的方法必须以马克思的唯物史观来研究，才是唯一正确的方法。中国新民主主义革命的胜利，是马克思主义与中国革命的具体实际相结合的成功实践。它不仅证明了唯物史观是科学的世界观和方法论，而且丰富和发展了唯物史观的科学内涵，更加有力地促进了唯物史观在中国的传播、宣传与应用。

二、唯物史观在新中国史学中指导地位的确立

在筹备成立中华人民共和国的过程中，郭沫若作为无党派民主人士代表，参加了中国人民政治协商会议第一届全体会议，并在其中发挥了应有作用。政协会议代表中除他之外，还有马克思主义史学家范文澜、侯外庐和翦伯赞等，他们是来自中华全国社会科学工作者代表筹备会的代表。中国人民政治协商会议代表全国人民的意志，宣告中华人民共和国的成立，组织人民自己的中央政府，通过了具有临时宪法性质的《中国人民政治协商会议共同纲领》。其中，《共同纲领》在第五章"文化教育政策"中规定："提倡用科学的历史观点，研究和解释历史、经济、政治、文化及国际事务。"无疑，这里所指的科学的历史观点就是唯物历史观的立场、观点和方法。也可以说，这一规定把科学研究历史确定为新中国的国家意志，用法的形式确立了唯物史观在新中国历史研究中的指导地位。然而，这一规定并不是空穴来风，而是有着深厚的思想认识基础，且顺乎历史研究发展需要的。它是中国共产党把马克思主义的基本原理与中国革命和建设的具体实际相结合在新中国文化教育中的反映，也是从李大钊、郭沫若、吕振羽到范文澜、侯外庐、翦伯赞等，奠基和开拓中国马克思主义史学合乎逻辑的发展。

---

① 范文澜、王南：《中国早期的唯物历史科学家——李大钊同志》，《人民日报》1949年4月28日。
② 《中国历史教程绪论》是吴玉章在1936年前后、抗日战争还未开始时写的，1949年在《人民日报》发表时做了适当修改。目次是前言、研究中国历史的意义、研究中国历史的方法、研究中国历史应选择的材料、中国历史的范围、中国历史的编年纪事和时代的划分。

马克思主义在中国传播以来,马克思主义史学家在历史研究中逐步建构起以唯物史观为哲学基础的历史认识论和方法论,树立了历史研究的学术典范和优良传统,主要是:把唯物史观与中国历史实际相结合的科学精神,握笔作剑、勇于担当的社会责任感,批评与自我批评的学术品格,"只顾攀登莫问高"的求实创新精神。这些正确对待历史问题的立场、观点和方法,以及科学认识历史的基本精神、学术品格与作风,在中华人民共和国成立前集中体现在中国古代史、近代史、中国革命史和中共党史等研究中。然而,中华人民共和国的历史与旧中国的历史尽管有着本质区别,却是割裂不断的,正如刘少奇在1948年7月1日为纪念"七一"而举行的干部会议上的讲话中所指出的,从中国共产党产生以后,中国历史就进入了一个新的时期。从此以后,中国历史的发展就离不开共产党,不但离不开共产党,而且是以共产党为中坚来发展的。所以说,如果不了解中国共产党的历史,也就不能了解中国的现代史。①尽管这里的中国现代史指的是中国共产党成立以来的历史,但对于中共党史的研究,随着中华人民共和国的成立和中国社会的深刻变革而延伸到中国共产党在全国执政后的历史,逐步促成了国史研究。这也预示着国史研究从一开始就是在与中共党史研究的结合中发展的这一基本特征。

中华人民共和国成立后,在干部、职工和高校中普遍开展了唯物史观的教育。关于普通学校的思想教育,徐特立在新中国成立不久就著文指出,普通学校的思想教育是"把马克思主义的辩证唯物论和唯物史观(即马克思主义的宇宙观),贯彻到学校各科课程和实际生活的各方面去,以培养学生能够独立的运用马克思主义的宇宙观去处理他们学习及日常生活的一切问题"②。随着唯物史观教育的不断深入,中国历史学经唯物史观改造而发生变革。1951年7月28日,郭沫若在中国史学会成立大会上说,中国史学界在历史研究的方法、作风、目的和对象方面"开辟了一个新纪元",可资为证者如"从旧时的唯心史观逐步转向为唯物史观""从贵古贱今逐步转向为注重近代"。③高等教育院系调整后,马克思主义历史学进入大学和研究机关,唯物史观在历史教育和历史研究中越来越成为主流,并居于主导地位。④

马克思主义史学在中华人民共和国成立初期的发展,还来自中国史学界对当时苏联历史研究工作的学习和借鉴。1953年2月中旬至5月下旬,刘大年作为历

---

① 《刘少奇论党的建设》,中央文献出版社1991年版,第502页。
② 徐特立:《普通学校的思想教育》,《人民日报》1949年12月28日。
③ 《郭沫若年谱》(下),江苏人民出版社1983年版,第31页。
④ 郭沫若:《关于厚今薄古问题》,《人民日报》1958年6月11日。

史学界的代表随中国科学院代表团出访苏联,回来后接受访谈[1]并在《人民日报》接连发表三篇文章,介绍苏联历史科学研究工作的特点[2],认为苏联史学家十分重视对马克思列宁主义经典著作的研究和阐发;对苏联历史和苏联共产党历史的研究十分重视,尤其善于利用马克思主义经典著作中的新的思想成果来研究历史。另一方面,苏联史学家十分重视中国历史的研究。他们编写中国通史,论述中国从远古到现在的历史,说明中国各个社会经济形态的形成及其交替的特点,阐明中国的政治、经济和文化发展。对于中国现代史部分,既有关于十月社会主义革命对中国解放斗争影响的分析,也包括对逐步过渡到社会主义的新中国的社会经济和文化改革成就的说明。由此表明,当时的苏联历史研究工作已将新中国的历史纳入其对中国历史研究的范围。

中华人民共和国成立后的马克思主义史学,在继承和发展中国历史、中共党史、中国革命史研究等的基础上起步。在马克思主义史学家的努力推动下,中华人民共和国成立之初即出版了翦伯赞的《中国史纲》(生活·读书·新知三联书店1950年版)、胡乔木的《中国共产党的三十年》(人民出版社1951年版)、胡华主编的《中国新民主主义革命史参考资料》(商务印书馆1951年版)和郭沫若的《奴隶制时代》(新文艺出版社1952年版)等,人民出版社1954年改排出版了郭沫若的《中国古代社会研究》和《青铜时代》等。

第二节 20世纪50年代国史研究的起步与开展

随着土地改革和社会主义改造的基本完成,中华人民共和国成立初期的历史逐渐被纳入我国社会科学研究的视野,特别是成为中国历史研究的对象。在此基础之上,国史研究在20世纪50年代中后期兴起,并开展了多方面的研究工作。

一、党政领导人对国史研究的倡导

在唯物史观的指导下,党和政府高度重视对中国历史特别是中国近代史,以

---

[1] 柏生:《访中国科学院访苏代表团》,《人民日报》1953年6月14日。
[2] 刘大年:《马克思列宁主义是历史科学的基础——苏联历史科学研究工作的特点之一》,《人民日报》1953年8月11日;《历史研究工作是革命斗争的一个组成部分——苏联历史科学研究工作的特点之二》,《人民日报》1953年8月14日;《批评与自我批评推动着历史科学的发展——苏联历史科学研究工作的特点之三》,《人民日报》1953年8月15日。

及中华人民共和国成立以来历史的学习和历史经验的总结。新中国成立后，毛泽东多次谈及国史研究。例如，1953年，毛泽东分析了中华人民共和国成立的伟大意义，指出："一九四九年十月一日中华人民共和国的成立，标志了中国在工人阶级领导之下的以工盟联盟为基础的反对帝国主义、封建主义和官僚资本主义的资产阶级民主革命的彻底胜利。……这是继苏联十月社会主义革命的胜利，第二次世界大战的胜利之后的第三个伟大胜利"①。1954年9月15日，刘少奇在第一届全国人民代表大会一次会议上作的关于宪法草案的报告中指出，宪法草案是对于一百多年以来中国人民革命斗争的历史经验的总结，也是对于中国近代关于宪法问题的历史经验的总结，又是中华人民共和国成立以来新的历史经验的总结。②制定宪法的过程，也是总结包括新中国历史经验的过程。9月23日，周恩来在会上作政府工作报告说，在1949年至1952年间，中央人民政府按照《中国人民政治协商会议共同纲领》的规定，先后完成了全国大陆的统一，完成了土地制度的改革，进行了广泛的和深入的镇压反革命运动和各种民主改革运动，恢复了遭受长期战争破坏的国民经济，着重地发展了社会主义的国营经济和各种类型的合作社经济，初步地调整了公私营工商业之间的关系，这一切都为有计划地进行经济建设和逐步过渡到社会主义社会准备了必要的条件。随后，从1953年起，中华人民共和国就开始实施经济建设第一个五年计划，着手有系统地逐步地实现国家的社会主义工业化与对农业、手工业和资本主义工商业的社会主义改造。经济建设工作在整个国家生活中已经居于首要的地位。③他回顾和总结了中华人民共和国成立以来的建设和发展历程与成就，并阐明了中华人民共和国历史的发展方位与趋势。这些对于中华人民共和国初期历史的论述，蕴涵着中华人民共和国历史发展的主题与主线、主流与本质，因此对于国史研究有着重要的理论指导意义。

1955年7月，毛泽东在一届全国人大二次会议期间向郭沫若提出要为县团级干部编写一部中国历史书。在郭沫若的主持下，1956年2月成立了由陈寅恪、陈垣、范文澜、翦伯赞、尹达、刘大年等参加的中国历史教科书编辑委员会编审小组，随后，中国科学院历史研究第一、二、三所开始实施由郭沫若定名的《中国史稿》的研究和编写工作。④然而，中华人民共和国的历史由于刚刚开始，并没有

---

① 《毛泽东邓小平江泽民胡锦涛关于中国共产党历史论述摘编》，中央文献出版社2021年版，第54—55页。
② 刘少奇：《关于中华人民共和国宪法草案的报告》，《人民日报》1954年9月16日。
③ 周恩来：《政府工作报告》，《人民日报》1954年9月24日。
④ 王正：《里程碑式的史学巨著——写在〈中国通史〉与〈中国史稿〉出齐之日》，《人民日报》1994年10月4日。

被纳入编写范围。尽管如此,随着中华人民共和国成立后波澜壮阔的历史发展,特别是土地改革、国民经济恢复和社会主义改造所带来的社会深刻变化,中华人民共和国的历史还是引起越来越多人的重视。

1956年6月26日,全国人大常委会副委员长黄炎培在一届全国人大三次会议全体会议上发言提出要"及时收集和保存建国史料"[1]。他从建国史料整理的重要性、紧迫性论及了国史研究的意义:(1)记述国家建设历程,传承建国精神。他把建国比喻为建筑"一座空前伟大的建国大厦",除了形象地描述建设的情景外,他关注和思考的一个重要问题是这一大厦将怎样传给子子孙孙。他说:"从开工那天起,一大群人发挥他们无比强度的劳动力和集体智慧,按照着工程师的指挥,'执斧者趋而左,执锯者趋而右',每一个人一定感想到做这样伟大工程中的一个工人,多么兴奋!可是更深一层想:还会想到这大厦将传给子子孙孙的,那末,几十年、几百年、几千年,一代又一代的子孙们定将寻求到遥远的当初建筑图样在那里,施工细则在那里,他们还将寻求到遥远的当初工程用的斧在那里,锯在那里。"(2)总结和宣扬中华人民共和国建设的历史成就。他比较新旧中国历史,以新中国的历史的进步性说明了国史史料乃至国史研究的重要性。他说:"千百年以前的一般文物,尚且被历史家们珍重保护,政府严厉禁止毁坏,而况今天新中国的革命是建成社会主义的社会,尤其是将通过和平的道路,消灭剥削和贫困,建成繁荣幸福的社会主义社会,是这样空前伟大的建国规模。""工、矿、农、林、牧、水利、铁道、交通运输、邮电、商业、科学、文化、教育、卫生等一切一切,数是数不尽的,都在逐步地进行社会主义建设、社会主义改造。特别是民族政策的伟大胜利,这般大、这般复杂的中国,这样多的民族已经团结成为一个相亲相爱如兄如弟的大家庭。""还不值得郑重记录起来吗?如果不好好用这番工夫,这些无比珍贵的历史资料虽然天天在产生,但有一部分天天在散失消灭。"(3)探究中国建设"奇迹"的意义和发展道路的特点。他从中华人民共和国最初建设和发展的成就已看到了中国社会制度和道路的国际影响。他说,"土改"是一件天大的大事,"土改"不仅是中国农民的翻身运动,而且具有伟大的国际意义。他还说,中国各民族的团结、经济建设和社会主义改造,在社会制度和我们不同的国家看来简直是"奇迹",它们之所以派访华团,是要了解"那么大的国家,那么多的民族,用什么方法,使得大家快快活活地团结起来?用什么方法,从来没有闹过通货膨胀?特别是用什么方法使资本家欢欣鼓舞地一步一步接受社会主义改造?"。

---

[1] 黄炎培:《及时收集和保存建国史料》,《人民日报》1956年6月28日。

（4）揭示人民群众创造历史的主体地位和国史的本质。他说："这些无比珍贵的历史资料，是无数劳动英雄的汗创造出来的。特别是在这长期革命中间，只有经过一幕又一幕的高度艰苦斗争，才会有这些创造。我们应该以无限悲壮、崇敬、激奋的心情认定这无比珍贵的历史资料中间不少是千千万万人民英雄的血。"黄炎培虽然不是马克思主义史学家，但他对中华人民共和国历史的认识却是唯物主义的，也由此提出了建国史料的整理这一关系国史研究的基础性工作，无疑把国史研究纳入历史认识和研究的视野之中。1959年4月29日，周恩来在中国人民政治协商会议全国委员会举行的茶话会上发表了题为"把知识和经验留给后代"的讲话，希望过了60岁的委员都能把自己的知识和经验留下来，作为对社会的贡献。他强调了收集和整理文史资料的必要性和紧迫性，认为戊戌以来是中国社会变动极大的时期，有关这个时期的历史资料要从各方面记载下来。其中，他还谈到中华人民共和国开国已经十年，如果不抓紧，有些史料就收集不到了。① 他的这一倡议促成了后来政协文史工作的实施，进而带动了对中华人民共和国历史史料的重视和研究工作的开展。

由于五四运动在中国民主革命中处于历史性转折的地位，对于国史研究的倡导是与重视研究五四运动以后的历史结合在一起的。1958年7月5日，刘大年在《人民日报》发表题为《要着重研究"五四"运动以后的历史》的文章，就把国史研究包含在了五四运动以后的历史研究范围。他谈到加强研究工作的办法和措施时提出，组织人力，编写分量较大的中国现代史、中华人民共和国史和有关的专门著作，有系统地整理"五四"以来的报刊和其他重要资料；因地制宜，设置现代史和党史的研究据点，如果能办到，可以提请有关部门考虑建立全国性的现代史和党史研究的中心；"五四"以后的历史需要研究的题目很多，涉及的范围很广，最重要的是要着重研究毛泽东著作、中国共产党的建设、中国工人阶级、马克思主义思想与资产阶级思想的斗争、社会主义改造和社会主义建设等根本性和关键性的问题。

20世纪50年代中后期，中国史学界对在历史教学与研究中怎样"厚今薄古"进行了讨论。针对这一问题，翦伯赞认为："就历史学方面来说，厚今薄古只是说要以更多的力量、更大的注意来加强近代现代史的研究，并不是说我们就不要好好地研究古代史。"只要历史学家"建立无产阶级的辩证唯物主义和历史唯物主义的世界观，抱着古为今用的目的去研究古代史或传授古代史，这并不算厚古薄

---

① 《周恩来统一战线文选》，人民出版社1984年版，第393页。

今"。他指出应该着重讲授近代现代史,这不仅因为近代现代史具有比古代史更丰富更复杂的内容,可以帮助学生了解古代史,更重要的是近代现代史是我们当前的历史和接近我们当前的历史,具有重大的现实意义和教育意义。同时,他强调,历史研究是一种贯通古今的学问,为了更深入地阐明近现代史,必须在通史中给古代史以适当的篇幅,让学生能够知道我们的历史是通过了一些怎样迂回曲折的进程走到现在的。① 在这里,他以中国"近代现代史"这一混合性概念包含了新中国的历史,是对国史研究的另一种倡导。而且,他强调,从思想上解决"厚今薄古"的问题,必须做一个历史唯物主义的自觉的信徒。②

郭沫若对于国史研究的倡导,是主张把国史纳入中国通史之列。1959年4月8日,郭沫若发表《关于目前历史研究中的几个问题》,从史学理论与方法的角度倡导国史研究。对于历史研究,他指出,必须用马克思列宁主义的方法,即辩证唯物主义和历史唯物主义的方法。对于中国通史编纂,他说,一部中国通史,是中国整个社会的全面发展史。应以马克思列宁主义的观点编写出一部完整的中国通史。研究历史的目的,是要用大量的史料来具体阐明社会发展的规律。研究历史当然要有史料,并根据辩证唯物主义和历史唯物主义的方法加以处理研究。在史料中,与民族的发展、经济的发展、文化的发展等有关的史料是头等重要的,应该尽量搜集,优先整理。应该特别重视有关经济方面的问题,这些方面的史料的搜集和整理,应该放在最重要的地位。其中,关于国史研究,他提出:(1)编写典型个案史,如工矿企业史、公社史、机构史,并且尽可能把它们写好,这是很有价值的、大有可为的。同时,要处理好工矿史、公社史等和搞通史、专业史等的关系。工矿史、公社史不能代替通史、专业史,除提供典型之外,主要在提供材料;通史、专业史离不开工矿史和公社史,是在此基础上的总结、提高,使局部的东西成为更全面的东西。(2)中国古代修史的优良传统有继承的必要。历史研究的范围应该扩大,历史工作者也应研究中华人民共和国成立后所进行的"五大运动""三大改造"。③ 这些对于国史研究的倡导,一方面是马克思主义史学理论的发展,把国史研究确立为中国历史的重要研究对象,并提出了一些研究方法;另一方面也是对当时国史研究工作的一种反映,或者说这些倡导是以国史研究工作的初步实施为认识基础的。

---

① 《翦伯赞史学论文选集》,人民出版社1980年版,第33页。
② 《翦伯赞史学论文选集》,人民出版社1980年版,第36页。
③ 郭沫若:《关于目前历史研究中的几个问题》,《人民日报》1959年4月8日。

二、国史研究、编纂工作的起步及其成果的产生

随着国民经济和社会发展第一个五年计划的提前完成,国家经济社会进入第二个五年计划建设时期。1956年至1958年初,国务院科学规划委员会制定了十二年(1956—1967)哲学社会科学规划(草案),提出了历史学的15项重要问题和23项重要著作,其中包括要编写国史。为此,翦伯赞还著文建议成立一个机构,专做此事,并且使这个机构成为常设机构,专管现代史的纪录,先按年编出长编,再写成各种专著。① 此后,历史研究所第三所成立了一个专门机构,并准备在5年内写出一部国史。②1958年6月2日,中国科学院哲学社会科学部召开由北京地区各研究单位参加的大会。会上,经济研究所提出5年内计划完成的专著中就包括对毛泽东有关财政、互助合作、资本主义工商业改造思想的研究和工业化、农业集体化、社会主义建设总路线的研究的成果。③

与此同时,出现了一大批国史专题史料,较有代表性的如:《土地改革重要文献资料汇集》(人民出版社1951年版)、《三反五反运动文件汇编》(人民出版社1952年版)、《中国农业合作化运动史料》(上、下册)(生活·读书·新知三联书店1957、1959年版)。国史编纂和研究成果中,通史性的成果如:1958年前后中国人民大学编写的《中华人民共和国史纲》④,南开大学历史系编写出版的4册《中华人民共和国大事记(1949—1959年)》⑤(河北人民出版社,1958—1960年版),河北北京师范学院历史系三年级63名同学和5名年轻教师"参阅了1500多篇文件"编写出版的《中华人民共和国史稿》⑥(人民出版社1958年版)。专门史方面的成果如:《中华人民共和国农业税史稿——从1928年革命根据地创立新的农业税制度到1958年农村人民公社化》(财政出版社1959年版),中国人民大学编写的"九年来的北京商业""徐水人民公社调查""北京市斋堂经济调查""河北省武安县八个乡的调查"等材料⑦。

中华人民共和国成立后少数民族社会历史调查和民族识别工作,促进了民族地区社会历史研究的开展。为宣传新中国的民族政策,消除民族隔阂,促进民族

---

① 翦伯赞:《兴无灭资,发展历史科学》,《人民日报》1958年3月18日。
② 《中国科学院哲学社会科学部召开插红旗大会》,《人民日报》1958年6月4日。
③ 《中国科学院哲学社会科学部召开插红旗大会》,《人民日报》1958年6月4日。
④ 《人民大学师生完成大批学术作品》,《人民日报》1958年10月9日。
⑤ 张星星:《中华人民共和国史的研究现状》,《当代中国史研究》2008年第2期。
⑥ 里凡:《评"中华人民共和国史稿"》,《人民日报》1959年2月28日。
⑦ 《人民大学师生完成大批学术作品》,《人民日报》1958年10月9日。

团结。1950年到1952年，中央人民政府派赴西北、西南、中南、东北、内蒙古地区的民族访问团，对一些少数民族或民族地区的情况进行了初步调查。中华人民共和国成立前，除汉族和一些少数民族外，我国绝大多数民族处于封建农奴制社会、奴隶社会甚或原始社会后期。但是，如果以民族、部族相区分，则是不利于民族平等和团结的实现的。在民族识别工作中，毛泽东在1953年中共中央讨论《关于过去几年内党在少数民族中进行工作的主要经验总结》时指出："科学的分析是可以的，但政治上不要去区分哪个是民族，哪个是部族或部落。"① 为大规模地开展少数民族社会历史调查，1956年6月，全国人大民族委员会和中央民族事务委员会共同召开了全国少数民族社会历史调查工作会议，制订了调研提纲和工作计划。这一工作至1964年基本结束，先后由全国人大民族委员会和中国科学院哲学社会科学部民族研究所主持。据不完全统计，调查组前后共写出调查资料340多种2900多万字；整理档案资料和文献摘录100多种1500多万字。② 以此为基础，从1958年起，《中国少数民族简史丛书》《中国少数民族简志丛书》和《中国少数民族自治地方概况丛书》开始陆续编写。这些调查和研究成果奠定了新中国民族地方史研究的基础，也为民族识别、民族区域自治提供了科学认识基础和现实依据。

国史课程多有设立。当时，中国科学院河北省分院历史研究所、天津部分高等院校教师编写和发表了《中华人民共和国史讲授提纲（初稿）》③。北京师范大学历史系、四川大学历史系等开设了"中华人民共和国史"课程。④

在中国现代史与近代史分期问题上，中华人民共和国史称谓中国现代史开始提出。这一称谓的提出是由中国近代历史分期问题引起的。早在1947年，范文澜在华北新华书店出版的《中国近代史》上编第一分册前言和目录中，就把1840年以后的中国社会定义为半殖民地半封建社会，把1840年至1919年的中国历史划为中国近代史的旧民主主义革命时期，把1919年五四运动以后的历史，称为中国近代史的新民主主义革命时期。也就是说，他认为1840年至1949年是中国近代史，而不是后来的将1919年作为中国近代史与现代史的分界线。1956年至1961年间，李新在主持编写高教部要求的中国现代史提纲过程中，针对当时高教部将

---

① 《当代中国的民族工作》（上），当代中国出版社1993年版，第276页。
② 《缅怀彭真》编写组：《缅怀彭真》，中央文献出版社1998年版，第345、346页。
③ 发表于《历史教学》1959年第1、2、3期。参见张星星：《中华人民共和国史的研究现状》，《当代中国史研究》2008年第2期。
④ 《在教学大改革中的——北京师范大学》，《人民日报》1958年7月19日；周祖佑：《结合实际，结合专业，四川大学加强基础课》，《人民日报》1959年1月20日。

中国现代史定位为1919年至1949年的划分方法，主张1919年以后，中国新民主主义革命兴起了，但中国半殖民地半封建的社会性质并没有改变，不能成为中国现代史的开端，只有中华人民共和国的历史才能称为中国现代史。① 因此，他们根据高教部的任务所编写的1919年至1949年历史教材，在1959年由高教出版社出版时，书名并不叫中国现代史，而是称为《中国新民主主义革命时期通史》。② 这在当时认识并不统一的条件下，事实上是坚持了中华人民共和国史即为中国现代史的观点。

关于国史研究成果学术争鸣的开展。1959年2月28日，《人民日报》发表了署名"里凡"的《评"中华人民共和国史稿"》书评。这则书评认为，科学阐述和总结新中国头十年的历史，是一件十分重要的和具有重大政治意义的工作。同时，在肯定该史稿的教学参考材料价值的基础上，提出了针对该史稿缺陷的一些初步意见。其一，从史稿的体例和内容看，它只是依靠对一些现成材料的摘录，而不是依靠对新中国成立以来的历史深入的和系统的研究而写成的。其二，作为一部中华人民共和国的历史，应该对新中国成立近十年来的各个重要历史事件，根据它们在历史发展中所起的作用，给以恰当的科学地位，作出实事求是的估价；而不应该不分轻重主次地简单罗列一些历史现象，或者不加分析地加上一些任意的评断。其三，史稿另一个比较显著的缺陷是在一些地方对党和国家的政策作了不够妥当的解释，对国内生活中的某些问题的提法也不确切。其四，史稿中措词不当、语义不清的地方很多，文字粗糙。此后不久，南开大学历史系崔陈华也在《人民日报》上著文说，这是一篇好的书评，它明确地指出了史稿的根本弱点，不仅对本书作者及广大读者有帮助，而且对当时正在编写历史作品的单位也有所启发。他同时指出，书评是抱着与人为善的态度，批评又是认真严肃的。③ 由此也表明，《中华人民共和国史稿》在当时还是引起了相当的关注，并产生了一定影响的，而且针对该史稿的学术争鸣形成了有利于学术健康发展的导向和氛围。

总之，这一时期国史研究工作的开展和研究成果的取得，适应了当时思想文化建设和中国历史学发展的需要，同时也不可避免地存在着一定的历史局限性，特别是"大跃进"运动对历史研究工作产生了不利影响，如《河北日报》上曾发表诗歌，将河北北京师范学院历史系的《中华人民共和国史稿》称作"历史创作

---

① 李新：《流逝的岁月：李新回忆录》，陈铁健整理，山西人民出版社2008年版，第351—352页。
② 李新：《流逝的岁月：李新回忆录》，陈铁健整理，山西人民出版社2008年版，第360—361页。
③ 崔陈华：《多发表这样的书评》，《人民日报》1959年3月8日。

的卫星"[1]。尽管如此，在国史研究的学术发展史上，这一时期堪称国史研究的开创，并在唯物史观的指导下形成了初兴的局面。科学意义上的国史研究虽然在后来出现曲折，也曾一度中断，但为改革开放以来中国历史学通过拨乱反正而恢复和发展国史研究，提供了一定的学术认知和研究基础。在一定意义上说，国史兴起的过程，就是马克思主义唯物史观在中国传播、应用并与中华人民共和国的历史实际相结合的过程。

第三节　改革开放以来国史研究的发展

中共十一届三中全会在中华人民共和国历史上具有重要的转折意义，开启了改革开放历史新时期。随着马克思主义思想路线、政治路线和组织路线的恢复和发展，国史研究从中共党史研究中逐步分离开来，并形成中国史研究中的以中华人民共和国成立以来的历史为研究对象、正在发展着的断代史研究或学科分支。学术发展路径与学科发展意识推动国史研究进入不断发展的新时期。

一、国史研究的恢复与展开

20 世纪 80 年代，以反思"文化大革命"教训、总结新中国历史经验为契机，国史研究得以逐步恢复和展开。

在粉碎"四人帮"之后，中国再次面临着"向何处去"的历史抉择。在这样的历史背景下，如何评价毛泽东及毛泽东思想，如何评价"文化大革命"以及中华人民共和国成立以来的历史，成为摆在党中央和理论工作者面前的重要任务。中共十一届三中全会指出："对于文化大革命，也应当历史地、科学地、实事求是地去看待它，适当的时候作为经验教训加以总结"，"但是不应匆忙地进行"。[2] 邓小平在十一届三中全会前的中央工作会议闭幕会上作《解放思想，实事求是，团结一致向前看》的讲话，指出："关于文化大革命，也应该科学地历史地来看。文化大革命已经成为我国社会主义历史发展中的一个阶段，总要总结，但是不必匆忙去做。要对这样一个历史阶段做出科学的评价，需要做认真的研究工作，有些事要经过更长一点的时间才能充分理解和作出评价，那时再来说明这一段历史，可

---

[1] 里凡:《评"中华人民共和国史稿"》,《人民日报》1959 年 2 月 28 日。
[2] 《邓小平年谱（1975—1997）》（上），中央文献出版社 2004 年版，第 455 页。

能会比我们今天说得更好。"①1979年3月，邓小平在一次讲话中说："否定毛主席，就是否定了中华人民共和国，否定了整个这一段历史"，"现在的关键是安定团结。处理遗留问题，为的是集中力量向前看。像评价文化大革命这样的问题，可以暂时放下"②。之所以这样做，并不是邓小平不想作出结论，是因为当时的主观和客观形势都不成熟。邓小平这样做显示出他思想上的谨慎和政治上的稳健。但为了看清楚未来的道路，统一处于思想、理论争论状态中的人们的认识，反驳理论界出现的资产阶级自由化思潮和历史虚无主义思潮对毛泽东和新中国历史的污蔑与否定，对中华人民共和国历史进行深入研究、系统总结已经事实上提上了党中央和理论界的日程。1978年11月13日，胡耀邦在中央工作会议上曾建议中央经过周密准备之后说清楚"文化大革命"评价和毛泽东评价问题。1979年5月，胡耀邦在部署国庆30周年宣传工作时，向中央政治局常委建议，要准备一篇重要文章，全面回顾建国以来的历程，初步总结新中国30年的基本经验，并以中央的名义发表这篇文章。经过中央政治局讨论，决定由叶剑英代表中央在庆祝建国30周年的大会上发表讲话，总结30年的基本经验。③

1979年6月，中共中央委托叶剑英在庆祝建国30周年的大会上代表中共中央、全国人大常委会和国务院作重要讲话。这个讲话之所以重要，是因为中央希望通过这个讲话对新中国30年的曲折发展历史作个总结，以达到统一思想界和理论界基本认识的目的。

1979年8月下旬，邓小平在同胡耀邦、胡乔木、邓力群谈如何修改叶剑英的讲话稿时提出，"对历史是应该做点回顾的"④。9月4日，邓小平就讲话稿进一步修改时强调了回顾历史的重要性。他指出：讲话稿"还是要讲在三十年的历史上毛主席是有伟大功绩的，我们的一切成就是在毛泽东思想照耀下取得的"，"过去的三十年，是坚持、发扬四项基本原则同背离、破坏四项基本原则的斗争。我们的斗争尽管受到这样那样的干扰、破坏，但我们终于克服了这些干扰、破坏，我们始终是坚持社会主义，坚持无产阶级专政，坚持党的领导，坚持马列主义、毛泽东思想的"，"要在坚持四项基本原则的大前提下写这个讲话。要使人看了这个讲话以后得出一个总的印象，我们的党和人民现在是真正坚持毛泽东思想，是完整、准确地学习、运用毛泽东思想，是真正将毛主席为我们制定的路线、方针、

---

① 《邓小平思想年编（1975—1997）》，中央文献出版社2011年版，第203—204页。
② 《邓小平年谱（1975—1997）》（上），中央文献出版社2004年版，第493页。
③ 甄实：《胡耀邦与〈关于建国以来党的若干历史问题的决议〉》，《党史博览》2012年第2期。
④ 《邓小平年谱（1975—1997）》（上），中央文献出版社2004年版，第549页。

政策付之实现,不是搞片言只语"。① 邓小平就修改讲话稿所提出的这些观点具有很强的针对性。在当时的条件下,叶剑英的这个讲话没有对新中国前30年的历史作出全面总结,但也确实如邓小平所希望的,达到了"一个新的水平"。全面的总结"只能在另外的时间经过另外的会议,经过详细讨论,作出正式的专门的文件"②。正是因为有了这样的共识,才有了讲话中"中共中央认为,对过去三十年特别是文化大革命十年的历史,应当在适当的时候,经过专门的会议,作出正式的总结,但是,在庆祝建国三十周年的时候,有必要给予初步的基本估价"③。

1979年9月29日,庆祝中华人民共和国成立30周年大会如期召开。叶剑英作了题为"光荣伟大的三十年"的讲话,对新中国成立30年以来的历史经验作了初步的概括总结。讲话"高度评价了毛泽东、周恩来、朱德等老一辈革命家的不朽功绩,全面回顾了建国三十年来的战斗历程,深刻批判了林彪、'四人帮'反革命集团蓄意制造和推行的极左路线,初步总结了社会主义革命和社会主义建设的基本经验"④。讲话将中华人民共和国成立以来的30年概括为"光荣伟大的三十年","是中国人民同国内外敌对势力进行复杂斗争的三十年,是经历了曲折道路而取得社会主义革命和社会主义建设巨大胜利的三十年",同时认为:"走过的道路并不平坦,既有过比较顺利的发展,也有过严重的挫折。同全国人民作出的艰苦努力相比,同社会主义制度应当发挥的优越性相比,我们的成就很不够。我们必须认真地总结经验教训,努力取得更大的成就"。⑤这个"基本估价"对于正确认识新中国30年历史,廓清当时理论界存在的许多历史迷雾、澄清历史是非发挥了积极作用,被誉为"进行社会主义建设新长征的伟大的纲领性文件","在全国和全世界引起了极其强烈的反响"⑥。讲话为"全党正确总结历史经验,特别是澄清新中国成立以来的一些重大是非问题奠定了基础"⑦。

中共十一届四中全会结束后,即1979年10月,起草《关于建国以来党的若干历史问题的决议》便被提上了工作日程。起草工作是在中共中央政治局和中央书记处领导下由邓小平主持进行的。起草小组主要由胡乔木负责。1981年6月27

---

① 《邓小平年谱(1975—1997)》(上),中央文献出版社2004年版,第552—553页。
② 《胡乔木文集》第2卷,人民出版社1993年版,第119页。
③ 叶剑英:《在庆祝中华人民共和国成立三十周年大会上的讲话》,《人民日报》1979年9月30日。
④ 《邓小平年谱(1975—1997)》(上),中央文献出版社2004年版,第562页。
⑤ 叶剑英:《在庆祝中华人民共和国成立三十周年大会上的讲话》,《人民日报》1979年9月30日。
⑥ 廖盖隆:《党史探索——历史经验和建设社会主义的道路问题》,中共中央党校出版社1983年版,第72、73页。
⑦ 齐鹏飞主编:《中华人民共和国史》,中国人民大学出版社2009年版,第285页。

日，中共十一届六中全会通过《关于建国以来党的若干历史问题的决议》（简称第二个《历史决议》）。这是一篇重要的历史文献，"它至少取得同1945年党的历史决议一样的成功"①，"标志着在党的指导思想上胜利地完成了拨乱反正的历史任务"②，"奠定了改革开放的政治基础"③。这篇历史文献讲的虽是党的历史问题，但同时也是事关国家和民族兴衰荣辱的重大历史问题，也是国史。

二、关于国史研究工作的初步规划

1977年5月7日，中共中央决定将中国科学院哲学社会科学部改名为中国社会科学院，胡乔木任院长，邓力群、于光远任副院长。1977年11月，胡乔木向国家计委报送了《中国社会科学院三年规划初步设想》的报告。报告将研究总结我国新民主主义革命、社会主义革命和社会主义建设作为未来三年的重点研究项目，要求写出新民主主义革命史、革命根据地政权建设和经济建设史、土改运动史、三大改造史、"农业学大寨"和"工业学大庆"经验总结、社会主义企业管理等方面的专著。④

1978年，是中国社会科学院规划和实施国史研究比较重要的一年。1978年1月，胡乔木从中国社科院学科布局和学科发展的高度出发，谈了自己的设想："社会科学院应该有马克思列宁主义研究所、毛泽东思想研究所、社会主义研究所……中华人民共和国成立以后的历史，现在还没有人着手认真地进行研究，要赶快着手研究"⑤。2月21日，胡乔木亲自草拟了《八年内拟新建的研究所（草案）》，其中就有中华人民共和国史研究所，按照当时的设想该所应该有250人左右的规模。4月5日，《中国社会科学院一九七八年科研计划重点项目（草案）》由科研局印发征求意见，计划强调把"总结和研究我国社会主义革命和社会主义建设的经验和问题"摆在整个研究工作的"首要地位"，深入调查研究，从理论和实际的结合上回答新时期提出的重大理论问题和实际问题。⑥4月10日，《一九七八——一九八五年全国哲学社会科学发展规划纲要（初稿）》中明确将中华人民共和国史的研究列为22个历史学重点研究课题之一。9月13日，胡乔木

---

① ［英］理查德·伊文思：《邓小平传》，田山译，国际文化出版公司2013年版，第289页。
② 《关于建国以来党的若干历史问题的决议》（注释本），人民出版社1983年版，第1页。
③ 《坚守底线 推进变革：纪念〈关于建国以来党的若干历史问题的决议〉发表30周年》，《中国改革》2011年第10期。
④ 《胡乔木传》编写组编：《胡乔木与中国社会科学院》，人民出版社2007年版，第248页。
⑤ 《胡乔木传》编写组编：《胡乔木与中国社会科学院》，人民出版社2007年版，第12页。
⑥ 《胡乔木传》编写组编：《胡乔木与中国社会科学院》，人民出版社2007年版，第27页。

在全国哲学社会科学规划会议预备会上,对编写《中华人民共和国史》提出了具体指导意见。他指出:"我国的革命和建设,什么时候发展得顺利,什么时候发展得不顺利,中间的规律是什么?这就是社会科学研究的对象。"[1]要根据马克思列宁主义、毛泽东思想的基本原理,"总结建国以来正反两方面的经验"。[2]在胡乔木看来,加强国史研究是加强马克思主义研究的重要任务之一,理所应当在中国社会科学研究领域中占有一席之地。正如有学者所指出的,"尤其是对毛泽东思想基础、中共党史、中华人民共和国史等几本书的写作,对院刊和研究生院的创办,对外学术交流的开展,他投入的力量最大"[3]。这表明,国史研究同中共党史研究差不多在同一时期被提上了研究日程,受到了中国社会科学院的重视。11月7日,经国务院批准中国社会科学院在近代史研究所内设立了现代史研究室,开展国史研究。这期间,有学者回忆,黎澍在7月间几次谈到当代史的研究,并希望有人同他一道研究中华人民共和国史。8月中旬,胡乔木召集黎澍、李新、廖盖隆,并让黎澍负责《中华人民共和国史》编写工作。陈铁健、郑惠、郑新如、席宣、徐世华等人先后调到中华人民共和国史编写组,郑惠负责召集和日常工作。"作为主持人,黎澍反复强调要写一部可以影响现实,传诸后世的信史。他对'文革'十年史尤其重视。"[4]

1978年,胡乔木还提出了"马克思主义基本著作选题一百例",其中属于国史研究范畴的大约占到了40%,而这些研究选题比较清楚地反映出胡乔木对于国史研究的设想,基本上奠定了国史研究学科发展的最初格局。在这些选题中,胡乔木提出了研究中华人民共和国专门史的选题,如抗美援朝战争史、中国无产阶级"文化大革命"、中国共产党反对"四人帮"的斗争、中国的社会主义革命、中国的社会主义建设、新中国与帝国主义、人民中国外交史、中国农业生产合作社史、中国手工业的社会主义改造、中国社会主义工业化的道路、中国的农村人民公社、中国资本主义工商业的社会主义改造、中国的社会主义工业、中国的社会主义农业、中国的社会主义交通运输、中国的社会主义商业、中国的社会主义文化、中国的社会主义教育、中国的社会主义科学与技术、中国的社会主义卫生体育、中国的社会主义财政金融、伟大的社会主义祖国、中国的社会主义民族、中华人民共和国的政治制度、大寨和学大寨运动、大庆和学大庆运动。一百个选题中还有诸如毛泽东的哲学思想、毛泽东的政治思想、毛泽东的经济思想、毛泽东

---

[1] 程中原:《胡乔木与中国社会科学院(续)》,《中共党史资料》2007年第2期。
[2] 程中原:《胡乔木与中国社会科学院(续)》,《中共党史资料》2007年第2期。
[3] 朱佳木:《胡乔木在中国社会科学院初创时期的二三事》,《光明日报》2012年5月30日。
[4] 陈铁健:《历史家的品格——记黎澍师》,《百年潮》1998年第3期。

的军事思想、毛泽东的文化思想、毛泽东传、周恩来传、朱德传、中国共产党党史、中国人民解放军军史、中国与美国、中国与苏联、中共与第三世界、中国革命根据地的建立和发展——从井冈山到中华人民共和国等涉及国史重要内容的题目。在理论方面需要总结新中国社会主义革命和建设实践的题目有：政治经济学社会主义部分、科学的社会主义、社会主义史、马克思主义国家学说、论无产阶级专政、论社会主义法制、民族解放运动、宗教与马克思主义的宗教政策、中国共产党的统一战线政策、党的知识分子政策、党和国家的民主集中制、国际共产主义运动史等。更为难得的是，一百选题中还提出了编撰中华人民共和国国史的选题。①1980年11月6日，胡乔木还致信邓小平并转中央政治局，提出拟将编辑建国以来或有关"文化大革命"的材料书作为重要的任务之一，并且特别提倡共和国重大事件的亲历者要撰写严肃的回忆录。《胡乔木回忆毛泽东》一书就是胡乔木研究国史的具体实践，对国史研究产生了相当大的影响。

三、实施《当代中国》丛书研究编纂

在胡乔木的倡议下，中国社会科学院提出了关于对新中国成立以后各条战线的历史经验作出有科学价值的总结、编撰系列专著的方案，并经中共中央书记处批准，中央宣传部部署，编辑出版了大型丛书《当代中国》。这套丛书由邓力群、马洪和武衡共同担任主编，按照部门、行业、省市、专题分卷，历经10余年，先后动员10万多学者和干部参与编写，陆续出版了152卷，211册，总计约1亿字，3万幅图片，印行490多万册。

《当代中国》丛书涵盖的主要是各卷成书以前该地区、部门业务本身的发展和成就。其中部门行业卷包括国家政法社会生活、国民经济领域、科技文教、对外交往和国防军事等方面，对各项事业的阐释，既有纵向的发展历程，也给予横向拓展，全方位勾勒出事业的概貌。各省、市、自治区卷是本地区以经济建设为中心的社会主义建设史，有概述，有国计民生各专业门类的发展状况，有些地方卷还记述了下属市、地区的发展情况。专题综合卷所阐述的是对社会主义事业至关紧要的某些专门领域或重大历史过程，如当代中国的土地改革、抗美援朝、当代中国人口、当代中国的经济体制改革等。②它的规模之宏伟庞大，和利用档案资料之丰富确凿、包含内容之全面系统，在新中国出版史上都是空前的，被誉为"目前世界上第一部

---

① 《胡乔木传》编写组编：《胡乔木与中国社会科学院》，人民出版社2007年版，第22—23页。
② 邓力群主编：《中华人民共和国国史百科全书（1949—1999）》，中国大百科全书出版社1999年版，第44页。

最完整、最权威的中华人民共和国史和世界人民了解当代中国国情的最经典的信息库"①。各个编写单位不仅查遍自己尚存的和新增的资料档案,还大力征集资料,所征集到的资料,少的有 360 余万字,多者达 9600 余万字。②这为在书中使用大量原始资料创造了条件,并且这些资料"多是经过反复的多方的核实"③。

可以说,《当代中国》丛书本身既是国史研究的重要成果,又为国史研究提供了翔实的权威的资料。这种全国范围内按照地区、行业、部门来征集和整理国史资料的过程,就是一次全面而深入的国史资料普查工作,对于推动国史研究这一学科的形成和发展是至关重要的:既积累了大量的原始资料,又在全国范围内形成了初具规模的以国史、党史研究为职业的研究队伍。很多地区和行业的国史研究机构和人员就是这一时期建立和组织起来的。

1984 年 8 月,《当代中国》丛书第一批成果《当代中国的经济体制改革》《当代中国的气象事业》出版问世,受到了学术界的高度关注,被认为是具有标志意义的成果。④1999 年 6 月丛书全部出版⑤。时任中共中央总书记、国家主席江泽民在接见《当代中国丛书》主要编纂工作人员时讲话指出,该丛书"为我们研究有中国特色社会主义的伟大事业的发展进程、经验和规律,为在广大干部和群众中开展爱国主义、集体主义、社会主义思想教育,提供了丰富的史料和生动的教材"⑥。

四、国史研究专门机构的设置

改革开放之初,国内思想界出现一些否定社会主义、否定共产党的领导的论调,一些共产党员对社会主义前途信心不足、意志消沉,历史虚无主义和资产阶级自由化思潮在意识形态领域沉渣泛起。从国际形势的发展看,20 世纪 80 年代末,东欧剧变,一些社会主义国家被西方敌对势力"和平演变",改变了颜色,世界社会主义运动陷入低谷。时任中国社会科学院副院长的汝信指出:"列宁在十月革命胜利后曾提出过,资本主义和社会主义谁战胜谁的问题并没有得到解决。列宁很多年前就提出的这个极其重要的意见,这些年来特别是近几年来往往被我们

---

① 刘鲁风:《宏伟的史册 历史的画卷——评介〈当代中国〉丛书》,《中国出版》1986 年第 1 期。
② 刘国新:《关于中华人民共和国史的研究》,《理论视野》2009 年第 10 期。
③ 吴家珣:《〈当代中国〉丛书编辑出版工作的回顾》,《当代中国史研究》1994 年第 4 期。
④ 刘国新:《关于中华人民共和国史的研究》,《理论视野》2009 年第 10 期。
⑤ 《当代中国》丛书共 150 卷,208 册,几乎涵新中国成立以来各条战线、各个地区社会主义革命和社会主义建设事业的发展过程、辉煌成就。按内容区分有部门卷、地方卷、专题卷,还有不限于某个部门或某个方面的综合卷。
⑥ 《〈当代中国〉丛书暨电子版完成总结大会在京举行》,《人民日报》1999 年 7 月 1 日。

一些人遗忘了。有些国家理论界一直在宣传所谓社会主义已经取得完全胜利，并说这胜利是不可逆转的，而放松了对资本主义复辟的警惕性，也完全忽视了帝国主义对社会主义国家实行和平演变的危险性。东欧剧变证明了这些'理论'完全是错误的，非常有害的。实践告诉我们，在世界范围内，资本主义和社会主义谁战胜谁的问题远远没有解决。在我们国内，近几年来，资产阶级自由化思潮的泛滥，鼓吹全盘西化，特别是去年发生的政治动乱，也充分说明仍然存在着社会主义和资本主义两条道路的斗争，社会主义和资本主义谁战胜谁也并没有最后解决。"① 在这一背景下，开展国史研究，加强国史教育，是十分必要的。其中，设立国史馆，以加强对中华人民共和国的历史，对中华民国的历史，乃至对整个中华民族五千多年的历史作出具有时代意义的诠释和解读，增进中华民族的历史文化认同，增强人们对社会主义的信心，无疑具有重要意义。

在建立国史馆的条件尚不成熟的情况下，当代中国研究所作为国史馆的过渡机构应运而生。1990年6月2日，邓力群在给中央领导并报国家编制委员会的报告中，明确即将成立的当代中国研究所的职能是：一是继续编辑《当代中国》丛书，争取在1993年至1994年将《当代中国》丛书出齐。一是着手进行对中华人民共和国史的系统研究工作，编辑出版中华人民共和国史的大事记。6月14日，杨尚昆、胡乔木和薄一波联名致信中央常委，建议成立当代中国研究所，并建议行政上和日常工作由中国社会科学院代管，由增补为中央党史领导小组副组长的邓力群代表中央党史领导小组负责组建和指导。此件在6月16日上报中央常委，在6月19日至7月3日各常委分别圈阅同意。8月2日，中共中央办公厅正式下发通知，同意上述建议。当代中国研究所正式建立后，继续协调落实《当代中国》丛书的出版工作，并迅速开展了组织和协调国史研究工作。

1990年12月1日至4日，当代中国研究所在西安召开了中华人民共和国史编纂工作研讨会。来自中央各部门、国务院各部委，全国各省市自治区和军事单位的专家、学者及有关人士200多人出席了研讨会。中共中央党史领导小组副组长、《当代中国》丛书主编邓力群就国史编纂工作发表讲话。国务院经济社会发展中心主任、《当代中国》丛书主编马洪作了关于国内经济形势的报告。国家新闻出版署署长宋木文、中央党史研究室副主任郑惠、中国社会科学院副院长汝信等出席了研讨会并就有关问题讲了话。这次研讨会在国史研究史上具有重要地位，拟

---

① 汝信：《在中华人民共和国史编纂工作研讨会上的发言》，《中华人民共和国史编纂工作研讨会材料之四》（当办字〔1991〕第126号）。

定了两大类 70 个国史研究的选题。第一类按照共和国的四个时期的顺序拟定，有《中华人民共和国的创建》《人民民主专政政权的建设》《恢复国民经济的措施与成效》《关于"文化大革命"》《社会主义现代化纲领的制定和实施》《反对资产阶级自由化的斗争》《治理整顿与深化改革》等 25 个题目。第二类按专题拟定，包括《人民民主专政的理论与实践》《中国共产党在国家政权中的领导作用》《中华人民共和国法制建设的历程及其经验教训》《中华人民共和国社会结构的变化和阶级关系的变化》《社会主义制度确立后工作重心向经济建设转移》《几年来我国民间宗教的演变状况》《社会主义文化建设中正确对待传统文化的经验》《中国社会主义建设同当代国际环境的关系》等 45 个选题，涉及政治、经济、文化、社会、生态环境建设等方面。这些选题与 20 世纪 70 年代末 80 年代初期胡乔木等提出的选题相比，更加细化和系统。[①]

在此后 20 多年发展中，当代中国研究所肩负国史研究、编纂和宣传的职责，努力发挥"修史、资政、育人、护国"的重要作用。当代中国研究所先后组织出版了《当代中国》《当代中国人物传记》《中华人民共和国地方简史》等系列丛书以及《中华人民共和国史稿》（序卷与一至四卷）、《中华人民共和国国史百科全书》、《中华人民共和国史编年》多卷本、"中华人民共和国史研究丛书"多卷本等国史类著作，撰写发表众多国史论文，为用唯物史观指导国史编研、用正确思想普及国史知识作出了有益贡献，在抵御历史虚无主义思潮的斗争和树立新中国历史自信的工作中发挥了积极作用。与此同时，还在中国社会科学院研究生院设立国史系，培养了一批又一批国史专业的硕士生、博士生，为国史研究队伍积淀了坚实的后备力量。

第四节　新时代国史研究的繁荣

中国特色社会主义新时代，以习近平同志为核心的党中央高度重视党史国史，习近平总书记在多个重要场合就加强党史国史学习、教育与研究等发表一系列重要论述，为学界深刻认识新中国历史发展历程与伟大成就，总结汲取新中国历史经验提供了科学思想指南，推动新时代的国史研究呈现繁荣发展的局面。

[①] 《中华人民共和国史编纂工作研讨会概要》，《中华人民共和国史编纂工作研讨会材料之一》（当办字〔1991〕第 123 号）。

一、党中央高度重视国史学习、研究和宣传

中共十八大以后,以习近平同志为核心的党中央高度重视哲学社会科学,从中国特色社会主义事业总体布局的高度,把繁荣发展哲学社会科学作为建设社会主义文化强国的一项重大而紧迫的任务进行谋划部署,尤其是把坚持以马克思主义为指导作为当代中国哲学社会科学区别于其他哲学社会科学的根本标志,为新时代国史学科的健康发展指明了正确方向。

习近平总书记高度重视国史研究,围绕如何正确看待改革开放前后两个历史时期关系、正确评价毛泽东等历史人物、准确把握党史国史的主流与本质、反对批驳历史虚无主义思潮等重大历史问题发表一系列重要论述,对于新时代推进国史研究和国史学科发展具有十分重要的、直接的指导意义。

党中央高度重视国史的学习教育。2019年7月,中共中央"不忘初心、牢记使命"主题教育领导小组印发《关于在"不忘初心、牢记使命"主题教育中认真学习党史、新中国史的通知》,要求"把学习领悟党史、新中国史作为牢记党的初心和使命的重要途径,组织引导党员、干部认真学习党史、新中国史,了解党史、新中国史的重大事件、重要会议、重要文件、重要人物,了解我们党领导人民进行艰苦卓绝的斗争历程,了解中国近代以来170多年的斗争史、我们党98年的奋斗史、新中国70年的发展史,了解我们党的光荣传统、宝贵经验和伟大成就,在深入学习和不断领悟中,弄清楚我们从哪里来、往哪里去,弄清楚艰苦卓绝是什么、是怎么来的,做到知史爱党、知史爱国,做到常怀忧党之心、为党之责、强党之志"。按照中央要求,各地区各部门各单位把学习党史、新中国史作为主题教育重要内容,不断增强守初心、担使命的思想和行动自觉。2020年全党全国又掀起学习党史、新中国史、改革开放史、社会主义发展史的教育活动。2021年,党中央召开党史学习教育动员大会,印发了《关于在全党开展党史学习教育的通知》,在全党掀起了党史学习教育活动。

在党史学习教育活动中,《论中国共产党历史》《毛泽东邓小平江泽民胡锦涛关于中国共产党历史论述摘编》《习近平新时代中国特色社会主义思想学习问答》《中国共产党简史》四本指定书目,以及《中国共产党的100年》《中华人民共和国简史》《改革开放简史》《社会主义发展简史》等重要参考材料陆续出版,加上《十八大以来重要文献选编》《十九大以来重要文献选编》《习近平谈治国理政》《习近平关于全面深化改革论述摘编》《习近平关于全面从严治党论述摘编》等系列党史档案文献的编辑出版,进一步夯实新时代国史研究的文献基础,为国史研

究的创新发展创造前提条件。

二、国史研究和国史学科建设取得突出成绩

在党中央坚强领导和直接指导下，新时代国史工作呈现蓬勃发展局面，国史研究和国史学科建设取得突出成绩。

（一）对习近平同志关于党史国史重要论述的研究取得阶段性成果

十八大以来，习近平同志关于党史国史的重要论述日益成为党史学界关注的热点。中央党史和文献研究院、当代中国研究所等部门纷纷组织编写习近平关于党史国史的论述摘编，全面搜集和整理了习近平同志关于党史国史重要论述的文献史料。其中当代中国研究所编、题为《习近平关于党史新中国史论述摘编》的资料集，内容摘自习近平总书记2005年1月7日至2020年5月11日期间，公开出版及部分内部发行的报告、讲话、文章和批示等文献，分18个专题，共计810段论述，主要涵盖学习研究宣传党史新中国史的历史观和方法论，学习研究宣传党史新中国史的重大意义，党史新中国史的主题和主线、主流和本质，中国特色社会主义发展史，改革开放史，党和国家建设的成就与经验，党史新中国史上的领袖人物，党史新中国史上的英模和先进人物，党史新中国史上的重大事件，新中国政治史，新中国经济史，新中国文化史，新中国社会史，新中国生态文明建设史，新中国国防和军队建设史，新中国"一国两制"和台、港、澳史，新中国外交和国际关系史，以及反对和抵制历史虚无主义等部分。

与此同时，学界对于习近平关于党史国史重要论述开展深入研究，无论是习近平关于党史国史重要论述的整体研究、方法论研究还是关于改革开放前后两个历史时期关系等具体问题的研究，都出现了不少研究成果，推进了对习近平关于党史国史重要论述的学习和贯彻。

（二）反对历史虚无主义取得决定性胜利

针对历史虚无主义思潮打着学术外衣在国史研究领域提出的种种错误观点，国史学界掀起围歼历史虚无主义的行动，组织召开学术会议，在各大报刊公开撰写发表理论研究文章，揭露批驳历史虚无主义的政治本质和错误所在。

例如，自2013年起，当代中国研究所主办的"中国社会科学院马克思主义当代中国史理论论坛"，每年召开一次，到2019年连续召开七届。自2015年起，中国社会科学院历史学部、马克思主义研究学部联合主办的"唯物史观与马克思主义史学理论论坛"也是每年召开一次。这两个论坛都专设"反对历史虚无主义"主题，组织广大马克思主义史学理论工作者，对历史研究领域尤其是国史研究领域的历史虚无主义进行全面批驳。中国社会科学院还陆续组织出版了《还历史的本原》（中国社会科学出版社2014年版）、《历史虚无主义的破产》（当代中国出版社2017年版）等著作文集，针对历史虚无主义在党史研究、国史研究和毛泽东思想研究中所提出的种种错误观点，有的放矢，从历史事实出发，用历史唯物主义的立场和方法，摆事实讲道理，有理有论有据地加以批驳，对于澄清历史虚无主义在党史国史重大问题上对人们造成的思想混乱有很大帮助。

与此同时，越来越多的党员干部群众加入自觉抵制历史虚无主义的队伍中来，一些长期宣扬历史虚无主义的网站、自媒体遭到人们的唾弃，反对历史虚无主义的斗争取得了重大胜利，"历史虚无主义正在破产"。

（三）国史研究重大问题取得突破并在教材建设中采纳

习近平总书记对于党史国史主题主线和主流本质等重大问题作出的重要论述，直接指导了国史研究在一些重大问题上取得突破。例如，中共党史主题主线由建立中国共产党、成立中华人民共和国、实行改革开放三件大事发展为建立中国共产党、成立中华人民共和国、实行改革开放、推进新时代中国特色社会主义事业四件大事，由此直接决定中共百年党史的分期划分为新民主主义革命时期、社会主义革命和建设时期、改革开放新时期、中国特色社会主义新时代四大时期。再如，根据把握主流与本质的要求，国史学界把社会主义革命和建设时期由1949年至1956年社会主义制度建立、1956年至1966年社会主义建设探索、1966年至1976年"文化大革命"三个时段重新划分为1949年至1956年社会主义制度建立、1956年至1976年社会主义建设艰辛探索两个时段，等等。

值得指出的是，自2018起，党史国史研究的这些重大突破在教育部统编中小学历史教材、中央马克思主义理论研究和建设工程国史教材、思想政治教育教材中被采纳，推进了对大中小学生开展正确的党史国史教育。

第五节　国史研究编纂的代表性成果

国史研究是国史编纂的基础，国史编纂是国史研究的重要形式。随着国史理论与实践的不断深入发展，国史研究与编纂形成多方面的研究成果。进入21世纪，国史研究和编纂取得进展，先后出版了30多种中华人民共和国史著作。其中，以当代中国研究所编撰的五卷本《中华人民共和国史稿》（人民出版社、当代中国出版社2012年版）、马克思主义理论研究和建设工程重点教材《中华人民共和国史》(高等教育出版社、人民出版社 2013 年版)、当代中国研究所编多卷本《中华人民共和国史编年》和当代中国研究所著《新中国 70 年》具有较强的代表性。同时,关于国史基本问题的研究,也形成了若干具有创新性的认识成果。

一、当代中国研究所著《中华人民共和国史稿》

《中华人民共和国史稿》(以下简称《国史稿》)凡五卷 150 余万言,《序卷》概述了新中国成立前中华民族发展史,尤其是中国共产党成立以来领导中国人民进行新民主主义革命和建立新国家的历史进程;第一至四卷记录了从 1949 年 10 月中华人民共和国开国大典到 1984 年 10 月中共十二届三中全会的历史。《国史稿》的出版具有重要的学术价值和现实意义,在国史研究的学科发展史上具有标志性意义。

2001 年,中共中央书记处讨论并原则同意当代中国研究所《2001—2004 年科研规划》,"要求当代所集中力量、突出重点,各项工作围绕国史编撰进行,确保成果是有权威的、经得起历史考验的、是精品;强调我们的国史是党领导人民群众的奋斗史、国家的发展史,与党史有密切的联系,写国史要继承发扬我国历史上修史的传统,也要为全党全国工作的大局服务,也要资政育人"[①]。《国史稿》初稿经过中共中央相关单位和国务院各部委多次审定,反复研讨,经中央最终批准出版。它的出版标志着中华人民共和国终于有了系统的整体史记载。

《国史稿》序卷由中国革命道路的探索历程阐释新中国的由来和中国特色社会主义道路的历史渊源。从中国通史来说,新中国的成立,是中国历史发展的一个新的起点,也是在变革意义上的一种历史延续。它离不开中国作为文明古国的历史"国情",具有无可选择的社会历史背景与条件。一方面,序卷以纵深而宽广的历史视野,从错综复杂的历史事实和浩如烟海的史料中,宜粗则粗、宜细则细地描述了中国自远古以来的自然、历史、文化和社会,讴歌了劳动、生息和繁衍在这片广袤土地上的中华各族人民的勤劳朴实、英勇不屈和革命精神;另一方面,由古及近,在世界历史进程中考察了近代中国的落伍及其历史原因,并根据近代中国社会的主要矛盾及其变化,深入探析太平天国起义、戊戌变法、义和团运动和辛亥革命等或反帝或反封建或反帝反封建斗争的起因、过程与意义,总结了中国人民、中华民族前赴后继求索"救亡图存""振兴中华"的思想精华和经验教训,

---

① 《中央书记处批准当代中国研究所三年科研规划》,《中国社会科学院报》2002 年 1 月 29 日。

阐明近代中国社会发展的主题、主线与趋势，用历史昭示在近代中国选择资本主义的道路是走不通的。序卷历史而充分地深刻展现了新中国成立的人民主体性、历史基础和精神动力与源泉。新中国的成立，蕴涵中华民族5000年的历史基因和文化血脉，是中国人民、中华民族奋进和求索的继承与发展。从社会发展道路来说，新中国的成立，是中国共产党领导全国各族人民在新民主主义革命胜利的基础上实现的，并奠定了当代中国一切发展进步的根本政治前提。序卷通过分析近代中国半殖民地半封建的社会状况，阐述中国人民的新觉醒、中国革命新的历史条件的成熟和推动历史进步的新生社会力量的形成，深刻揭示了中国革命从旧民主主义转变为新民主主义的历史必然性、中国共产党的诞生与"重建国家"的内在关系，并以此为历史逻辑起点，着力从开辟中国革命的正确道路和争取人民当家作主的国家政权的角度，宏观而不失细节地描写了从国民革命、土地革命、抗日战争到解放战争这一波澜壮阔的新民主主义革命历程，阐释了马克思主义中国化的形成与发展、中国革命道路的社会主义前途和新民主主义国家的雏形。随着新民主主义革命基本胜利，一个崭新的中国是"立于高山之巅远看东方已见光芒四射喷薄欲出的一轮朝日"，在代表光明与黑暗的中国两种命运的历史性决战中光辉诞生。新中国的成立是马克思主义中国化的理论逻辑与中国社会、中国革命发展的历史逻辑的辩证统一。从国家形态来说，新中国的成立，彻底结束旧中国半殖民地半封建社会的历史，实现了人民当家作主。作者从思想史意义上，系统地论述了新民主主义革命时期毛泽东思想关于民主政权建设的理论内涵，主要是国体、政体、经济形态、文化和外交等，据此阐明新中国的蓝图是在中国革命的历史进程中酝酿并逐步形成的。新中国的成立，是历史和人民的选择，具体体现在历史上各种"建国"思想与方略的"优胜劣汰"。同时，序卷以中国人民政治协商会议的筹备、召开为主线，阐述了中国共产党关于新中国建国思想的丰富与发展，展现了新中国创建与开国的壮丽历史画卷。

《国史稿》围绕国史的主线，全面、系统地再现了60多年来中华民族在探索社会主义发展道路上所取得的伟大成就和所遭遇的曲折，深刻总结了中国社会主义建设过程中的经验和教训。《国史稿》在论及1956年至1966年新中国开始全面建设社会主义的十年时指出："这十年，是正确与错误、成功与挫折错综交织的十年，是犯了严重错误又取得伟大成就的十年。"[①] 具体讲来，这些错误主要是：在

---

① 当代中国研究所：《中华人民共和国史稿》第2卷，人民出版社、当代中国出版社2012年版，第412页。

发展生产力上急于求成；在生产关系上急于过渡，片面追求"一大二公三纯"；在阶级斗争问题上绝对化、扩大化。而造成这些错误的原因，《国史稿》给予了深入分析，认为："从50年代中期开始，由于中国革命和建设取得一连串的胜利，使中国共产党内的骄傲情绪急剧膨胀起来。这种骄傲情绪同全国人民强烈要求尽快改变落后面貌的愿望结合在一起，在1958年'大跃进'运动中，不顾国情国力，片面强调高速度，要求在短期内改变'一穷二白'的面貌。这种经济建设上急于求成的情绪和做法"，"不但使经济建设受到严重损失，而且也助长了'左'的指导思想的发展"。[①] 对于"文化大革命"的认识，《国史稿》一方面强调了它"不是任何意义上的革命或者社会进步"[②]，坚持了《关于建国以来党的若干历史问题的决议》的基本观点，另一方面又将"文化大革命"运动和"文化大革命"时期区别开来。

《国史稿》对于以往国史著作中论述薄弱的地方，给予了较为深入的阐述。如关于少数民族历史的发展，《国史稿》以"统一的多民族国家""和平解放西藏""民族区域自治制度的建立""调整民族、宗教政策""平定西藏叛乱的斗争""胜利完成西藏的民主改革""五个自治区的成立和发展""民族政策的调整和民族团结的加强""民族工作方针的贯彻""民族地区经济社会的稳定与发展"等内容，阐述了在新中国历史发展进程中少数民族事业的发展，以及不同时期少数民族地区经济社会面貌发生的变化，展现了新中国统一的多民族历史发展的恢宏画卷。关于人民解放军在新中国历史发展进程中的地位和作用，《国史稿》清晰地勾勒出各时期人民武装和人民解放军在新中国成立前后的历史地位，并通过"向全国胜利进军""抗美援朝战争""镇压反革命运动""军队建设的新起步""继续推进人民军队建设的重大举措""全国学习解放军""国防力量的建设""国防力量发挥的重要作用""革命委员会的建立和工人、解放军宣传队进驻学校、机关""规模空前的三线建设""国防科技与军队建设的发展""反对苏联霸权主义的斗争""援越抗美""国防现代化和军队建设"等内容，阐述了中国人民解放军在新中国历史发展进程中所发挥的中流砥柱作用，勾勒出中国人民探索社会主义发展道路的艰辛历程。

二、马克思主义理论研究和建设工程重点教材《中华人民共和国史》

2013年11月，马克思主义理论研究和建设工程重点教材《中华人民共和国

---

① 当代中国研究所：《中华人民共和国史稿》第2卷，人民出版社、当代中国出版社2012年版，第416页。
② 当代中国研究所：《中华人民共和国史稿》第3卷，人民出版社、当代中国出版社2012年版，第1页。

史》(以下简称《共和国史》)由高等教育出版社、人民出版社联合出版。全书分为导论、正文七章、阅读文献、人名译名对照表和后记五部分,记述了中华人民共和国从成立到中共十八大以来全面深化改革的历史进程。

《共和国史》对于共和国历史分期问题,提出了三个时期七个阶段的观点,认为1956年社会主义改造基本完成和1978年中共十一届三中全会将共和国的历史分为三个历史时期:新中国从新民主主义向社会主义过渡时期,探索建设社会主义时期,以及开创、坚持和发展中国特色社会主义、建设社会主义现代化时期;七个阶段是:从1949年10月中华人民共和国成立到1956年社会主义改造基本完成、从1956年社会主义改造基本完成到1966年5月"文化大革命"开始前、从1966年5月"文化大革命"开始到1976年10月粉碎"四人帮"、从1976年10月粉碎"四人帮"到1982年9月中共十二大召开前、从1982年9月中共十二大召开到1989年6月中共十三届四中全会前、从1989年6月中共十三届四中全会到2002年11月中共十六大召开前、从进入21世纪中国开始全面建设小康社会到加快推进社会主义现代化建设的新的发展阶段,反映了中国共产党和各族人民为建设富强民主文明和谐的人民共和国,实现中华民族伟大复兴而不懈奋斗的历史;反映了中国共产党领导人民在探索中国特色社会主义道路的过程中,艰苦奋斗、百折不挠,克服各种困难和挑战,写下可歌可泣宏伟篇章的历史。①

《共和国史》在重视政治史、经济史、外交史和军事史等传统研究领域的基础上,关注文化史和社会史。《共和国史》每一章都辟有专节或专目来阐述相关时期文化和社会的发展状况,如第一章第六节"文教科技卫生等事业的建设和进步"、第二章第三节"团结一致战胜困难的社会风貌"、第六节第二目"教育与科技事业的发展"、第三目"文化事业的繁荣"和第四目"尾声与体育事业的进步"、第三章第五节第三目"国民经济与社会事业取得的重要进展"、第四章第二节第六目"精神文明建设与教科文事业的发展"、第五章第三节第三目"城乡社会生活的显著变化"、第六章第三节第五目"推进社会主义文化建设"、第七章第三节第三目"加快以改善民生为重点的社会建设"、第四节"有效应对重大挑战和成功举办盛会",等等。当然,还有一些文化史和社会史的内容是放在政治史或者经济史的章节中阐述的,如"进行民主改革,清除旧社会遗毒"、"西藏的民主改革"、1976年唐山大地震、恢复高考与召开全国科学

---

① 《中华人民共和国史》编写组:《中华人民共和国史》,高等教育出版社、人民出版社2013年版,第6页。

大会、抗击"非典"疫情、提出构建社会主义和谐社会战略任务、全面建设小康社会等。这样的谋篇布局尽可能地反映了文化与社会生活的丰富多彩和时代变迁。

三、多卷本《中华人民共和国史编年》

《中华人民共和国史编年》自 2004 年 9 月出版 1949 年卷,迄今已陆续出版到 1965 年卷以及 2012 至 2017 年卷,共 23 卷。《中华人民共和国史编年》有纲有目有图片,一年为一卷,其实质是编年史,是过去当代人写的"实录",是国家的年谱。[1] 2009 年 8 月 23 日,《中华人民共和国史编年》出版座谈会在人民大会堂举行,50 多位学者参加了会议,对已经出版的《国史编年》(1949—1955 年卷)作了学术总结。《中华人民共和国史编年》遵循"全""准""详""要"等原则进行编撰。所谓"全",是指重要事情不能遗漏,国际国内背景简单明了,同时也尽可能查阅各种资料。所谓"准",是指尽可能使用权威部门编写的资料,尽可能使用原始资料,而不是使用个人著述和二手资料。所谓"详",是指正文要有来龙去脉。所谓"要",是指抓住要点,做到分析精当、行文扼要、用词准确。

《国史编年》采用纲目体,逐日排列史事。纲文标示事件核心,目文叙述事件本末。与目文相关的重要文献或史料,附在目文之后,并标明资料来源。另外,选择一些历史图片随文,作为目文的形象补充。[2]《国史编年》对条目的出条原则,不仅突出共和国史发展的主线,而且平衡各部分、各地区、各层面。对于条目日期的确定,强调"同一事件应该参考不同的史料判断出准确的日期","时间跨度比较大的条目,应仔细考证准确的起止时间",更为重要的是"应以中共中央或中央政府活动的时间为准。凡有关中共中央或中央政府发布的文件,应以文件通过、发出或正式公布之日出条,地方性文件应以中央批准或批转日期出条"。[3] 每日的条目以政治、经济、文化、社会、军队、灾异、自然等为序,外交类的条目根据内容,插入政治、经济、文化类相应的位置。如果同一日、同一类别内多条并存,则"大体按先党内后党外、先中央后地方、先党和政府后个人、先重大决策后一般政策的原则排列"[4]。《国史编年》根据国史各个时期的不同情况,将国际所发生

---

[1] 朱佳木:《当代史工作文稿》,2010 年,第 146 页。
[2] 田居俭:《再现共和国年轮》,《光明日报》2005 年 3 月 14 日。
[3] 当代中国研究所科研办学术处编:《〈中华人民共和国史编年〉文稿撰写细则(试行)》,《所内学术简报》2007 年第 5 期(总第 60 期)。
[4] 当代中国研究所科研办学术处编:《〈中华人民共和国史编年〉文稿撰写细则(试行)》,《所内学术简报》2007 年第 5 期(总第 60 期)。

的对中国具有重大影响的事件以及中国对外关系列为首位,将国史放在当代世界的大范围内加以考察,"以此作为国内大事的政治背景,揭示了当代中国与世界的互动关系"①。例如,通过对抗美援朝战争与国内"镇压反革命"运动、"三反"运动、"五反"运动之间关系的考察,从而得出了"国际形势在很大程度上影响了当代中国的政治走向,而中国政治局势的变化又影响到远东乃至世界两大阵营的政治格局"②的认识。

需要指出的是,越来越多的世界史著作也开始将中华人民共和国史作为其重要内容加以阐述,如于沛主编的马克思主义理论研究与建设工程重点教材《世界现代史》(高等教育出版社、人民出版社 2013 年版)与武寅主编的《世界历史》(江西人民出版社 2013 年版)等著作,作了很好的尝试。

四、《新中国 70 年》

《新中国 70 年》是中央交办、当代中国研究所承担撰写的重大项目,2019 年在新中国成立 70 周年之际,经党中央批准,由当代中国出版社出版。这本书有以下四个鲜明特点:

第一,具有很强的权威性。自中共十八大以来,以习近平同志为核心的党中央高屋建瓴,对党史国史作出了一系列新的重要论述,有力指导了党史国史研究的发展。《新中国 70 年》坚持以马克思主义唯物史观为指导,把习近平同志关于党史国史的重要论述精神坚决贯彻到撰写工作中,可以说充分体现了以习近平同志为核心的党中央关于党史国史的最新认识,具有很高的政治站位,思想性突出。

例如,《新中国 70 年》在历史分期上,把新中国 70 年的发展史分为探索篇(1949—1978)、改革篇(1978—2012)、强国篇(2012—2019),鲜明地体现了新中国 70 年历史发展的主题和主线。在探索篇中,这本书改变了以往国史著作 1956 年至 1966 年、1966 年至 1978 年两个阶段的划分方式,把 1956 年至 1978 年合并为一个阶段,作为社会主义建设的艰辛探索和曲折发展阶段,有利于人们准确把握 1956 年至 1978 年这 20 多年间社会主义建设探索这一历史本质特征。

再如,关于中共十八大以来以习近平同志为核心的党中央领导推进新时代中国特色社会主义事业的历史,学界尚没有完整而权威的记述。这本书在强国篇中把中共十八大以来中国特色社会主义进入新时代作为单独一个历史阶段进行全面

---

① 史言:《说说〈国史编年〉的基本特点》,《中国社会科学报》2009 年 8 月 13 日。
② 史言:《说说〈国史编年〉的基本特点》,《中国社会科学报》2009 年 8 月 13 日。

论述，并且把全面建设社会主义现代化强国作为新时代的核心主题。可以说，就2012年至2019年这段历史的梳理而言，这本书是目前最具有权威性的一本著作。

第二，内容比较全面。《新中国70年》把新中国70年的历史放到中华民族5000多年文明史、中国人民近代以来170多年斗争史、中国共产党近百年奋斗史中来观察和书写，详细书写从1949年新中国成立到2019年新时代中国特色社会主义事业新征程的70年历史，是迄今为止涵盖时间最长的新中国史著作，比较完整地展现了中国共产党领导全国各族人民进行社会主义革命、建设、改革的磅礴历程，中华民族迎来从站起来、富起来到强起来的伟大飞跃。

《新中国70年》比较系统地记述了新中国经济、政治、文化、社会、生态文明、国防军事、外交以及党的建设等各个领域的发展历程，比较充分地展现了各个领域、各个部门所取得的伟大成就。与此同时，《新中国70年》如实反映党在领导社会主义建设探索中的曲折和失误，客观地呈现了中国共产党从错误中吸取教训，从错误中获得正确认识，从而坚决纠正错误的历史，实事求是地把新中国在曲折中前进的发展道路完整地展现于人们面前。

第三，明确新中国史上三件大事及其重大意义。经济文化比较落后的国家在革命胜利后如何建设社会主义，是社会主义发展史上的重大历史性课题。中国共产党在新民主主义革命胜利后的70年间，做了三件大事，对这一历史性课题进行成功"解题"，使具有170多年历史的科学社会主义在近14亿人口的东方大国找到了切实可行的实现路径。这三件大事，即2019年9月3日习近平总书记在中共中央党校（国家行政学院）中青年干部培训班开班式上发表重要讲话中所强调的，"成立中华人民共和国、实行改革开放、推进新时代中国特色社会主义事业"。这三件大事，亦即《新中国70年》探索篇、改革篇、强国篇重点记述的内容。

新中国70年间的这三件大事，无论对于中国人民还是世界人民，都具有重大意义。1949年中华人民共和国的成立，如习近平总书记所指出："这一伟大事件，彻底改变了近代以后100多年中国积贫积弱、受人欺凌的悲惨命运，中华民族走上了实现伟大复兴的壮阔道路"。也就是说，新中国的成立，从根本上改变中国人民命运，开辟中国历史发展新纪元；从根本上改变中国发展方向，推动我国进入社会主义新社会；从根本上改变中华民族地位，掀开民族复兴新篇章；从根本上改变世界政治格局，深刻影响人类历史进程。

1978年开始实行的改革开放，是党和人民大踏步赶上时代的重要法宝，是坚持和发展中国特色社会主义的必由之路，是决定当代中国命运的关键一着，也是决定实现"两个一百年"奋斗目标、实现中华民族伟大复兴的关键一着。与此同时,改革开放拓展了人类社会文明走向现代化的途径,为其他国家和民族的现代化之路提供了中国智慧和中国方案。

2012年开启的新时代中国特色社会主义事业新征程,我们决胜全面建成小康社会、进而全面建设社会主义现代化强国,全国各族人民团结奋斗、不断创造美好生活、逐步实现全体人民共同富裕,全体中华儿女勠力同心、奋力实现中华民族伟大复兴,我国日益走近世界舞台中央、不断为人类作出更大贡献。

第四,突出了新中国史主题与主线,主流与本质。为人民谋幸福、为民族谋复兴、为世界谋大同,是中国共产党人的初心使命。新中国70年发展中,中国共产党人努力奋斗、践行初心使命而进行的伟大斗争,就是新中国史的主题与主线。

具体来说,新中国史的主题是,中国共产党领导全国各族人民,根据社会基本矛盾和主要矛盾,进行社会主义革命、建设和改革,建立并不断完善和发展社会生产关系,不断解放和发展社会生产力,不断满足人民群众日益增长的物质文化需要和美好生活需要,为人类共同问题提供中国智慧和中国方案。

新中国史的主线,亦即新中国发展的基本线索和基本脉络。从总体上看,新中国史由中华人民共和国的成立而发端,围绕建设一个什么样的国家而展开和推进。从这个意义上说,新中国史的主线,就是党团结带领人民完成社会主义革命,确立社会主义基本制度,推进社会主义建设,完成中华民族有史以来最为广泛而深刻的社会变革,实现中华民族伟大复兴。

明确新中国史的主题与主线,有利于掌握新中国历史发展的规律,预测新中国发展的趋势,真正理解习近平总书记在庆祝中华人民共和国成立70周年大会上所宣告的"今天,社会主义中国巍然屹立在世界东方,没有任何力量能够撼动我们伟大祖国的地位,没有任何力量能够阻挡中国人民和中华民族的前进步伐"。

新中国的发展不是一帆风顺的,因为在中国这样一个人口众多、地域辽阔、经济文化落后的东方大国进行社会主义建设没有现成经验可循,所以在1956年至1978年探索建设社会主义时期,中国共产党遇到许多挫折,犯过一些错误。但是,就整体历史来看,新中国70年所取得的伟大成就与所经历的曲折相比,主流与支流显而易见,成就是主要的,错误和挫折是次要的。具体来说,在1956年至1978年探索建设社会主义时期,尽管经历反右派斗争扩大化、"大跃进"的失误,"文化大革命"的错误,但从总体上说,社会主义建设的成就斐然。即使在"文化大革命"期间,国民经济虽然遭到巨大损失但仍然取得进展,党没有被摧毁而且还能维持统一,社会主义制度的根基仍然保存着,社会主义经济建设还在进行,国家仍然保持统一并且在国际上发挥重要影响。对此,邓小平曾经指出:"我们尽管犯过一些错误，但我们还是在三十年间取得了旧中国几百年、几千年所没有取得过的进步。""三十二年来我们取得的成就还是主要的，忽视或否认我们的成就，忽视和否认我们取得这些成就的成功经验，同样是严重的错误。"

《新中国70年》这本权威通史类新中国史著作的出版，既是国史学界多年来努力取得的重大研究成果，也为广大党员干部群众和青少年学习新中国史提供了一部重要图书。

国史研究和学科建设尽管取得了长足进步，但仍然存在一些不利于其发展的问题，主要是国史学科的自身建设还相对滞后于国史研究的实践，国史学的创新能力和应对错误思潮的辨别能力、分析能力还显得欠缺。国史研究成果尽管有了一定的规模，研究领域也在不断拓展，但有分量的成果相对较少，建立在史实基础上的理论分析偏弱，也有不少研究公式化、概念化和低水平重复。造成这一局面的原因主要是：不少国史研究者的马克思主义历史科学的理论素养不够、功底不扎实，运用唯物史观指导国史研究的能力不足，掌握和运用国史研究中的理论与方法比较单一，有的甚至生搬硬套，这不仅直接影响到对国史研究的深化，而且严重制约着创新能力的培养和提高。

尽管如此，随着改革开放和中国特色社会主义现代化建设事业的广泛而深入发展，国史研究理论与方法趋于成熟，国史研究必将深入开展，学科建设也必将不断推进。

思考题：

1. 国史研究是如何起步并发展起来的？
2. 党和国家领导人是如何论述国史的？
3. 国史研究有哪些代表性成果？

第二章　国史和国史研究中的重大理论问题

中华人民共和国史研究是一门新兴学科，要科学研究中华人民共和国史，引导干部群众和广大青少年正确认识中华人民共和国史，就要坚持正确的指导思想，对国史和国史研究中的一些重大理论问题有明确而清晰的态度，做到正确认识国史上的正确与错误，公正客观地对待国史人物，正确处理改革开放前后两个历史时期的关系，正确看待国史与中共党史的关系。

第一节　第二个《历史决议》的认识论基础及其对国史研究的指导意义

中共十一届六中全会通过的《关于建国以来党的若干历史问题的决议》，相对于中共六届七中全会原则通过的《关于若干历史问题的决议》被称为第二个《历史决议》，并作为党在指导思想上完成拨乱反正的标志而永载史册。中国共产党第二个《历史决议》回顾和总结了建党特别是新中国成立以来革命、建设和改革的历史进程，在新的历史条件下回答了什么是毛泽东思想及其活的灵魂、为什么要坚持和发展毛泽东思想，以及怎样区分毛泽东晚年的错误与毛泽东思想等理论与实践问题，奠定了正确评价毛泽东的历史地位、坚持和发展毛泽东思想的理论与方法论基础，成为马克思主义中国化发展史上具有继往开来意义的重要历史文献。它是中共十一届三中全会重新恢复马克思主义思想路线以来解放思想、实事求是的产物，集中体现了改革开放之初党的思想理论创新成果，深刻揭示了党史国史的主题与主线、主流与本质，对国史研究具有理论与方法论意义。

一、遵循实事求是原则

在中国共产党的历史上，中共中央先后就党自身一定时期的历史问题作出的《关于若干历史问题的决议》和《关于建国以来党的若干历史问题的决议》，虽然发生在不同历史时期，但都起到了总结历史经验、统一思想、团结一致向前看的历史作用。胡锦涛在庆祝中国共产党成立 90 周年大会讲话中总结党的思想政治建设方面的历史经验，提出了两个"根本原因就在于"的重要论断，这就是："在历史上的一些时期，我们曾经犯过错误甚至遇到严重挫折，根本原因就在于当时的指导思想脱离了中国实际。我们党能够依靠自己和人民的力量纠正错误，在挫折中奋起，继续胜利前进，根本原因就在于重新恢复和坚持贯彻了实事求是"[①]。

党的思想路线正确与否，至关党的事业兴衰成败。对于这方面的历史经验教训，两个《历史决议》进行了系统总结。这是党将实事求是的思想路线运用于认识和研究党史国史、探索党的建设规律的产物。

马克思主义经典作家创立了辩证唯物主义和历史唯物主义的思想路线。中国共产党在马克思主义与中国工人运动相结合中诞生以来，逐步将马克思主义基本原理与中国国情相联系，与中国革命、建设和改革的具体实践相结合，并在加强自身思想政治建设中确立和贯彻了这一思想路线。党的创始人之一李大钊在传播马克思主义的同时，就十分注重将其应用于社会实践之中。他在《再论问题与主义》中指出："一个社会主义者，为使他的主义在世界上发生一些影响，必须要研究怎么可以把他的理想尽量应用于环绕着他的实境。"这是马克思主义中国化的一个认识起点。在马克思主义中国化的理论与实践进程中，毛泽东将马克思主义思想路线的要义概括为"实事求是"。在此基础之上，党在改革开放历史新时期将"解放思想""与时俱进""开拓创新"丰富为思想路线的基本内涵，不断赋予其时代性。

实事求是，是马克思主义的思想路线，也是马克思主义的认识路线，根本要求就是一切从实际出发，理论联系实际。在新民主主义革命时期，中国共产党坚持实事求是，探索和找到了新民主主义革命道路，确立和形成了毛泽东思想。与之相比较、相斗争而存在，党在思想路线问题上发生了"左"倾和右倾错误，特别是自党的六届四中全会至遵义会议期间中央的"左"倾领导路线问题，集中表现为主观主义、教条主义和经验主义。历史地认识这一历史问题，总结其中的经验教训，是党作出第一个《历史决议》的主要动因。《决议》着重剖析了第三次"左"倾路线在政治、军事、组织和思想上错误的主要内容及其社会根源，论述和总结了毛泽东思想关于新民主主义革命的理论。这个决议作出以后，党在思想统一、团结一致的基础上，领导全国各族人民取得了新民主主义革命的胜利，创建了新中国，开创了社会主义革命、建设和改革开放事业。但是，这一时期也因偏离实事求是的思想路线而遭遇艰难挫折，发生过一些失误和错误，乃至酿成了"文化大革命"那样全局性的严重错误。改革开放之初，以毛泽东晚年错误来否定毛泽东思想的有之，否定毛泽东历史地位的也有之。确立毛泽东的历史地位、坚

[①] 胡锦涛：《在庆祝中国共产党成立90周年大会上的讲话》，《人民日报》2011年7月2日。

持和发展毛泽东思想，是党作出第二个《历史决议》的主要动因。《决议》回顾新民主主义革命历史，总结新中国成立以来 32 年的历史，特别是以"文化大革命"十年为研究对象，分析了毛泽东晚年错误和发生"文化大革命"的社会历史原因，确立了毛泽东的历史地位，系统地总结了毛泽东思想。

如何总结历史经验教训，怎样认识和处理历史问题，一个根本问题就是以什么样的认识论为指导来研究党史国史。无论是第一个还是第二个《历史决议》，都是在中国共产党坚持正确的思想路线和对党的历史认识比较成熟的基础上作出的，实事求是是它们共同的认识论基础。

毛泽东在创立新民主主义革命理论中，向来主张和倡导实事求是、理论联系实际和调查研究，反对本本主义，反对离开中国社会和中国革命的实际去研究马克思主义。他从总结中国革命的经验教训中，在《实践论》和《矛盾论》等哲学著作中，论述并丰富了马克思主义的认识论和辩证法。在延安整风运动前夕，他在《改造我们的学习》中将主观主义的态度与马克思主义的态度相对比，指出主观主义的态度是"共产党的大敌"，是"党性不纯的一种表现"；马克思主义的态度是实事求是的态度。坚持实事求是，"就须不凭主观想象，不凭一时的热情，不凭死的书本，而凭客观存在的事实，详细地占有材料，在马克思列宁主义一般原理的指导下，从这些材料中引出正确的结论"①。在历史问题上，毛泽东强调尊重历史辩证法的发展，给历史以一定的科学地位。为了总结历史经验教训，党中央成立了研究党的历史问题的委员会。1941 年 10 月，毛泽东以该委员会的名义草拟了《关于四中全会以来中央领导路线问题结论草案》。这是第一个《历史决议》的底本。延安整风运动反对主观主义、宗派主义和"党八股"，从思想根源上纠正了党的历史上历次"左"、右倾的错误，进一步端正了党的实事求是的思想路线。第一个《历史决议》正是在整风运动的基础上，通过全党对党自身历史的认识和研究而形成的，在扩大的六届七中全会上获得通过。该《决议》蕴涵着以唯物史观为基础的认识论和方法论，如社会主要矛盾论、阶级分析和对具体事物作具体分析等，是党坚持和贯彻实事求是的思想路线，并与党的历史实际相结合的历史认识成果。

新中国成立以来，中国共产党坚持实事求是的思想路线，丰富和发展毛泽东思想，但也在一段时间内偏离了这一思想路线，发生了"左"、右倾错误。随着"文化大革命"的结束，党在十一届三中全会前后领导和支持关于真理标准问

---

① 《毛泽东选集》第 3 卷，人民出版社 1991 年版，第 801 页。

题的大讨论，实现了思想上的拨乱反正，重新恢复了实事求是的思想路线，并发展为"解放思想，实事求是"。邓小平在《解放思想，实事求是，团结一致向前看》中指出："首先是解放思想。只有思想解放了，我们才能正确地以马列主义、毛泽东思想为指导，解决过去遗留的问题，解决新出现的一系列问题。"[①] 随着这一思想路线的重新确立，党在历史观问题上重新恢复和确立了唯物史观的指导地位，为认识和研究新中国成立以来党的历史奠定了科学的认识论基础。在指导第二个《历史决议》起草工作中，邓小平反复强调，写这一决议，要实事求是，要很好地总结"左"的教训。这个决议的中心问题是毛泽东的功过是非和新中国成立以来历史发展的主流问题。这是关系毛泽东的历史地位、毛泽东思想的指导地位和新中国历史本质的基本问题。为此，邓小平强调要对"文化大革命"时期的错误进行实事求是的分析；对新中国成立32年来历史上的大事，哪些是正确的，哪些是错误的，要进行实事求是的分析，包括一些负责同志的功过是非，要作出公正的评价。《决议》对于"文化大革命"和毛泽东的历史地位，作出了实事求是的、恰如其分的评价，对于发生"文化大革命"和毛泽东晚年错误的思想根源与社会根源进行了深刻分析；同时，开篇回顾了新中国成立以前新民主主义革命的历史，并与新中国成立以来的历史相结合，全面地概括了毛泽东的功绩和贡献，为确立毛泽东的历史地位，坚持和发展毛泽东思想提供了更为全面的根据，也在一定意义上表现了两个历史问题的决议在党史国史认识问题上的继承与发展。

在历史发展意义上，马克思主义中国化、时代化是党史国史发展的思想基础和精神动力。研究党史国史，遵循马克思主义中国化，是思想认识逻辑与历史发展逻辑的有机统一。《关于若干历史问题的决议》和《关于建国以来党的若干历史问题的决议》，将马克思主义的思想路线、认识路线及其认识论具体应用于研究党史国史、总结历史经验，对于推进马克思主义中国化作出了重要理论贡献，也为研究党史国史提供了基本理论遵循，这就是实事求是地认识和研究历史。

二、正确评价毛泽东的历史地位

在近现代中国历史上，毛泽东的一生贯穿中国共产党成立、新民主主义革命胜利、新中国成立以至"文化大革命"即将结束的历史进程。毛泽东对中国革命和建设最主要的贡献是创立和发展了毛泽东思想。中国共产党决定起草《关于建

---

① 《邓小平文选》第2卷，人民出版社1994年版，第141页。

国以来党的若干历史问题的决议》，通过回顾新中国成立以来的历史，总结中国革命和建设的经验教训，正确评价毛泽东的历史地位和毛泽东思想，为在指导思想上完成拨乱反正，牢固树立解放思想、实事求是的思想路线奠定历史依据与理论基础，以统一全党意志，团结一致向前看。

在中共中央政治局、中央书记处领导下，邓小平主持起草了第二个《历史决议》，并在起草之初就明确了决议起草工作的根本原则。当他看了起草小组的提纲后，在1980年3月19日召集胡耀邦、胡乔木和邓力群谈话，提出了起草这一决议的三条中心内容。概括起来，一是主题论，确立毛泽东的历史地位，坚持和发展毛泽东思想；二是方法论，对建国30多年来历史上的大事，哪些是正确的，哪些是错误的，要进行实事求是的分析，包括一些负责同志的功过是非，要作出公正的评价；三是目的论，通过这个决议对过去的事情作个基本的总结，"总结过去是为了引导大家团结一致向前看"。它们相互联系，涵盖了起草工作的根本点、出发点和落脚点。其中，邓小平特别指出，主题论这一条是"最重要、最根本、最关键的"，也是"最核心的"。①邓小平为决议起草工作确立这一根本原则，是以毛泽东的历史地位和毛泽东思想的科学体系为根本依据的，是党的十一届三中全会以来马克思主义的思想路线重新恢复和发展在总结历史经验上的具体反映，也是邓小平反对"两个凡是"错误方针、倡导必须世世代代地用准确的完整的毛泽东思想作指导，以及支持真理标准问题大讨论、在思想政治上重申坚持四项基本原则等一系列认识与实践发展的一种必然。

如何理解这一根本原则，邓小平作了具体阐述。首先，不仅今天，而且今后，都要高举毛泽东思想的旗帜。他就十一届五中全会为刘少奇平反一事指出，给刘少奇平反"违反了毛泽东思想""说明毛泽东思想错了"的认识都是不对的，必须澄清这些混乱思想。其次，要写毛泽东思想形成的过程。他认为，延安时期是"毛泽东思想比较完整地形成起来的一段"。六届七中全会通过的《关于若干历史问题的决议》没有专门讲毛泽东思想的全部内容。他指出："现在这一次，要正确地评价毛泽东思想，科学地确立毛泽东思想的指导地位，就要把毛泽东思想的主要内容，特别是今后还要继续贯彻执行的内容，用比较概括的语言写出来。"至于"文化大革命"的十年，邓小平指出："毛泽东同志是犯了错误的。在讲到毛泽东同志、毛泽东思想的时候，要对这一时期的错误进行实事求是的分析。"②这些论述

---

① 《邓小平文选》第2卷，人民出版社1994年版，第291、293页。
② 《邓小平文选》第2卷，人民出版社1994年版，第292页。

蕴涵着唯物史观的基本立场、观点和方法，为后来的决议起草工作提供了科学的认识论和方法论基础。

决议起草工作这一根本原则的确立，建立在中国共产党对什么是毛泽东思想和怎样对待毛泽东思想的探索与发展的基础之上，也是邓小平提出完整、准确地理解毛泽东思想的集中体现。

在马克思主义中国化的历史进程中，中共七大把毛泽东思想确立为党的指导思想，刘少奇在会上所作的关于修改党章的报告和修改后的党章将毛泽东思想表述为"马克思列宁主义的理论与中国革命实践之统一的思想"[1]。毛泽东思想是以毛泽东同志为核心的党的第一代中央领导集体创立的，并主要表现在毛泽东的著作中。毛泽东思想指导新民主主义革命的胜利，并在此基础上建立了新中国。新中国成立后，1951年7月20日，毛泽东在审阅时任中共中央西北局第一书记习仲勋在西北局干部会议上的报告《为加强马克思列宁主义和毛泽东思想的宣传而斗争》时，将毛泽东思想的表述修改为"马列主义和中国革命相结合的思想"[2]。随着新中国由新民主主义过渡到社会主义社会，并开始全面建设社会主义，毛泽东思想作为指导思想，不仅是马克思主义与中国革命实践的结合，而且是马克思主义与中国社会主义建设实践的结合，并在这一结合中丰富和发展。1962年2月6日，邓小平在扩大的中央工作会议上的讲话中将毛泽东思想表述为"把马克思列宁主义的普遍真理同中国革命和建设的具体实践相结合的思想"[3]。但是，在"文化大革命"中，毛泽东思想被庸俗化和割裂。对此，邓小平在1975年农村工作座谈会上插话指出："毛泽东思想有丰富的内容，是完整的一套"，"毛泽东思想紧密联系着各个领域的实践，紧密联系着各个方面工作的方针、政策和方法，我们一定要全面地学习、宣传和实行"[4]。粉碎"四人帮"后，针对"两个凡是"，邓小平于1977年4月10日给中央写信，提出"我们必须世世代代地用准确的完整的毛泽东思想来指导我们全党、全军和全国人民，把党和社会主义的事业，把国际共产主义运动的事业，胜利地推向前进"[5]。之后不久，他在同中央两位同志谈话时指出："毛泽东思想是个思想体系。"[6] 在中共十届三中全会上，邓小平在讲话中阐述"要用准确的完整的毛泽东思想作指导"，就是"要对毛泽东思想有一个完整的准确的认

---

[1] 《刘少奇选集》（上），人民出版社1981年版，第315页。
[2] 习仲勋：《为加强马克思列宁主义和毛泽东思想的宣传而斗争》，《人民日报》1951年9月9日。
[3] 《邓小平文选》第1卷，人民出版社1994年版，第298页。
[4] 《邓小平文选》第2卷，人民出版社1994年版，第36、37页。
[5] 《邓小平文选》第2卷，人民出版社1994年版，第39页。
[6] 《邓小平文选》第2卷，人民出版社1994年版，第39页。

识，要善于学习、掌握和运用毛泽东思想的体系来指导我们各项工作。只有这样，才不至于割裂、歪曲毛泽东思想，损害毛泽东思想"①。他强调，不能只从个别词句来理解毛泽东思想，而必须从毛泽东思想的整个体系去获得正确的理解。就一个领域、一个方面的问题来说，也要准确地完整地理解毛泽东思想。邓小平的这一思想，为当时干部群众走出"两个凡是"的束缚、实现拨乱反正，指明了正确的思想理论方向。

中共十一届三中全会重新恢复了马克思主义的思想路线、政治路线和组织路线，开辟了改革开放的伟大事业。在十一届三中全会前的中央工作会议上，邓小平发表了《解放思想，实事求是，团结一致向前看》的讲话。他指出："没有毛主席就没有新中国"，"没有毛泽东思想，就没有今天的中国共产党"。②1979年3月30日，邓小平在党的理论工作务虚会上发表了《坚持四项基本原则》的讲话。其中，关于必须坚持马列主义、毛泽东思想，他针对当时"只拥护'正确的毛泽东思想'，而不拥护'错误的毛泽东思想'"的错误说法，明确指出："我们坚持的和要当作行动指南的是马列主义、毛泽东思想的基本原理，或者说是由这些基本原理构成的科学体系。至于个别的论断，那末，无论马克思、列宁和毛泽东同志，都不免有这样那样的失误。但是这些都不属于马列主义、毛泽东思想的基本原理所构成的科学体系"③。对于什么是毛泽东思想、怎样对待毛泽东思想，邓小平立场坚定，旗帜鲜明。他在主持起草第二个《历史决议》工作中，把正确评价毛泽东的历史地位，坚持和发展毛泽东思想，确定为最根本、最核心和最关键的原则，并非偶然，而是其思想发展的必然。

三、科学揭示毛泽东思想活的灵魂

第二个《历史决议》在《关于若干历史问题的决议》和中国共产党七大精神的基础上，结合解放战争和新中国成立以来毛泽东思想的丰富与发展，比较完整地阐述了毛泽东思想的科学体系和活的灵魂。它指出，毛泽东思想以独创性的理论丰富和发展了马克思列宁主义。毛泽东思想的活的灵魂是贯穿于毛泽东思想各个组成部分的立场、观点和方法，有三个基本方面，即实事求是、群众路线、独立自主。这一论述深刻揭示了毛泽东思想的精神实质，鲜明地指出了在毛泽东思想的问题上，坚持和发展什么，以及怎样坚持和发展的思想理论基础。

---

① 《邓小平文选》第2卷，人民出版社1994年版，第42页。
② 《邓小平文选》第2卷，人民出版社1994年版，第148、149页。
③ 《邓小平文选》第2卷，人民出版社1994年版，第171页。

第二个《历史决议》关于毛泽东思想的活的灵魂的概括，建立在毛泽东的科学著作和中国共产党人的革命活动的基础上，是中国共产党在改革开放历史新时期对毛泽东思想的精神实质的科学探索。

第二个《历史决议》将毛泽东思想的基本内容分为关于新民主主义革命、社会主义革命和社会主义建设、革命军队的建设和军事战略、政策和策略、思想政治工作和文化工作，以及党的建设六个部分。这些思想内容集中表现在毛泽东的著作中，《决议》相应地列举了37篇。第二个《历史决议》在阐述毛泽东思想的活的灵魂时，将毛泽东为反对当时红军中的教条主义思想而于1930年5月写作的《反对本本主义》列为首篇。这是因为毛泽东在文中初步提出了毛泽东思想的活的灵魂的基本精神与内涵，而且将三个基本方面作了一定意义的结合，主要是：（1）没有调查，没有发言权。一切结论产生于调查情况的末尾，而不是在它的先头。否则，一定要弄坏事情，一定要失掉群众，一定不能解决问题。马克思主义的"本本"是要学习的，但是必须同我国的实际情况相结合。我们需要"本本"，但是一定要纠正脱离实际情况的本本主义。（2）社会经济调查，是为了得到正确的阶级估量，接着定出正确的斗争策略。（3）中国革命斗争的胜利要靠中国同志了解中国情况，到群众中作实际调查去。其后，毛泽东在《实践论》《矛盾论》《〈农村调查〉的序言和跋》《关于领导方法的若干问题》和《人的正确思想是从哪里来的？》等著作中，比较系统地阐述了马克思主义辩证唯物主义和历史唯物主义的基本原理，并运用于中国革命和建设的实践之中，形成党的实事求是的思想路线、群众路线的根本工作路线和领导方法，以及从中国的具体实际出发，开辟中国革命道路，深入探索中国社会主义建设道路。

在改革开放前后，邓小平在倡导用准确的完整的毛泽东思想作指导时，强调了实事求是的思想路线和群众路线，并特别指出实事求是是毛泽东思想的精髓。1977年7月21日，邓小平在恢复其职务的十届三中全会上讲话指出："毛泽东同志倡导的作风，群众路线和实事求是这两条是最根本的东西。"[1] 这里，虽然是从作风上讲的，但表明邓小平把对毛泽东思想的认识重心放在了根本内涵和精神实质上。8月3日，他在同胡乔木等谈话时认为，讲毛泽东思想，不在引用很多毛泽东的话，而在发挥他的根本思想。9月19日，他还在与方毅等谈教育战线的拨乱反正问题中说到毛泽东在延安为中央党校题词"实事求是"时指出，这是毛泽东哲学思想的精髓。1978年5月30日，他在准备全军政治工作会议上的讲话中，强

---

[1] 《邓小平文选》第2卷，人民出版社1994年版，第45页。

调要着重讲实事求是问题。他说，实事求是是毛泽东思想的根本态度、根本观点、根本方法。6月2日，他在全军政治工作会议上发表了这个讲话，指出马列主义、毛泽东思想的基本原则，我们任何时候都不能违背，这是毫无疑义的。但是，一定要和实际相结合，要分析研究实际情况，解决实际问题。按照实际情况决定工作方针，这是一切共产党员所必须牢牢记住的最基本的思想方法、工作方法。实事求是，是毛泽东思想的出发点、根本点。这是唯物主义。不然，我们开会就只能讲空话，不能解决任何问题。他进一步指出，毛泽东历来坚持要用马列主义的立场、观点、方法来提出问题，分析问题，解决问题。马克思主义的活的灵魂，就是具体地分析具体情况。在关于真理标准问题的讨论中，邓小平明确肯定和支持这一讨论，认为争论不可避免，争得好。引起争论的根源就是"两个凡是"。①实践是检验真理的唯一标准，是马克思主义的。他强调，摆在我们面前的问题，关键还是实事求是、理论与实际相结合、一切从实际出发。这是政治问题，是思想问题，也是我们实现四个现代化的现实问题。一切从实际出发，我们的事业才有希望。实事求是，是毛泽东思想的精髓。正是在坚持实事求是的思想路线的基础上，邓小平在十一届三中全会前的中央工作会议闭幕会上发表了《解放思想，实事求是，团结一致向前看》的讲话，并就党的思想路线问题指出，只有解放思想，坚持实事求是，一切从实际出发，理论联系实际，我们的社会主义现代化建设才能顺利进行，我们党的马列主义、毛泽东思想的理论也才能顺利发展。这一讲话实际上成为中国共产党十一届三中全会的主题报告。不仅如此，邓小平还指导起草了叶剑英代表中央所作的国庆30周年讲话。这一讲话继承了中国共产党七大关于毛泽东思想的表述，并指出党在毛泽东领导下，经过长期的革命实践特别是延安整风，在全党确立了一条辩证唯物主义的思想路线。这就是一切从实际出发，实事求是，理论联系实际。它是无产阶级世界观的根本点，是毛泽东思想的精髓，是中国共产党制定政治路线和各项方针政策的基础，也是正确理解和执行党的路线、方针、政策的保证。

对实事求是这一毛泽东思想精髓的认识，对于起草第二个《历史决议》具有认识论与方法论意义。邓小平在为起草第二个《历史决议》确定根本原则时说，要正确地评价毛泽东思想，科学地确立毛泽东思想的指导地位，就要把毛泽东思想的主要内容，特别是今后还要继续贯彻执行的内容，用比较概括的语言写出来。关于毛泽东的建党学说，他比较强调毛泽东对于党的指导思想、党的作风是什

---

① 《邓小平年谱（1975—1997）》（上），中央文献出版社2004年版，第345—346页。

的内容，指出毛泽东建立了完整的建党学说，认为实事求是和群众路线特别重要。

胡乔木作为决议起草小组的负责人，比较早地提出决议起草要注意"毛泽东思想的实质是什么"的问题。1980年3月15日，他在同起草小组成员谈话时说，讲坚持毛泽东思想，是讲坚持什么。不仅要讲毛泽东思想适用于过去的，而且要讲适用于现在的。不然，"坚持毛泽东思想的这个口号就没有力量"。[①]在谈话中，胡乔木不仅提出问题，而且回答了这一问题。他列举了十个方面，其中包括后来通过的决议中关于毛泽东思想活的灵魂的三个基本方面：(1)关于实事求是。他说，从理论上讲毛泽东思想，可以从《实践论》的贡献讲起。一篇《实践论》，实际上自觉地有系统地开创了党的思想传统。现在还在讲的实践是检验真理的唯一标准，实事求是，等等，就表明了这个事实，需要从马克思主义哲学的认识论来说明它的地位和价值。在这方面，之前叶剑英代表中央发表的国庆30周年讲话在讲毛泽东思想的精髓时，不仅从《实践论》讲起，而且引用了《实践论》的有关重要论述。在此，胡乔木延续了这一讲话的认识逻辑。(2)关于群众路线。胡乔木在谈话中指出："也可以当做一个理论问题来考察。"这里，他没有细说。(3)关于独立自主。胡乔木在谈话中使用的是"自力更生为主"的概念。他说，在社会主义国家中，毛泽东首先强调了这一点。现在还需要作为一个问题提出来，因为对今后还有很大的作用。四个现代化的建设一定要争取外援，但不能盲目地依赖外援。尽管如此，胡乔木在这一谈话中还没有整体性地凸显出来毛泽东思想活的灵魂的三个基本方面，而是与其他方面放在一起讲的。

决议要有一种理论的力量。推动决议起草工作进一步思考毛泽东思想中贯穿始终的规律性问题，毛泽东思想的原理、原则成为决议起草工作的重要认识主题。决议要讲历史和理论，是决议起草小组的主要成员邓力群提出的，胡乔木给予重视，并着重强调了理论问题的重要性。1980年5月16日，他同起草小组成员谈话，强调决议"要有一种理论的力量"。这种力量来自决议"要把毛泽东思想贯穿到从始至终"，使人感到党始终是坚持毛泽东思想的，在党犯错误的时候，"党里还有很多人坚持毛泽东思想，他们重新领导人民，把中国带上正确的道路"。[②]他说，这是决议坚定不移的思想基础。决议写出后使人看了不仅仅是把历史上那些问题作一个评判，更重要的是要把党的目前的指导思想作一个描绘，而这个指导思想同党历来的指导思想是一脉相承的，真正的是毛泽东思想的继承与发展。决

---

① 《胡乔木传》编写组编：《胡乔木谈中共党史》，人民出版社1999年版，第45页。
② 《胡乔木传》编写组编：《胡乔木谈中共党史》，人民出版社1999年版，第54页。

议要达到这一目的,就需要把中国革命究竟走了一条什么道路,要怎样继续走下去,写出来。因此,决议不能陷入一件件历史事件中,而是要从理论上深刻阐述毛泽东思想的原理和原则。

在决议起草过程中,胡乔木思考新中国的历史发展,深入总结共产国际的经验教训,在阐述马克思主义普遍真理同中国实际如何相结合中,把实事求是、群众路线和独立自主结合了起来,并强调了毛泽东思想中的独立自主原则。他说,毛泽东领导中国革命取得胜利,在国际共产主义运动史和马克思主义发展史上是"一个划时代的胜利"。①否则,不能解释中国共产党为什么同共产国际进行了那么长期的坚决的尖锐的斗争。在马克思主义如何在发展过程中防止教条化问题上,把调查研究当作一个指导原则、一个重要方法在共产主义运动中是没有的。毛泽东"打破了共产国际的专制、教条化倾向"。讲马克思主义普遍真理同中国实际相结合,就是要研究中国的实际,从实际出发,就是要联系群众,从群众的最大利益出发。毛泽东把这些发展成了一个观点、一个工作方法的系统,还可以加上独立自主、自力更生,"确实在世界政治上显出中国革命的特点"。胡乔木强调:"中国革命是依靠自己的力量、依靠自己寻找的道路来取得胜利的。这个传统可以永远保持。"他说:"要把这个思想固定下来,用显著的形式,用科学的形式、法律的形式把它固定下来。"他指出,独立自主、自力更生的观点,是马克思主义,又是马克思主义在中国革命的长期斗争中的发展。要重视这个观点,否则,"就会产生一种对我们党的历史、党的传统的虚无主义"。②共产国际不可能找到一条引导中国革命到胜利的道路。毛泽东思想是在这样的历史条件下产生的。胡乔木在思考毛泽东思想产生的历史条件的过程中,明确提出了第二个《历史决议》关于毛泽东思想的活的灵魂的基本内涵。

第一是实事求是。胡乔木从《反对本本主义》讲起,指出各国革命的道路要由各国党和人民自己去找出来,这是毛泽东思想产生的条件、背景。他说:"革命要依靠各国革命人民在实际斗争中把马克思主义的普遍原理加以运用,同具体实际相结合,这在当时、现在以至将来,永远都是正确的,要坚持的。所以毛泽东思想强调调查研究,尊重群众的经验。"

第二是群众路线。胡乔木说,这也是从实际斗争中产生的。中国革命在失败后,在极端困难的条件下,相信群众能接受革命道理,能找到胜利的出路,能找

---

① 《胡乔木传》编写组编:《胡乔木谈中共党史》,人民出版社1999年版,第77页。
② 《胡乔木传》编写组编:《胡乔木谈中共党史》,人民出版社1999年版,第78页。

到达到胜利的智慧和力量。建立的新的政权也完全是依靠群众。毛泽东在和平建设时期提出了许多新办法,如"三结合""三同"等。只要一个党要革命,就要坚持这种观点。

第三是独立自主、自力更生。胡乔木指出,中国革命、建设要胜利,主要依靠自己的力量。这不能有任何动摇。在上述基础上,他总结说:"毛泽东思想是在当时历史条件下,经过很长时期发展的。这几个基本原则一直是我们的出发点。"[①]

胡乔木所提出的关于毛泽东思想的活的灵魂的三个基本方面,回答了毛泽东思想最根本的就是用马克思主义同实际相结合这个原则来解决中国当前的问题,采取什么方法,依靠什么力量,坚持什么原则。这些内容当时还没有被称为毛泽东思想的活的灵魂的三个基本方面,而是在后来的决议起草工作中加以概括和明确的,表现为决议关于毛泽东思想的重要理论创新成果。

四、根据全部历史来认识和处理历史问题

在写史问题上,第二个《历史决议》并不只是写新中国成立以来的历史,也不是对中共六届七中全会原则通过的《关于若干历史问题的决议》所写历史的接续,而是从中国共产党建党写起,回顾新中国成立以前28年的历史进程,总结新中国成立以来32年的历史经验,因而它写了建党以来60年的历史。它把中国共产党领导的新民主主义革命时期与新中国成立以来革命、建设和改革的历史时期结合并统一起来,为正确评价毛泽东的历史地位、坚持和发展毛泽东思想,提供了全面的历史根据。

(一)第二个《历史决议》的雏形

中共十一届三中全会重新确立马克思主义的思想路线、政治路线和组织路线,在新中国已经建立起社会主义基本制度并进行20多年建设的基础上开创了社会主义现代化建设和改革开放的历史新时期,实现了新中国成立以来中国共产党历史上具有深远意义的伟大转折。全会在公报中指出,如果没有毛泽东的领导,没有毛泽东思想,中国革命有极大的可能到现在还没有胜利,中国共产党就还在黑暗中苦斗;对于历史问题,适当的时候作为经验教训加以总结,统一全党和全国人民的认识,是必要的,但是不应匆忙地进行。

中共十一届三中全会闭幕不久,新中国迎来成立30周年。当时,中共中央认为,对新中国30年特别是"文化大革命"十年的历史,有必要给予初步回顾与总

---

① 《胡乔木传》编写组编:《胡乔木谈中共党史》,人民出版社1999年版,第98—99页。

结。为此，1979年6月间，中共中央决定由叶剑英在庆祝新中国成立30周年大会上发表讲话，对新中国成立30年的历史给予基本估价。在这一讲话稿的起草和修改中，邓小平指出，要回顾历史，并作出明确概括；要讲在30年的历史上毛泽东是有伟大功绩的；要讲我们有了正面经验，也有了反面经验；要把坚持四项基本原则同30年的整个历史衔接起来，要在坚持四项基本原则的大前提下写这个讲话。讲话在这一精神指导下，全面回顾了新中国成立30年的历史进程，初步总结了社会主义革命和建设的基本经验。讲话恢复了中国共产党七大关于毛泽东思想的提法，并指出没有毛泽东思想就没有今天的新中国，这是完全符合历史实际的。关于新中国30年历史，讲话强调，新中国30年的道路并不平坦，既有过比较顺利的发展，也有过严重的挫折；坚持四项基本原则、依靠四项基本原则的力量，新中国30年取得了伟大成就，纠正了工作中的错误，经受住了严峻的考验，并重新走上适合中国国情的正确发展道路。

然而，这一讲话为庆祝新中国成立30周年而作，毕竟不是对新中国成立以来30年历史的全面总结。讲话指出，对于新中国30年历史，应当在适当的时候，经过专门的会议，作出正式的总结。讲话发表之后，党中央便把这一任务提上了工作日程。历史地看，这就是第二个《历史决议》的前期准备。1979年10月下旬，邓小平在就1980年部分重要工作的安排问题的谈话中说，有了这一讲话，历史决议就好写了。以讲话为纲要，考虑具体化、深化。

庆祝新中国30周年的讲话，在解放思想、实事求是的思想路线指导下，深刻揭示了新中国30年历史发展的主题与主线、主流与本质，为第二个《历史决议》的起草确立了把握这一历史发展的基本脉络和总基调，提供了丰富的思想认识基础。在一定意义上说，庆祝新中国30周年的讲话成为第二个《历史决议》的雏形。

（二）第二个《历史决议》起草工作的根本原则

贯彻第二个《历史决议》起草工作之根本原则的，有一个具有方法论意义的重要问题，这就是决议写史从何时写起的问题。确立毛泽东的历史地位、坚持和发展毛泽东思想，需要与相应的历史相联系。毛泽东的历史地位，是与其生平思想功绩紧密地联系在一起的，归根结底是与中国新民主主义革命、新中国成立和建设社会主义的实践探索，与毛泽东思想的形成与发展，须臾不可分离的。起初，决议把写史范围限定在"建国以来"。若决议写史只局限于"建国以来"，不可能为确立毛泽东的历史地位提供完整的历史依据，也不可能写出毛泽东思想的主要内容。调整或改变起初设定的"建国以来"的写史范围，成为第二个《历史决议》起草工作贯彻根本原则的一种必然选择。

第二个《历史决议》起草工作的指导原则确立后，邓小平在研究和比较系统地阐述党史国史问题的基础上，思考的一个重点是决议的内容与形式问题。1980年4月1日，他同中央负责同志谈话时，提出了一个由如下五个部分组成的写作框架。这就是：（1）前言；（2）关于建国以来十七年；（3）关于"文化大革命"；（4）关于毛泽东思想；（5）结语。其中，从内容上讲，前言部分主要是回顾建国以前新民主主义革命，毛泽东思想部分既包含"建国以来"，也涉及新中国成立以前的历史。这些意味着决议写史的范围在一定意义上需要突破"建国以来"，联系或上溯至新民主主义革命时期。邓小平说到前言部分时指出，"话不要太多"①。此表明，邓小平对于决议从何时写起问题的认识，这时还是原则性、概括性的，需要进一步明确和具体化。

第二个《历史决议》的起草过程，是改革开放以来全党一次比较集中地学习研究党史国史的过程。决议草稿形成后，中共中央办公厅于1980年10月12日发出组织《关于建国以来党的若干历史问题的决议（草稿）》讨论的通知。随后，10月中旬至11月下旬，党内对决议草稿开展了"四千人大讨论"。讨论稿在总体上仍然是按照"建国以来"写史的。从讨论的情况看，在两个基本问题上反映比较突出、意见也比较集中，需要加以认识和处理：一是决议是否要写粉碎"四人帮"以后四年；二是决议写不写、怎么写对毛泽东的评价和毛泽东思想。对于前者，决议起草小组负责人胡乔木在"四千人大讨论"前原本准备了一个草稿，由于在是否加印到讨论稿的问题上，存在不赞成的意见，故当时没有加印在讨论稿中，而是决定等讨论后再作决策。邓小平看到讨论的有关情况后，指出这"势必要写"。如此，决议在写史问题上把改革开放前和改革开放后两个历史时期联系并贯穿起来，这也就有了决议后来通过时对于建国以来32年历史的基本估计。关于后者，实质上是要不要和如何贯彻决议起草工作的指导思想的问题。1980年10月25日，邓小平在同中央负责同志的谈话中，从必要性和重要性的角度对此作了深刻阐述。他强调：毛泽东思想这个旗帜丢不得。丢掉了这个旗帜，实际上就否定了中国共产党的光辉历史。总的来说，中国共产党的历史还是光辉的历史。决议稿中阐述毛泽东思想的这一部分不能不要。这不只是个理论问题，尤其是个政治问题，是国际国内的很大的政治问题。如果不写或写不好这个部分，整个决议都不如不做。不把毛泽东思想，即经过实践检验证明是正确的、应该作为我们今后工作指南的东西，写到决议里去，我们过去和今后进行的革命、建设的分量，它

---

① 《邓小平文选》第2卷，人民出版社1994年版，第296页。

的历史意义，都要削弱。不写或不坚持毛泽东思想，我们要犯历史性的大错误。①

决议不仅写、而且要写好对毛泽东的评价和毛泽东思想，其中一个关键问题在于写史的方法问题。邓小平指出，对毛泽东的评价，对毛泽东思想的阐述，不是仅仅涉及毛泽东个人的问题，这同党和国家的整个历史是分不开的。要看到这个全局。然而，如何写好的问题，这时还没有切实可行的具体办法。

决议草稿在"四千人大讨论"后经过多次修改，并开展了向老同志征求意见和建议的工作。其中，陈云、彭真分别就决议从何时起写史问题，提出了两个具有代表性的方案。

一是从建党写起。这是1981年3月间陈云在与邓小平的交谈中建议的，也是他在同起草小组主要成员邓力群的谈话中提出过的。这一建议的中心思想是，决议写中国共产党的60年历史，要增加回顾新中国成立以前28年历史的段落。这样写史的意义在于，有了中国共产党的60年历史，毛泽东的功绩、贡献就会概括得更全面，确立毛泽东的历史地位，坚持和发展毛泽东思想，也就有了全面的根据；说毛泽东功绩是第一位的，错误是第二位的，说毛泽东思想指引我们取得了胜利，就更能说服人了。邓小平认为，这个意见很好，并请有关负责同志转告起草小组。

二是从中共七大写起。1981年4月16日，彭真就决议征求意见稿致信邓小平等，提议决议写史从中共七大写起，在某些问题上适当联系第一个《历史决议》。其理由主要是：（1）毛泽东思想的问题是第二个《历史决议》的一个主要问题，而正式提出和确定这个问题的是中共七大。（2）中共七大、八大是决定中国新民主主义革命胜利和社会主义改造胜利，决定中国命运的大会。中共七大和毛泽东的领导，对此是有决定或重要意义的，而社会主义改造又是以新民主主义革命的胜利为前提的。（3）从中共七大前后写起，写36年的若干历史问题，不仅可以和第一个《历史决议》相衔接，保持应有的历史连续性，并且可以对中共七大以来，主要是新中国成立以来的重大历史问题，本着宜粗不宜细、有利于进一步巩固和促进政治上安定团结的原则，是就是，非就非，实事求是地顺理成章地作出正确的结论，以统一全党的认识。

上述两个方案的主要区别在于，决议是写中国共产党的整个历史还是写中共七大以来的历史。无论采取哪种方案，都使决议在写史问题上超出了"建国以来"的范围，而且提出这两个方案的领导同志出发点都在于如何更好地贯彻决议起草

---

① 《邓小平文选》第2卷，人民出版社1994年版，第298—300页。

工作的根本原则，并统一于马克思主义中国化的历史进程之中。在邓小平的主持下，第二个《历史决议》的起草工作在写史问题上，主要采纳了陈云的建议，在决议中专门写了"建国以前二十八年历史的回顾"，当然也对彭真所提方案的重要内容与基本精神给予了应有反映。决议起草写了一个前言，不仅实现了邓小平原来关于决议框架的设想，而且解决了决议怎样写好毛泽东思想的难题，具体而充分地贯彻了决议起草工作的根本原则，对于为什么要坚持和发展毛泽东思想，提供了坚实的历史根据。

第二个《历史决议》根据中国共产党的整个历史，正确评价毛泽东的历史地位，坚持和发展毛泽东思想，在新的历史条件下比较系统地确立了关于毛泽东的历史地位和毛泽东思想的基本历史理论。

一是关于毛泽东思想的形成、毛泽东思想的内涵和毛泽东在中国革命中的历史地位。决议回顾新中国成立以前28年中国共产党领导人民进行的新民主主义革命，指出党创造性地运用马克思列宁主义的基本原理，把它同中国革命的具体实践结合起来，形成了毛泽东思想，找到了夺取中国革命胜利的正确道路。毛泽东思想是以毛泽东为主要代表的中国共产党人，根据马克思列宁主义的基本原理，把中国长期革命实践中的一系列独创性经验作了理论概括，形成的适合中国情况的科学的指导思想。毛泽东思想是马克思列宁主义普遍原理和中国革命具体实践相结合的产物，是马克思列宁主义在中国的运用和发展，是被实践证明了的关于中国革命的正确的理论原则和经验总结，是中国共产党集体智慧的结晶。如果没有毛泽东多次从危机中挽救中国革命，如果没有以他为首的党中央给全党、全国各族人民和人民军队指明坚定正确的政治方向，党和人民可能还要在黑暗中摸索更长时间。

二是关于新中国成立以来党史国史的主题与本质。决议对新中国成立32年历史作出了基本估计。概括地说，新中国成立以后的历史，是中国共产党在马克思列宁主义、毛泽东思想指导下，领导全国各族人民进行社会主义革命和社会主义建设并取得巨大成就的历史。社会主义制度的建立，是我国历史上最深刻最伟大的社会变革，是我国今后一切进步和发展的基础。

五、分清历史的主流与支流

在新中国成立以来的历史上，一方面毛泽东思想在新民主主义革命时期形成与确立的基础上得以继承、丰富和发展，并指导中国社会主义革命和建设；另一方面则发生了"文化大革命"等严重错误。讲清楚正确与错误并存其中的这一历史发展的主题与主线、主流与本质是什么，特别是讲清楚毛泽东思想与"文化大革命"等错误为什么发生之间的历史与逻辑关系，成为起草决议应予解决的一个具有基础性和根本性的问题。之前，叶剑英代表中央发表的国庆30周年讲话，对"文化大革命"只是作了一个简单描述和估价，起草决议势必要给予全面分析和总结。

（一）正确认识历史功绩与错误

关于"文化大革命"的问题，邓小平指出，这"势必涉及到毛主席的问题"，"毛主席是政治错误"，与林彪、"四人帮"有本质区别。在中国革命和建设中，毛泽东的功绩是占第一位的，他的错误是占第二位的。毛泽东错误的地方不包括在毛泽东思想之内。1980年11月26日，邓小平在会见罗马尼亚政府总理的谈话中说，决议要对新中国成立以来31年的历史作个总结，"我们还是要确立毛泽东思想的科学体系，把毛泽东思想体系同他后期犯的错误分别开来"①。对于这些思想内容，邓小平反复强调，并贯彻于决议起草工作的始终。

决议起草之初，胡乔木就提出要注意"为什么发生'文化大革命'"的问题。1980年3月15日，他在同起草小组成员谈话时说，决议不回答为什么发生"文化大革命"这个错误，就会失去价值。一个郑重的马列主义政党，就得对这个问题有个科学的分析。他指出，"文化大革命"发生的最根本的原因，是对阶级斗争的认识和估计犯了错误。5月16日，胡乔木同起草小组谈决议要有一种理论力量问题，把"文化大革命"与"'文化大革命'时期"作了区别分析。一是关于党的问题。他说，在"文化大革命"中，党受到非常大的挫折，但党的大部分干部在困难条件下还是坚持了毛泽东思想，保护党的肌体、党的力量，继续进行社会主义建设。二是关于毛泽东和毛泽东思想。胡乔木指出，毛泽东开始离开了以他为主要代表所形成的毛泽东思想，"犯了很严重的错误"，但毛泽东也没有完全离开毛泽东思想，在"文化大革命"中还是要解放干部，领导外交和经济等工作，并作了不小的贡献。因此，决议既要把错误说够，又要说清楚犯错误的同时，党的健康力量始终是存在的。因为这样，党的生命、党的事业才没有中断，一直发展下来了。他说，"文化大革命"是错误的，但是党在这个时期的工作并不是全都错误的。这就在一定意义上把"文化大革命"同"'文化大革命'时期"作了区分。

不仅如此，区分"文化大革命"与"'文化大革命'时期"，关键在于讲清楚"文化大革命"的性质。1980年5月24日，胡乔木同起草小组成员谈话，探讨了

---

① 《邓小平关于正确评价毛泽东和起草历史问题决议的谈话选载》，《党的文献》2011年第3期。

1957年以来的历史发展，特别指出，"文化大革命"不能叫革命，无论什么意义上都不能算是革命；毛泽东在建立和发展毛泽东思想的过程中起了决定性的作用，但到1966年以后，他在主要方面违背了毛泽东思想。也即是说，毛泽东发动"文化大革命"的这一晚年错误，违背了毛泽东思想。胡乔木把"文化大革命"界定为"内乱"，把毛泽东晚年的错误与毛泽东思想区分开来。

决议在起草过程中，使用过"毛泽东晚年思想"这一概念。据《邓小平年谱》载：1980年6月9日，邓小平同胡耀邦、胡乔木谈决议稿的修改问题，商定将"毛泽东晚年思想"改为"毛泽东晚年的错误"。[1] 这样的修改是有意义的。因为，毛泽东晚年的思想中既有正确的内容，也存在错误，不能一概而论都是错误的。而毛泽东晚年的错误既有思想上的，也有实践上的。运用"毛泽东晚年的错误"这一概念，有利于具体地分清毛泽东晚年在思想和实践上的正确与错误，也有利于把"文化大革命"的发生同毛泽东思想区别开来。7月3日，胡乔木在中央书记处会议讨论起草决议时作了发言。他进一步把为什么发生"文化大革命"与毛泽东晚年的错误相联系，指出决议一方面要对毛泽东在"文化大革命"期间犯了"左"倾错误作出判定，另一方面要历史地分析"文化大革命"的发生，说明这不是偶然的，有它历史的原因。他说："把毛主席在晚年逐步形成的'左'倾思想的发展过程，加以说明，这样才能解释'文化大革命'的发生。"进而，他明确提出："我们现在要把毛主席晚年这些思想上行动上的错误同毛泽东思想加以区别，加以对照。"他并强调，这是个非常重要的问题，给予正确解决是非常必要的。[2] 有了这样的区分，就为正确评价毛泽东的历史地位和毛泽东思想的科学体系提供了科学的概念。7月24日，胡乔木同起草小组成员谈话，指出毛泽东晚年的错误不但没有动摇毛泽东思想的科学性，而且从反面证明了毛泽东思想是不能违背的，违背了就犯这样那样的错误。因此，胡乔木在论述"文化大革命"的问题上，强调毛泽东思想不包括毛泽东的错误，"我们现在没有理由丢掉把我们带到胜利的道路上的这样一个精神武器"，并认为要坚持毛泽东思想，决议也用毛泽东思想的科学体系这个提法。[3] 关于"文化大革命"的原因，毛泽东应负主要责任，但对待这样重大的问题不能不着重分析"文化大革命"发生的历史背景，而不应着重个人责任，尤其不应着重个人品格。毛泽东犯了错误，但他是作为一个马克思主义者犯错误的。他在"文化大革命"问题上基本上离开了马克思主义，但不能因此就说他不

---

[1] 《邓小平年谱（1975—1997）》（上），中央文献出版社2004年版，第646页。
[2] 《胡乔木传》编写组编：《胡乔木谈中共党史》，人民出版社1999年版，第73、74、75页。
[3] 《胡乔木传》编写组编：《胡乔木谈中共党史》，人民出版社1999年版，第123—125页。

是一个伟大的马克思主义者。①

第二个《历史决议》通过把"文化大革命"与"'文化大革命'时期",把"毛泽东晚年的错误"同毛泽东思想区别开来,阐述了新中国历史发展的阶段性与连续性的统一、毛泽东的历史贡献与毛泽东思想的统一、毛泽东的功与过的历史关系,以及新中国历史发展的经验教训。决议指出,在"文化大革命"中,党没有被摧毁并且还能维持统一,我国社会主义制度的根基仍然保存着,社会主义经济建设还在进行,我们的国家仍然保持统一并且在国际上发挥重要影响。这些重要事实都同毛泽东的巨大作用分不开。毛泽东在全局上一直坚持"文化大革命"的错误,但也制止和纠正过一些具体错误。他虽然在"文化大革命"中犯了严重错误,但是就他的一生来看,他对中国革命的功绩远远大于他的过失。毛泽东发动"文化大革命"的"左"倾错误观点,明显地脱离了作为马克思列宁主义普遍原理和中国革命具体实践相结合的毛泽东思想的轨道,必须把它们同毛泽东思想完全区别开来。对于"文化大革命"这一全局性的、长时间的"左"倾严重错误,毛泽东负有主要责任。但是,毛泽东在犯严重错误的时候,还多次要求全党认真学习马克思、恩格斯、列宁的著作,还始终认为自己的理论和实践是马克思主义的,是为巩固无产阶级专政所必需的,这是他的悲剧所在。决议指出以下两种态度都是错误的:一是因为毛泽东晚年犯了错误,就企图否认毛泽东思想的科学价值,否认毛泽东思想对我国革命和建设的指导作用;二是以为凡是毛泽东说过的话都是不可移易的真理,只能照抄照搬,甚至不愿实事求是地承认毛泽东晚年犯了错误,并且还企图在新的实践中坚持这些错误。这两种态度都是没有把经过长期历史考验形成科学理论的毛泽东思想,同毛泽东晚年所犯的错误区别开来,而这种区别是十分必要的。

(二)正确对待历史经验与教训

第二个《历史决议》把毛泽东与中国革命和建设的历史,同毛泽东之后的两年"徘徊"时期和改革开放初期的历史联系起来,贯通了改革开放前后两个时期的历史,初步论述了中国特色社会主义建设的基本历史经验。决议以"历史的伟大转折"为题,增加了粉碎"四人帮"以后的四年的历史。在此基础上,决议指出,十一届三中全会以来,党逐步确立了一条适合我国情况的社会主义现代化建设的正确道路。这条道路还将在实践中不断充实和发展,但是它的主要点,已经可以从新中国成立以来正反两方面的经验、特别是"文化大革命"的教训中得到

---

① 《胡乔木传》编写组编:《胡乔木谈中共党史》,人民出版社1999年版,第145—146页。

基本的总结。历史地看，这条道路就是中国特色社会主义道路。以毛泽东同志为核心的党的第一代中央领导集体，带领全党全国各族人民探索适合本国国情的社会主义建设，虽然经历了严重曲折，但党在社会主义建设中取得的独创性理论成果、具有中国特色的制度成果和历史性成就，奠定了当代中国一切发展进步的根本政治前提与制度基础，为新的历史时期开创中国特色社会主义提供了宝贵经验、理论准备、物质基础。

第二个《历史决议》从新中国成立以来正反两方面的经验、特别是"文化大革命"的教训中，从历史转折和改革开放前后两个历史时期的关系中，写适合中国情况的社会主义现代化建设道路的酝酿、探索和确立史，总结历史经验，揭示根据社会主要矛盾的变化实现党和国家工作重心的转移、社会主义生产关系的变革和完善必须适应生产力的状况、逐步建设高度民主的社会主义政治制度、社会主义必须有高度的精神文明、党的团结和党同人民的团结是进行社会主义现代化建设的根本保证等规律性认识，阐述了中国特色社会主义道路的初步理论形态。

第二节 人民群众的历史主体地位与国史人物的历史作用

马克思主义唯物史观在肯定人民群众创造历史的决定作用的同时，也承认历史人物在历史上的作用。列宁指出："历史上，任何一个阶级，如果不推举出自己善于组织运动和领导运动的政治领袖和先进代表，就不可能取得统治地位。"[1] 如果不能正确理解历史人物个人活动在历史发展中的作用，就不可能正确看待人民群众和历史人物在国史中所发挥的不同作用，也不可能准确把握国史发展的规律与趋势。

一、人民群众的历史主体地位

人民群众是历史的创造者，因而是社会历史的主体，这是马克思主义唯物史观的基本内涵之一。中国共产党坚持以马克思主义立场、观点和方法，即马克思主义世界观和方法论为自己的行动指南，在无产阶级革命和社会主义建设中都始终坚持并贯彻这一基本原理。

---

[1] 黎澍主编：《马克思、恩格斯、列宁、斯大林论历史人物评价问题》，中国社会科学出版社2012年版，第10—11页。

（一）唯物史观尊重人民群众的历史地位与作用

在人民群众的历史地位问题上，主观唯心主义英雄史观把历史的发展看作是由少数英雄人物和帝王将相的意志、品格、才能决定的，认为领导者是历史的唯一创造者，而不承认人民群众对历史的创造作用。唯心史观认为，历史不过是一堆由暴力造成的杂乱无章的偶然现象的堆积物，一个天才"可以使千万年的历史生色"，而世界历史无非就是"伟人的传记"，即"英雄创造历史"。英雄之所以能够创造历史，是以不承认历史发展自身具有不以人的意志为转移的客观规律为前提的。因此，"英雄创造历史"实质上不是说人类社会的一切物质和精神财富都是英雄所创造的，而是指英雄是人类历史命运的主宰者，他们的意志、精神决定着人类社会发展的方向、面貌和进程。机械论历史观则抹杀个人包括杰出人物在历史上的作用，把历史必然性推崇为与个人活动无关的绝对的东西，否认历史偶然性的作用。

自马克思主义唯物史观形成和发展以来，人类社会发生广泛而深刻的思想革命和社会变革，社会主义由空想变成科学、由理想变成现实。实践证明，唯物史观根植于人类社会的历史发展，是人类社会文明发展迄今为止"唯一的科学的历史观"。它科学揭示人类社会历史发展规律，正确阐明人民群众的历史主体地位。

马克思主义唯物史观将人类的物质资料生产活动看作是人类最基本的活动，因而将物质资料生产活动的主要承担者——人民群众作为社会发展的决定性因素，主张人民群众是历史的创造者。马克思、恩格斯在《神圣家族》中说过：历史活动是群众的事业，决定历史发展的是"行动着的群众"①。斯大林也指出："历史科学要想成为真正的科学，就不能再把社会发展史归结为帝王将相的行动，归结为国家'侵略者'和'征服者'的行动，而首先应当研究物质资料生产者的历史，劳动群众的历史，各国人民的历史。"②在这里，人民群众是一个重要的社会历史范畴，它主要指在劳动和其他社会实践的过程中，对历史发展起推动作用的具有主体性的大多数人。在不同国家或者同一国家的不同的历史时期，人民群众有着不同的内容。然而，无论历史发展到哪一阶段，人民群众的最稳定部分始终是从事物质资料生产和精神资料生产的劳动群众及知识分子。

人民群众是历史的创造者，具有如下基本内涵：其一，人民群众是社会物质财富的创造者。物质资料的生产方式始终是人类社会赖以存在和发展的基础，人

---

① 《马克思恩格斯全集》第2卷，人民出版社1957年版，第104页。
② 黎澍主编：《马克思、恩格斯、列宁、斯大林论历史人物评价问题》，中国社会科学出版社2012年版，第8页。

民群众又是物质资料生产活动的主体，人民群众总是先解决衣食住用行等必需的生活资料，然后才能从事政治、经济、文化和科学等各种活动。正如马克思所指出："任何一个民族，如果停止劳动，不用说一年，就是几个星期，也要灭亡。"①没有劳动人民的辛勤劳动和多种社会实践，人类社会就不会存在，更不会发展。因此，社会发展的历史，首先是生产发展的历史，是创造物质财富的劳动者的历史。

其二，人民群众是精神财富的创造者。人民群众在社会实践活动中借助一定的物质手段为创造精神财富提供了必要的物质前提，人民群众的社会实践活动，是一切精神财富的源泉，人类社会的一切科学文化，都是人民群众社会实践活动的概括和总结。同时，人民群众还直接参与精神财富的创造活动，对人类科学、文化、艺术的发展作出直接的贡献。因此，习近平总书记强调："历史是人民创造的，文明也是人民创造的。"②

其三，人民群众是社会变革的决定力量。在阶级社会里，社会制度的更迭、生产关系的变革，都是通过人民群众的革命实现的。人民群众通过推动生产力的发展而不断创造和改变社会关系，从而不断推动社会历史的进步和发展。"人民，只有人民，才是创造世界历史的动力。"③

（二）中国共产党对人民群众历史主体地位的认识

中国共产党来自人民，始终代表中国最广大人民的根本利益，尊重人民群众的历史主体地位，相信人民群众并依靠人民群众。因为只有依靠人民群众，工人阶级才能实现自己的历史使命——解放自己，同时解放全体劳动人民。中国共产党 100 年的历史，就是带领人民群众为争取国家独立、民族解放和伟大复兴而奋斗和发展的历史。一部中国近现代史，就是一部中国人民爱国主义的斗争史和创业史。

中国共产党成立以来，领导全国各族人民进行革命、建设和改革。在唯物史观指导下，中国共产党坚持把马克思主义关于人民群众是历史创造者的原理，系统地运用在党的全部活动中，形成一切为了群众、相信群众、依靠群众和从群众中来到群众中去的群众路线，并不断赋予其新的时代内涵。正如习近平总书记所指出的："群众路线本质上体现的是马克思主义关于人民群众是历史的创造者这一

---

① 《马克思恩格斯选集》第 4 卷，人民出版社 1995 年版，第 580 页。
② 《习近平在中共中央政治局第十八次集体学习时强调 牢记历史经验历史教训历史警示 为国家治理能力现代化提供有益借鉴》，《人民日报》2014 年 10 月 14 日。
③ 《毛泽东选集》第 3 卷，人民出版社 1991 年版，第 1031 页。

基本原理。只有坚持这一基本原理，我们才能把握历史前进的基本规律。只有按历史规律办事，我们才能无往而不胜。历史反复证明，人民群众是历史发展和社会进步的主体力量。"①

群众路线是党的生命线和根本工作路线。始终保持党同人民群众的血肉联系，是党的最大政治优势和最深厚的力量源泉，是党始终保持先进性和纯洁性的法宝。中国革命、建设和改革之所以能够取得成功并不断发展，一条根本经验就在于党坚持把马克思主义的基本原理与中国的具体实际相结合，一切从实际出发，解放思想，实事求是。这一实际主要表现为基本国情、社会形态及其发展阶段与水平，本质上则是由人民群众的经济和政治状况、思想文化基础、利益与意志共同构成的。坚持和贯彻党的群众路线，是贴近、反映和把握这一实际，并以此制定党的理论、路线、方针和政策的根本工作方法。党的理论、路线、方针和政策唯有反映和依据这一实际，才能切实而非表象地、整体而非片面地代表人民群众的根本利益、整体利益和长远利益，才能为人民群众所接受和拥护，也才能用以动员和掌握人民群众，成为人民群众共同奋斗的思想基础和政治基础，并变为人民群众的自觉行动。坚持和发展中国特色社会主义，推进中国特色社会主义现代化建设事业，归根结底要靠人民群众的支持、拥护和实践。

新中国确立的人民民主专政的国体，集中体现了人民群众的历史主体地位。人民民主专政是新中国历史发展的重要内容，同时新中国的经济社会发展也是在以人民民主专政为根本政治保证的基础上实现的。

中国共产党坚持人民群众的历史主体地位，推进中国特色社会主义民主政治发展。在当代中国，中国最广大人民群众是建设中国特色社会主义事业的主体，是先进生产力和先进文化的创造者，是社会主义物质文明、政治文明、精神文明和生态文明协调发展的推动者。坚持人民群众的历史主体地位的实质是人民当家作主，即人民是国家的主人，国家的一切权力属于人民，人民依法管理国家事务，管理经济和文化事业，管理社会事务。就劳动者这一人民的主体与基础来说，毛泽东曾在阅读苏联《政治经济学教科书》时发表谈话指出，管理国家、管理军队、管理各种企业、管理文化教育的权利，是社会主义制度下劳动者最大的权利、最根本的权利。没有这种权利，劳动者的工作权、休息权、受教育权等权利，就没有保证。②然而，只有在新中国成立之后，人民成为国家和社会的主人，才真正享

---

① 习近平：《在纪念毛泽东同志诞辰120周年座谈会上的讲话》，《人民日报》2013年12月27日。
② 《毛泽东文集》第8卷，人民出版社1999年版，第129页。

有了这些权利。人民当家作主,是中国共产党领导全国各族人民进行革命、建设和改革的价值追求,并由社会主义宪法和法律所规定并给予保障。

中国共产党坚持人民群众的历史主体地位,具有主体与客体相统一的基本内涵和意义。其一,人民是历史的创造者和推动者,一切通过人民、依靠人民;其二,人民的利益和意志是国家和社会的命脉所系,一切为了人民、服务人民。二者相互联系、不可或缺。马克思主义唯物史观科学揭示了坚持人民主体地位这一人类社会发展进步的基本法则。然而,人类社会自政党产生以来,只有马克思主义政党才具有这种理论自觉和实践自觉。坚持人民主体地位,是马克思主义政党先进性的重要思想基础与实践源泉,也是马克思主义执政党的执政合法性和执政方向之所在。中国共产党以全心全意为人民服务为宗旨,并在中国革命、建设和改革的伟大历史进程中,将坚持人民主体地位具体化为立党为公、执政为民,表现为马克思主义群众观点、群众路线和群众工作,最广泛地动员和组织人民进行国家和社会的管理与建设。

二、国史人物的产生及其历史作用

马克思主义唯物史观在主张人民群众是历史的创造者、尊重人民群众的历史主体地位的同时,也承认杰出历史人物在历史进程中的作用。"马克思主义一点也不否认卓越人物的作用","马克思主义从来没有否认过英雄的作用。恰恰相反,马克思主义认为这种作用是相当大的"。[1]杰出卓越的历史人物,是指那些能够反映时代要求、代表先进的阶级、阶层或者社会集团的利益,对历史发展起推进作用的领袖人物、政治家、思想家、科学家及艺术家等等。历史是人民群众创造的,但是这丝毫不排斥人民群众对于杰出历史人物的尊重。人民群众和杰出历史人物共同创造历史,在历史发展进程中发挥着相互联系而又不同的历史作用。

(一)国史人物产生的必然性和偶然性

唯物史观认为,历史的发展是必然的,历史的发展总是把一些人推到历史事件的前台,使他们成为与历史事件密不可分的历史人物。俗话说"时势造英雄",就是指历史人物都是时代的产物。正如恩格斯所说:"恰巧某个伟大人物在一定的时间出现于某一国家,这当然纯粹是一种偶然现象。但是,如果我们把这个人去掉,那时就会需要有另外一个人来代替他,并且这个代替者是会出现的,不论

---

[1] 黎澍主编:《马克思、恩格斯、列宁、斯大林论历史人物评价问题》,中国社会科学出版社2012年版,第10页。

好一些或差一些,但是最终总是会出现的。"①一定历史人物特别是杰出人物的出现,同其所处的时代和社会关系有着必然的联系,即历史人物必定存在于或体现一定的社会关系,必定代表一定的群体或阶级的利益。例如,1975年邓小平能够走上主持中央日常工作的岗位,领导开展全面整顿工作,是当时形势发展的必然。一方面,周恩来自1971年开始领导的纠"左"工作停止,"四人帮"进一步得势并加强活动,使国内再度出现严重混乱局面。面对这种形势,毛泽东希望在肯定"文化大革命"的前提下,尽快实现安定团结,把国民经济搞上去。因此毛泽东在对"四人帮"集团进行一定批评和扼制的同时,重新对邓小平予以信任和支持,让邓小平代病重的周恩来主持国务院工作。在这种情况下,邓小平有两种选择,一是按照毛泽东的意图,与"四人帮"集团妥协,在继续进行"无产阶级文化大革命"的同时,做一些安定团结和发展经济的工作。二是继续周恩来领导的纠"左"工作,全面系统地纠正"文化大革命"的错误,但是结果很可能像周恩来领导纠"左"工作那样被迫停止,而且有着第二次被打倒的风险。对此,邓小平本人也是非常清楚的。但是,他把党和人民的利益放在首位,顺应历史潮流,毅然选择了后者,领导开展全面整顿。全面整顿的深入必然触及"文化大革命"的"左"倾错误政策,逐渐发展到对这些错误进行系统地根本地纠正。这就遭到了"四人帮"的反对,也为毛泽东所不能接受。1975年11月底,中央正式对全国提出了"批邓、反击右倾翻案风"的问题。至此,持续9个月的整顿被迫中断,邓小平再次受到公开批判。可以说,邓小平在"文化大革命"期间领导开展全面整顿的失败,在当时"左"倾错误仍然支配全局的形势下,也是一种必然的结果。

历史事件中出现的历史人物恰巧是这个人而不是那个人,具有这种性格而不是那种性格等等,则是偶然的。历史人物出现的必然性总是通过偶然性表现出来,而这些偶然性又体现着必然性。正如恩格斯所说:"恰巧拿破仑这个科西嘉人做了被本身的战争弄得精疲力竭的法兰西共和国所需要的军事独裁者,这是个偶然现象。但是,假如没有拿破仑这个人,他的角色就会由另一个人来扮演。这一点可以由下面的事实来证明:每当需要有这样一个人的时候,他就会出现:如恺撒、奥古斯都、克伦威尔等等。"②也就是说,历史上的伟大人物在某一国家某一时代的出现,是那个国家那个时代的需要,这是必然的;但是谁是这样的历史人物,则

---

① 黎澍主编:《马克思、恩格斯、列宁、斯大林论历史人物评价问题》,中国社会科学出版社2012年版,第16页。
② 黎澍主编:《马克思、恩格斯、列宁、斯大林论历史人物评价问题》,中国社会科学出版社2012年版,第16—17页。

是偶然的。

同样，在中国历史上，新民主主义革命、社会主义革命的发生是历史的必然，在革命过程中涌现出毛泽东、周恩来、刘少奇、朱德、邓小平等一大批领袖人物。即使没有这些人物，新民主主义革命、社会主义革命仍然会发生。只要中国的革命因素达到爆发点，只要中国社会发展到不能不爆发斗争的程度，新民主主义革命、社会主义革命就必然要依次进行。只是在这些革命斗争的过程中，可能会出现另外一些历史人物。

需要指出的是，在人们创造历史的过程中，一方面，人民群众和历史人物相互依存，社会历史成为人民群众和历史人物相互作用的结果。只有人民群众而没有历史人物参加，或者只有历史人物而没有人民群众参加的历史活动在世界历史上是根本不存在的。如果离开了亿万人民群众创造历史的活动，历史人物的智慧和能力就成为无源之水、无本之木，历史人物创造历史的作用就无法体现出来。同样，如果离开历史人物创造历史的重要作用，人民群众的根本利益和愿望无人代表或反映，人民群众创造历史的活动就会陷于群龙无首的混乱，人民群众的根本利益和愿望自然无法实现。

另一方面，人民群众和历史人物是相互转化的。也就是说，当人民群众中的某些成员能够代表人民的根本利益和愿望，能够顺应社会历史发展趋势，并做出显赫成就时，他们就能够从人民群众的普通成员转化为历史人物。相反，当历史人物违背了历史发展趋势，违背了人民群众的根本利益和愿望时，他们就由历史人物转化为人民群众中的普通成员，甚至为人民群众所抛弃。历史人物只有符合历史发展趋势和人民群众的利益需求，得到人民群众的支持，才能成为英雄人物。正如朱德所说："我们的英雄、模范都是依靠集体的力量和广大群众的力量完成了任务，才成为英雄、模范的。""要知道，天下是不能由少数人去包打的，历史上从来没有过一个脱离了群众而能把天下包打下来的人物。如果你认为自己很了不起，本事很大，大到可以不要群众就能把天下打下来，那你不妨试试看，看你能弄个什么结果出来？我看结果不会有旁的，只能有一个：群众必然会把你抛弃掉。"[①]

如此并不等于说历史人物在历史中没有鲜活性，历史人物的思想、品质、风格、情感等个性，往往使其领导参与的历史事件深深打上历史人物的印记，使每个历史事件形成它所特有的外观和内涵，这就是历史人物在历史事件中的作用。

---

① 《朱德选集》，人民出版社1983年版，第332、284—285页。

（二）国史人物在历史发展中的作用

关于历史人物在历史发展中的作用，普列汉诺夫曾指出："领导人物的个人特点决定历史事变的个别外貌，并且偶然性的因素，……在这些事变的进程中始终起着某种作用"，而且"偶然的现象和著名人物的个人特点，比深藏的一般原因要显著得多"。他还进一步指出："无可怀疑的是，如果影响历史的个别原因（即社会活动家的个人特点和其他偶然事件的作用——引者注）为另一些个别原因所取代，历史就会有另一种外貌。"① 从这一论述可以看出，历史人物对历史发展有着重要的影响，有时甚至在历史事件中起决定性的作用。

第一，历史人物决定一定历史事件的出现与不出现。历史人物往往是历史事件的决策者、组织者和领导者，他们的决策、组织活动对于历史事件的出现起着极为重要的作用。任何历史事件的出现，无疑都是有一定客观条件的，但客观条件并不能直接造成一定事件的产生。历史关键时刻历史人物的判断、抉择是至关重要的。同样的背景条件，不同的历史人物作出不同的判断和决策，从而可以引起不同历史事件的发生。例如1976年9月毛泽东逝世后，"四人帮"疯狂地进行篡党夺权的阴谋活动。在这种形势下，经由中共中央副主席华国锋提议，并征得叶剑英、李先念等中央多数同志同意，最后中央政治局执行党和人民意志，毅然粉碎"四人帮"。在这一历史事件过程中，华国锋、叶剑英、李先念等起了重要作用，尤其华国锋首先提出抓捕"四人帮"，因而"华国锋同志在粉碎'四人帮'这场关系党和国家命运的斗争中起了决定性作用"②。如果没有华国锋、叶剑英、李先念等人的发起和领导，粉碎"四人帮"的历史事件就不可能发生，即使发生类似事件，也可能是另一种状况。

第二，历史人物是历史任务的发起者，决定一定的历史任务的提出与完成。对于历史发展有重大意义的历史任务，往往是历史过程本身酝酿成熟的。而成熟的历史任务，总是由少数杰出的历史人物首先发现和提出的，他们是历史任务的发起者。普列汉诺夫认为："伟人确实是发起人，因为他的见识要比别人的远些，他的愿望要比别人的强烈些。他把先前的社会理性发展进程所提出的紧急科学任务拿来加以解决；他把先前的社会关系发展过程所引起的新的社会需要指明出来，他担负起满足这种需要的发起责任。"③ 作为历史任务发起者的历史人物，促使社会

---

① 王荫庭编：《普列汉诺夫读本》，中央编译出版社2008年版，第170、173页。
② 中共中央党史研究室：《为党和人民事业奋斗的一生——纪念华国锋同志诞辰90周年》，《人民日报》2011年2月19日。
③ 《普列汉诺夫哲学著作选集》第2卷，生活·读书·新知三联书店1961年版，第373页。

发展的客观需要转变为人们自觉的实际努力，把历史进步和可能变成现实。20 世纪 80 年代末 90 年代初，国际共产主义运动陷入低潮，西方国家对中国实行"制裁"、封锁和孤立的政策，影响外资、外贸经济的发展；在贯彻治理整顿深化改革方针过程中，不少地方出现市场疲软、销售不畅、库存增加的现象，并导致生产萎缩、经济下滑。由此，一部分干部和群众面对复杂的国内外形势产生了困惑，一些人对社会主义前途缺乏信心，有的人对改革开放提出姓"资"还是姓"社"的问题，对党的基本路线产生动摇。在这种形势下，邓小平高瞻远瞩，对还要不要坚持改革开放、经济会不会滑坡、党的领导和社会主义如何坚持等一系列问题作出了清楚回答，明确要坚定不移地沿着改革开放的社会主义道路走下去。1992 年初，邓小平又发表南方谈话，深刻回答了长期束缚人们思想的许多重大认识问题，阐述社会主义本质论与社会主义市场经济论，提出了建立社会主义市场经济、进一步推动改革开放的任务。由此，改革开放和中国特色社会主义现代化建设事业进入一个新的历史发展阶段。

第三，历史人物能在很大程度上影响创造历史的轨迹。创造历史的轨迹是怎样形成的？恩格斯认为是由很多意志的行为的合力构成的。他说："历史是这样创造的：最终的结果总是从许多单个的意志的相互冲突中产生出来的"，"这样就有无数互相交错的力量，有无数个力的平行四边形，由此就产生出一个合力，即历史结果"，其中各个人的意志，"虽然都达不到自己的愿望，而是融合为一个总的平均数，一个总的合力"，但是不能断定"这些意志等于零。相反地，每个意志都对合力有所贡献，因而是包括在这个合力里面的"。[①] 恩格斯在此强调的是每个人的活动都对历史轨迹产生一定的影响，但进一步分析就会发现，历史人物的意志和活动对历史轨迹形成的作用比普通人要大得多。其一，历史人物才华出众，能力超群，他们对社会的作用比普通人大，在整个历史合力系统中起的作用比普通人大；其二，历史人物由于处在社会系统的关键地方，他们的作用能起到纲举目张的效果，因此对历史的作用力能够得到充分的、直接的体现；其三，历史人物由于其地位和影响，他们的意志容易被人民群众所接受，人民群众的行动在一定程度上体现了他们的意志，因此，他们意志所表现出的作用力远远超出普通人。

第四，历史人物能加速或延缓历史的发展进程。代表先进阶级的历史人物，一般来说都富有远见，具有积极的人生态度、进取的奋斗精神，能够顺应历史潮流，明确历史赋予的任务，领导人民进行创造性的历史活动，从而加速历史的发

[①] 《马克思恩格斯选集》第 4 卷，人民出版社 1995 年版，第 697 页。

展进程。《关于建国以来党的若干历史问题的决议》指出:"如果没有毛泽东同志多次从危机中挽救中国革命,如果没有以他为首的党中央给全党、全国各族人民和人民军队指明坚定正确的政治方向,我们党和人民可能还要在黑暗中摸索更长时间。"① 这段话是对历史人物对历史推动作用的有力说明。代表没落阶级利益的历史人物,一般来说不能以积极的态度对待人生和社会,不能正视社会规律,逆历史潮流而动,因此,他们的行动必然阻碍社会历史的发展。当然,代表历史上进步阶级的历史人物,如果在思想理论方面、在路线方针政策方面发生严重的偏差和失误,或者没有认清形势,错失历史时机,也会造成历史发展的延误。例如,毛泽东错误地发动了"文化大革命",在一定意义上延缓了中国现代化建设的历史进程。

需要指出的是,历史人物在历史发展中发挥重要作用并不是普遍的,而是在一定条件下才能实现。

第一,历史人物自身必须具备很强的个性特征,即一定的气质、性格和能力条件,才能发挥对历史的深刻影响和重要作用。

历史人物的个性往往是其之所以成为历史人物和成为什么样的历史人物的必要条件。如果无合适的历史条件和历史需要,一定的历史人物就不会产生;而当有了合适的客观条件和历史机遇,但个人却没有以突出的个性为主的主观条件,那么也只能使这种历史机遇与自己失之交臂。所以,历史选择了某个人成为历史人物有偶然性,而某个历史人物的原有个性强于同时代的其他人,则又使这种选择带有了必然性。

历史人物的个性可以在一定程度上影响社会历史发展的进程。在历史发展进程中,作为历史主体的人不是消极被动地接受客观规律的制约,而是积极能动地在客观规律作用的多种可能性中进行选择。客观规律能够在总体上、长远趋势上决定历史进程,而历史实践的具体内容则取决于活动着的人的自觉选择,尤其是由那些站在历史舞台前列的政治家、军事家、战略家等历史人物来进行选择。在这一过程中,历史人物的个性会极大地影响其选择的道路,从而对历史发展产生实际影响。

第二,历史人物对历史的作用与群众的力量有着很大的关系。历史人物的作用再大,也不能超越和取代人民群众创造历史的决定作用。

历史人物之所以能够成为杰出人物,本质上在于他们与当时人民群众有这样那样、直接或间接的联系。在历史上起进步作用的历史人物,他们本来就来自于

---

① 《关于建国以来党的若干历史问题的决议》(注释本),人民出版社1983年版,第9页。

人民群众，他们的思想和行动符合历史发展趋势，代表人民群众的利益需求，从而得到人民群众的支持。在这种情况下，历史人物的力量越大，他们就越能组织、团结和领导人民群众；人民群众团结起来了，历史人物的力量就更大了。历史人物对历史的作用离不开人民群众，人民群众力量越大，历史人物所依赖的力量就越大，历史人物对历史的作用力就越大。总之，历史人物的个人意志和力量与人民群众的意志和力量结合在一起，才能成为历史进步的巨大动力。

第三，历史人物与其所在的领导集体成员之间形成互补关系，也是他们能够有效发挥作用的重要条件。在人类社会历史上，无论什么阶级都是被重要历史人物组成的领袖集团领导的。在这样的集团内部，个人之间的个性差异形成了有益于集团稳定和发挥更大作用的互补关系——各方既有各自的有限性，又有独立的价值和意义；各方均以自身的存在补足他方，互相补充；并在不消融差别性的基础上达到一种整体效应。中国共产党历代中央领导集体都是由一些富有突出个性的杰出历史人物组成。共产主义革命事业把他们联系在一起，他们各自的突出个性又使他们发挥着独特的社会作用。正是这种各自的突出个性，使他们构成的领导集体在个性互补的基础上形成远超出他们每个人的伟大力量，领导并推动无产阶级革命和建设事业向前发展。

当然，说历史人物能对个别历史事件起决定作用，并不意味着历史人物能够决定历史的进程。由历史人物所决定的个别历史事件，或者推进了历史进程，或者使历史的发展过程发生某些曲折与反复，但是都不可能从根本上决定历史发展的总方向。历史是许多历史事件连接在一起的长链，一个历史事件造成发展方向的偏离或者逆转，会由后续的历史事件来纠正。毛泽东错误地发动了"文化大革命"，使中国的社会主义建设道路暂时偏离了正确轨道，但是并没有从根本上动摇中国的社会主义方向。"文化大革命"结束后，在以邓小平为核心的第二代中央领导集体的领导下，当代中国通过改革开放，重新踏上社会主义建设的正确道路，并将中国特色社会主义现代化建设推向新的发展阶段。

历史人物作用的发挥需要社会提供舞台，并受特定的社会政治制度和经济制度的制约。马克思主义唯物史观认为，任何社会历史时期都会产生自己时代的历史人物，历史人物的产生完全是当时社会条件的产物。历史人物生存并活动于一定的历史条件下，是在一定的历史条件下起历史性作用的人物。一定的社会历史条件使他们既能够因此而有所作为，又必然因此而受到制约。历史人物只能在当时的历史条件下认识社会发展，这些条件达到什么程度，便认识到什么程度。历史人物无论如何杰出，也不能无视实际的历史条件，强迫社会接受与当时生产力状况已经不适合或者还不适合的生产关系，否则就违背了社会历史发展规律。从这一意义上讲，我们不能苛求前人。正如毛泽东在《纪念孙中山先生》一文中所说："像很多站在正面指导时代潮流的伟大历史人物大都有他们的缺点一样，孙先生也有他的缺点方面。这是要从历史条件加以说明，使人理解，不可以苛求于前人的。"①

在阶级社会，历史人物还受到特定的阶级关系的局限。历史人物总是以某个阶级的代表出现的，个人的活动就必然受其阶级性的制约。正如马克思、恩格斯在《德意志意识形态》中所说的："个人的发展是由阶级决定的，他们隶属于阶级"，"个人隶属于一定阶级这一现象，在那个除了反对统治阶级以外不需要维护任何特殊的阶级利益的阶级形成之前，是不可能消灭的"。②历史人物的思想、品质、风格和情感尽管带有鲜明的个性，但本质上仍是其所属阶级的属性和面貌的特殊表现。有一些活动领域本身没有阶级性，但是这些领域的活动也难免受到阶级性的影响。

于是，历史人物作为历史的人，受到社会历史条件的制约；作为阶级的人，受到阶级的局限。因此，评价历史人物在历史事件和历史发展中的作用，应该坚持马克思主义历史唯物主义分析方法和阶级分析方法。历史唯物主义分析方法和阶级分析方法是一致的，二者相互联系、相互作用。在评价阶级社会中的历史人物时，历史唯物主义的分析必然导致阶级分析，而真正的阶级分析也必然是历史唯物主义的分析。这是科学评价历史人物地位和作用不可或缺的两大坐标系统。

马克思主义历史唯物主义的分析方法要求把历史人物放到整个社会发展过程中，放到历史人物所处的历史环境中，用辩证的方法，历史地、具体地、全面地研究和予以评价。也就是说，要根据历史人物活动的时代条件衡量其是非功过。历史唯物主义强调历史的客观性，要求如实反映历史人物与特定历史条件的关系，看他们在当时社会条件下以自己的努力给历史发展作出了怎样的贡献。正如列宁所指出的："判断历史的功绩，不是根据历史活动家没有提供现代所要求的东西，而是根据他们比他们的前辈提供了新的东西。"③

由于个人都是作为阶级的成员处于社会关系之中，因此阶级分析方法要求将历史人物同其所属的阶级联系起来加以评价，看其所属的阶级在当时处于怎样的社会地位，其活动代表所属阶级的何种倾向。对此，恩格斯曾深刻指出：在历史发展过程中，"主要的出场人物是一定阶级和倾向的代表，因而也是他们时代的一定思想的

---

① 《毛泽东文集》第7卷，人民出版社1999年版，第157页。
② 《马克思恩格斯选集》第1卷，人民出版社1995年版，第118页。
③ 黎澍主编：《马克思、恩格斯、列宁、斯大林论历史人物评价问题》，中国社会科学出版社2012年版，第93—94页。

代表，他们的动机不是来自琐碎的个人欲望，而正是来自他们所处的历史潮流"[①]。因此，对个人和历史人物进行科学的阶级分析，就要看他们代表哪个阶级的利益，他们的思想、观点、政策、主张对哪个阶级有利。科学的阶级分析，反对忘记阶级差别而谈论一般的生产者、人民或劳动者。因为即使是人民内部，也是存在阶级差别的。"马克思在使用'人民'一语时，并没有用它来抹杀各个阶级之间的差别，而是用它来把那些能够把革命进行到底的确定的成分联为一体。"[②] 总之，科学的阶级分析是从实际出发、实事求是的，是对历史人物进行的具体的科学的分析。

习近平总书记在纪念毛泽东同志诞辰120周年座谈会上强调："对历史人物的评价，应该放在其所处时代和社会的历史条件下去分析，不能离开对历史条件、历史过程的全面认识和对历史规律的科学把握，不能忽略历史必然性和历史偶然性的关系。不能把历史顺境中的成功简单归功于个人，也不能把历史逆境中的挫折简单归咎于个人。不能用今天的时代条件、发展水平、认识水平去衡量和要求前人，不能苛求前人干出只有后人才能干出的业绩来。"他对毛泽东等老一辈无产阶级革命家进行了全面辩证的评价，一方面对他们进行了高度赞扬，指出他们都是从近代以来中国历史发展的时势中产生的伟大人物，都是从近代以来中国人民抵御外敌入侵、反抗民族压迫和阶级压迫的艰苦卓绝斗争中产生的伟大人物，都是走在中华民族和世界进步潮流前列的伟大人物；另一方面指出他们的认识和行动也会受时代条件限制，也会存在失误和错误。但是，"不能因为他们伟大就把他们像神那样顶礼膜拜，不容许提出并纠正他们的失误和错误；也不能因为他们有失误和错误就全盘否定，抹杀他们的历史功绩，陷入虚无主义的泥潭"[③]。习近平总书记的这些论述闪耀着历史唯物主义的理论光芒，对于正确分析和评价包括革命领袖在内的历史人物具有重要指导意义。

第三节　改革开放前后两个历史时期的辩证统一关系

中共十一届三中全会决策把党和国家工作重心转移到经济建设上来，实行改革开放，实现了党史国史上具有深远意义的伟大转折，由此新中国的历史进程形

---

① 黎澍主编：《马克思、恩格斯、列宁、斯大林论历史人物评价问题》，中国社会科学出版社2012年版，第73页。
② 黎澍主编：《马克思、恩格斯、列宁、斯大林论历史科学》，人民出版社1980年版，第338页。
③ 习近平：《在纪念毛泽东同志诞辰120周年座谈会上的讲话》，《人民日报》2013年12月27日。

成改革开放前和改革开放后两个历史时期,也即社会主义革命和建设时期、改革开放历史新时期。改革开放以来,中国共产党正确认识和处理这两个历史时期的关系,为马克思主义中国化与时俱进发展、改革开放坚持正确的道路和发展方向,提供了重要历史依据和思想认识基础。改革开放前后两个历史时期的关系问题,集中反映了新中国的社会性质和发展阶段,体现着新中国历史发展的主题与主线、主流与本质,是党史国史研究中需要正确认识和把握的重要历史理论问题。

一、历史发展逻辑

改革开放伊始,改革开放前后两个历史时期的关系问题就已经产生出来了,并随着改革开放的不断推进而逐步显现和深入发展。

（一）关系问题缘起

改革开放前后两个历史时期,以改革开放为标志而产生和形成。改革开放是由中共十一届三中全会决策实施的,因此改革开放前后两个历史时期的关系问题,首先源于十一届三中全会。

十一届三中全会重新确立了马克思主义的思想路线、政治路线和组织路线,结束粉碎"四人帮"以来党的工作在徘徊中前进的局面,停止使用"以阶级斗争为纲"这个不适用于社会主义社会的口号,高度评价关于真理标准问题的讨论,确定了解放思想、开动脑筋、实事求是、团结一致向前看的指导方针,把中国共产党的工作重心转移到社会主义现代化建设上来。[1]

改革开放的开启,一方面存在如何认识改革开放前历史时期的问题,另一方面则面临如何进行改革开放的问题。科学对待前者,是正确把握后者的重要政治前提和思想认识基础。

如何认识改革开放前的历史时期,集中表现为如何评价毛泽东的历史地位和怎样对待毛泽东思想。毛泽东思想是马克思列宁主义在中国的运用和发展,是被实践证明了的关于中国革命的正确的理论原则和经验总结。[2]毛泽东思想形成于新民主主义革命时期,并在新中国成立以后继续丰富和发展。在这一历史时期,以毛泽东同志为核心的党的第一代中央领导集体,带领全党全国各族人民完成新民主主义革命、建立新中国和进行社会主义改造,确立了社会主义基本制度,把半殖民地半封建的旧中国建设成为独立的人民当家作主的社会主义新中国,为当代

---

[1] 《三中全会以来重要文献选编》(下),人民出版社1982年版,第821页。
[2] 《三中全会以来重要文献选编》(下),人民出版社1982年版,第826页。

中国一切发展进步奠定根本政治前提和制度基础。改革开放前的历史时期，社会主义革命和建设的成就是主要的。但是，由于对什么是社会主义和怎样建设社会主义处在初步探索之中，缺乏经验，理论准备不充分，发生了如"大跃进"和"文化大革命"等历史上的严重曲折与错误。在十一届三中全会前后，一些人由于把毛泽东思想同毛泽东晚年错误相混淆，对中国共产党的领导和社会主义制度产生怀疑甚至否定，社会上也出现了一股"非毛化"思潮。如何评价毛泽东的历史地位和怎样对待毛泽东思想的科学体系，尖锐地摆在了中国共产党和人民面前，成为中国共产党的各项事业向前发展、国家的建设与发展进入新阶段必须解决的重大问题。在这一问题上，倘若继续坚持"两个凡是"，则不可能结束徘徊不前的局面，甚或延续历史的错误；如果否定毛泽东的历史地位、放弃毛泽东思想的指导地位，则将失去前进的科学理论基础和正确方向。

改革开放坚持什么样的指导思想、道路与方向，关系改革开放的前途命运。在十一届三中全会前后，邓小平阐述了毛泽东思想在党和社会主义事业中的指导地位和精神实质。针对"两个凡是"，他指出：毛泽东思想是个体系，是发展了的马克思主义[①]，"必须世世代代地用准确的完整的毛泽东思想"[②]指导党和社会主义事业。他在十一届三中全会召开前的中央工作会议上作《解放思想，实事求是，团结一致向前看》的主题报告时指出，只有解放思想，才能正确地以马列主义、毛泽东思想为指导，解决过去遗留的问题，解决新出现的一系列问题，正确地改革同生产力迅速发展不相适应的生产关系和上层建筑，根据我国的实际情况，确定实现四个现代化的具体道路、方针、方法和措施。[③]

十一届三中全会公报指出，毛泽东的革命功勋不可磨灭。如果没有毛泽东的卓越领导，没有毛泽东思想，"中国革命有极大的可能到现在还没有胜利"。中国共产党在理论战线上，就是领导、教育全党和全国人民历史地、科学地认识毛泽东的历史功绩，完整地、准确地掌握毛泽东思想的科学体系，把马列主义、毛泽东思想的普遍原理同社会主义现代化建设的具体实践结合起来，并在新的历史条件下加以发展。[④] 这些重要思想落实在《关于建国以来党的若干历史问题的决议》中，在改革开放历史新时期进一步确立和巩固了毛泽东思想的指导地位，并初步阐述了适合中国国情的社会主义现代化建设道路的基本内涵，为改革开放奠定了

---

① 《邓小平文选》第2卷，人民出版社1994年版，第43页。
② 《邓小平文选》第2卷，人民出版社1994年版，第39页。
③ 《邓小平文选》第2卷，人民出版社1994年版，第141页。
④ 《中国共产党第十一届中央委员会第三次全体会议公报》，《人民日报》1978年12月24日。

思想理论基础和基本发展道路。

如何进行改革开放的问题,则集中表现为改革开放与坚持四项基本原则的关系问题。改革开放之初,中国共产党内和社会上出现了资产阶级自由化思潮,散布所谓社会主义不如资本主义的言论者有之,要求削弱甚至取消中国共产党的领导和人民民主专政者有之,公然反对马列主义基本原理者也有之。这些言论否定坚持四项基本原则的历史必然性,严重干扰改革开放的正确方向。为此,邓小平在1979年党的理论工作务虚会上指出,在中国实现四个现代化,必须在思想政治上坚持四项基本原则,即必须坚持社会主义道路,坚持无产阶级专政,坚持共产党的领导,坚持马列主义、毛泽东思想。① 这四项基本原则,是在新中国成立以来的历史发展中形成和确立的,也是中国共产党长期以来所一贯坚持的。改革开放是实现社会主义现代化建设事业的必由之路,坚持四项基本原则是实现四个现代化、实行改革开放的根本前提。

(二)连续性与阶段性的统一

改革开放前后两个历史时期的关系问题一经产生和提出,以邓小平为核心的党的第二代中央领导集体就从正确评价毛泽东的历史地位、坚持和发展毛泽东思想和坚持四项基本原则等根本问题上给予了回答,把新中国成立以来历史发展的连续性与阶段性辩证地统一起来,并在此基础上统一全党思想认识,实施和推进改革开放。

1. 改革开放前为改革开放以来开创中国特色社会主义奠定根本政治前提和制度基础

马克思主义将社会主义由空想变成科学,指明了人类社会发展的光明前景。自马克思主义传播并根植于中国,社会主义与资本主义作为两种思想、两种制度和两种前途的较量与斗争,就从来没有在中国大地上停止和消失过。近代以来旧中国半殖民地半封建社会的基本国情决定,在中国走资本主义道路、实行资本主义制度,只会使中国成为世界资本主义的附庸,是不可能改变中国人民和中华民族的悲惨命运的。近代以来中国革命波澜壮阔的历史发展进程则昭示,只有社会主义才能救中国和发展中国,才能使中华民族走上解放和复兴的道路。

为争取在中国实现社会主义的前途,中国共产党坚持把马克思主义基本原理与中国革命的具体实际相结合,先后进行了新民主主义革命和社会主义革命即社会主义改造。新民主主义革命是社会主义革命的必要准备。中国共产党领导人民

---

① 《邓小平文选》第2卷,人民出版社1994年版,第164—165页。

经过 28 年艰苦卓绝的奋斗,取得了新民主主义革命的胜利,并在此基础上成立了人民民主专政的新中国。中国人民从此站立起来,中国共产党成为在全国执政的马克思主义政党。新民主主义革命的胜利和新中国的成立,奠定了中国实现社会主义的根本政治前提。社会主义革命是新民主主义革命的必然趋势。新中国成立后,中国共产党根据新民主主义革命胜利所创造的向社会主义过渡的经济政治条件,在国民经济恢复的基础上创造性地进行了对农业、手工业和资本主义工商业的社会主义改造。社会主义改造与社会主义工业化同时并举,并实现了马克思和列宁曾经设想过的对资产阶级的和平赎买。这一适合中国特点的社会主义改造的完成,确立了社会主义基本制度,实现了中国历史上最广泛最深刻最伟大的社会变革,也开辟了我们党领导人民进行社会主义建设的伟大历史征程。

社会主义制度关乎社会主义建设的兴衰成败。社会主义制度在中国经历改革开放前后两个历史时期,不仅没有发生根本动摇,而且从基本制度发展到中国特色社会主义制度;社会主义建设不仅没有间断,而且从初步探索发展到建设中国特色社会主义。这是社会主义制度由比较不完善到比较完善、社会主义建设由比较不成熟到比较成熟的历史发展进程。

改革开放前历史时期即社会主义革命和建设时期,社会主义建设艰难探索、曲折发展,既有高潮也有低谷,但都是与当时社会主义制度的发展阶段及其特点密切联系在一起的。这一时期,中国的社会主义制度处于初级阶段,在一些领域或阶段特别是"文化大革命"十年受到严重干扰和破坏的情况下,根基依然保持,并在体制机制上作了一些探索,其中有的因教条化而遭遇挫折,有的因超越阶段、急躁冒进而归于失败,也有的则合乎社会主义建设规律而成功实践,促进了社会主义制度优越性的发挥。历史地看,中国的社会主义制度在改革开放前历史时期经受住了各种风险的考验和社会实践的检验,维护了中国社会主义社会的性质,保障了党和国家的统一。社会主义建设在这一时期尽管发生过一些失误,走了一些弯路,但取得的成就仍然是主要的。这是中国共产党领导人民继续进行社会主义建设的基础与条件。

改革开放后历史时期即改革开放历史新时期,改革成为社会主义制度完善和发展的动力,成为社会主义建设的鲜明主题和时代特征。中国共产党既坚持科学社会主义基本原则,又根据时代条件赋予其鲜明中国特色,深刻揭示社会主义本质、全面深化改革开放,开创和发展了中国特色社会主义。改革是一场深刻革命,其历史使命绝不是要使中国放弃社会主义制度、脱离社会主义发展道路,而是根据生产关系一定要适应生产力发展的要求,摆脱一切束缚生产力发展的思想观念,废除一切妨碍生产力发展的体制机制，完善和发展社会主义基本政治、经济制度，以及与这些制度相辅相成的经济、政治、文化和社会体制，充分发挥社会主义制度的优势和特点，不断增强党和国家的活力，充分调动人民群众的积极性创造性，促进经济发展和社会全面进步。在改革问题上，阻力与风险、僵化与保守始终存在，社会主义与资本主义的两个方向、两种道路之争始终存在。改革开放以来，中国共产党领导人民进行社会主义建设和改革，确立并坚持社会主义初级阶段基本路线不动摇，坚决抵御西方敌对势力"西化""分化"中国的各种图谋，自觉抵制新自由主义、民主社会主义和"普适价值论"等错误思潮的严重干扰，积极稳妥地推进经济体制和政治体制改革，确立和发展中国特色社会主义制度，保障了中国特色社会主义现代化建设事业广泛而深入发展。

中国特色社会主义制度，就是人民代表大会制度的根本政治制度，中国共产党领导的多党合作和政治协商制度、民族区域自治制度以及基层群众自治制度等基本政治制度，中国特色社会主义法律体系，公有制为主体、多种所有制经济共同发展的基本经济制度，以及建立在这些制度基础上的经济体制、政治体制、文化体制、社会体制等各项具体制度。① 中国特色社会主义制度是社会主义制度，而不是什么其他制度。它是我们党在深刻总结我国社会主义制度和社会主义建设正反两方面经验的基础上，继承改革开放前历史时期社会主义制度的基本内涵和精神实质，并在改革开放条件下不断地丰富和发展中确立的。从这个意义上说，中国特色社会主义制度是改革开放前后两个历史时期接力发展的必然产物。中国特色社会主义制度作为中国特色社会主义的根本保障，与中国特色社会主义理论体系和中国特色社会主义道路，统一于中国特色社会主义伟大实践，共同推动着实现中国特色社会主义现代化和中华民族伟大复兴。

2. 改革开放前为改革开放以来开创中国特色社会主义提供宝贵经验、理论准备和物质基础

在中国这样经济文化比较落后的东方大国建设社会主义，是前无古人的事业，既面临马克思主义经典作家未曾遇到的新情况新问题，又与第一个社会主义国家苏联的国情不同，具有自身特殊性和复杂性。在建设社会主义的问题上，把马克思主义关于未来社会的理论教条化，把别国经验或模式当作普遍性照搬过来，从来没有也不可能成功，唯有将科学社会主义基本原理与中国的具体实际和时代特

---

① 胡锦涛：《坚定不移沿着中国特色社会主义道路前进，为全面建成小康社会而奋斗——在中国共产党第十八次全国代表大会上的报告》，《人民日报》2012年11月9日。

征相结合，才能探索出适合中国国情的社会主义建设的正确道路。这一探索在改革开放前历史时期酝酿和肇始，在改革开放历史新时期形成和发展。以毛泽东同志为核心的党的第一代中央领导集体在领导人民进行社会主义建设中取得的独创性理论成果和巨大成就，为改革开放历史新时期开创中国特色社会主义提供了宝贵经验、理论准备和物质基础。

历史经验弥足珍贵。中国共产党在改革开放前历史时期领导人民进行社会主义建设，在理论与实践的探索中积累了宝贵经验，成为改革开放历史新时期社会主义建设必须遵循的基本原则。社会主义基本制度确立后，人民日益增长的物质文化需要同落后的社会生产之间的矛盾成为社会的主要矛盾，发展生产力是根本任务，党和国家的工作重心必须转到以经济建设为中心的社会主义建设上来。在社会主义制度下，人民的根本利益是一致的，但人民内部还存在着各种矛盾，必须正确区分和处理社会主义社会两类不同性质的矛盾，把正确处理人民内部矛盾作为国家政治生活的主题。社会主义建设必须坚持党的领导，加强执政党建设，坚持民主集中制和集体领导制度，发展党内民主和人民民主，坚持群众路线，加强党同人民群众的血肉联系。经济建设必须从我国国情出发，建设规模必须同国力相适应，人民生活和国家建设必须兼顾，注重综合平衡。坚持马克思主义在我国意识形态领域的指导地位，大力发展民族的、科学的、大众的社会主义文化，在科学文化工作中实行"百花齐放、百家争鸣"的方针。我国是一个统一的多民族国家，必须巩固和发展社会主义民族关系，加强民族团结，促进共同发展。坚持独立自主的和平外交方针，在和平共处五项原则的基础上，积极发展同世界各国的关系，维护世界和平。这些基本经验包括正反两方面，是中国共产党领导人民不畏艰难险阻、披荆斩棘和艰苦奋斗才获得的，有的甚至是以深重的历史代价和惨痛的历史教训换来的。这些基本经验比较集中地反映了社会主义建设的规律，既保证了改革开放前多方面建设成就的取得，也为党领导人民在改革开放历史新时期开创中国特色社会主义提供了宝贵的精神财富和实践借鉴。

理论准备是源头活水。什么是社会主义、怎样建设社会主义，是中国共产党领导人民进行社会主义建设始终面临的历史性课题。新中国成立后，中国共产党坚持和发展毛泽东思想，形成关于社会主义革命和社会主义建设的一系列思想观点和路线方针政策。毛泽东运用马克思主义的基本立场、观点和方法，从中国革命和建设的具体实际出发，创立了人民民主专政理论、社会主义改造思想和正确处理人民内部矛盾问题的学说，论述了要把国内外一切积极因素调动起来为社会主义事业服务的"十大关系"，提出了不能剥夺农民，不能超越阶段，反对平均主义，强调发展商品生产、遵守价值规律的观点，以及划分三个世界的战略和我国永远不称霸的思想等，为马克思主义经典作家关于未来社会的理论宝库增添了许多新的内容，对于我国社会主义建设具有长远指导意义。但是，有许多正确观点和主张在当时并没有在实践中得到很好的贯彻。中国共产党在改革开放前历史时期的一些阶段之所以犯了"左"的或右的错误，以至发生全局性、长时间的"文化大革命"，毛泽东晚年之所以犯了错误，一个重要思想根源就在于对什么是社会主义还没有完全搞清楚，对形势的分析和对国情的认识发生了主观主义的偏差，实际上背离了马克思主义的基本立场、观点和方法。改革开放以来，中国共产党重新恢复马克思主义的思想路线、政治路线和组织路线，把毛泽东思想同毛泽东晚年所犯的错误区别开来，坚持毛泽东思想的指导地位，深入推进马克思主义中国化、时代化和大众化，确立了中国特色社会主义理论体系。丢掉了毛泽东思想，实际上就否定了我们党的光辉历史，中国特色社会主义理论体系就会成为无源之水、无本之木。

物质基础来之不易。实现社会主义工业化，建设社会主义现代化国家，是中国共产党领导人民进行社会主义建设始终不渝的奋斗目标。新中国在基本完成社会主义改造的七年中，迅速恢复了在旧中国遭到严重破坏的国民经济，建立并实行社会主义公有制和按劳分配制度，提前完成国民经济和社会发展的第一个五年计划，在旧中国"一穷二白"的基础上建立起一批为国家工业化所必需的基础工业。1953年至1956年，全国工农业总产值平均每年分别递增19.6%和4.8%。在开始全面建设社会主义的十年中，中国共产党提出了实现社会主义四个现代化的战略设想，实现了石油全部自给，建立起电子工业、石油化工等一批新兴工业部门，大规模地开展了农业基本建设和技术改造。中共十一届六中全会通过的《关于建国以来党的若干历史问题的决议》指出："我们现在赖以进行现代化建设的物质技术基础，很大一部分是这个期间建设起来的；全国经济文化建设等方面的骨干力量和他们的工作经验，大部分也是在这个期间培养和积累起来的。""文化大革命"十年中，尽管国民经济遭到巨大损失，但社会主义经济建设还在进行，粮食生产保持了比较稳定的增长，在工业交通、基本建设和科学技术方面取得重要成就和突破性进展。改革开放前历史时期，中国共产党领导人民进行社会主义建设，逐步建立起独立的比较完整的工业体系和国民经济体系，经济社会建设取得巨大成就，也为改革开放历史新时期社会主义新型工业化的发展和现代化建设事业的前进奠定重要物质基础。没有这个基础，就不可能有后来的改革开放。

3. 改革开放把社会主义现代化建设推向新阶段新境界

改革开放在中国共产党的历史和新中国的历史上具有重要转折意义。这一转折使得改革开放前后两个历史时期在坚持改革和发展的基础上发生重大区别。改革开放以来，中国共产党坚定不移地高举中国特色社会主义伟大旗帜，既不走封闭僵化的老路、也不走改旗易帜的邪路，开辟和拓展中国特色社会主义道路，创立和发展中国特色社会主义理论体系，确立和完善中国特色社会主义制度，不断将社会主义建设推向新阶段新境界。

改革开放以来，中国共产党创立、提出了邓小平理论、"三个代表"重要思想、科学发展观和习近平新时代中国特色社会主义思想，比较系统地回答了在中国建设什么样的社会主义、怎样建设社会主义，建设什么样的党、怎样建设党，实现什么样的发展、怎样发展，坚持和发展什么样的中国特色社会主义、怎样坚持和发展中国特色社会主义等重大理论和实践问题，开拓了马克思主义新境界。中国特色社会主义理论体系与毛泽东思想，是中国共产党把马克思主义基本原理与中国革命、建设和改革的具体实际相结合的思想理论成果，既一脉相承又与时俱进；同时由于党情、国情和世情的深刻变化，社会主义建设实践的日益深入，它们形成的历史阶段、面临的任务和具体内涵都有所不同，以此为指导不可避免地在社会主义建设的方针政策和实际工作上产生差别。这种差别是在总结和借鉴社会主义建设正反两方面经验的基础上适应时代要求的发展。

改革开放前后两个历史时期的重大区别，概括起来说，在思想指导上，中国共产党深刻揭示社会主义的本质是解放生产力，发展生产力，消灭剥削，消除两极分化，最终达到共同富裕，把对社会主义的认识从以前不完全清楚提高到新的科学水平；准确把握我国的基本国情，确立了社会主义初级阶段理论，指出我国已经进入社会主义社会，我们必须坚持而不能离开社会主义；我国的社会主义社会正处于并将长期处于初级阶段，我们必须正视而不能超越这个初级阶段。在方针政策上，中国共产党果断地停止使用"以阶级斗争为纲"这个不适用于社会主义社会的口号，把党和国家的工作重心转移到社会主义现代化建设上来；从盲目追求所有制"一大二公""纯而又纯"中解放出来，确立并实行以公有制为主体、多种所有制经济共同发展的基本经济制度；坚持党的领导、人民当家作主与依法治国的有机统一，积极稳妥地推进政治体制改革，加强社会主义民主法制，建设社会主义政治文明。在实际工作上，不断深化改革，全方位扩大对外开放，逐步形成建设社会主义市场经济、社会主义民主政治、社会主义先进文化、社会主义和谐社会和社会主义生态文明的建设中国特色社会主义"五位一体"总布局。比较改革开放前后两个历史时期,中国人民的面貌、社会主义中国的面貌、中国共产党的面貌发生了历史性变化。

总之,在中国共产党领导人民进行社会主义建设中,改革开放前历史时期是基础,改革开放历史新时期是开创性发展,没有这个基础和发展,就不可能有中国特色社会主义。这两个历史时期既相互联系又有重大区别,体现规律性,富有时代性,本质上都是社会主义建设的实践探索。

4. 中国特色社会主义是科学社会主义理论逻辑与中国社会发展历史逻辑的辩证统一

中国特色社会主义是当代中国发展进步的根本方向和实现中华民族伟大复兴的必由之路。全面建成小康社会,加快推进社会主义现代化,实现中华民族伟大复兴,必须毫不动摇地坚持、与时俱进地发展中国特色社会主义。坚持和发展中国特色社会主义,中国特色社会主义道路必将越走越宽广。

只有社会主义才能救中国,只有中国特色社会主义才能发展中国。实行什么样的主义、走什么样的道路,是中国革命、建设和改革的最根本的问题,关乎国家、民族和人民的前途命运。新中国成立以来,在争取国家现代化和实现中华民族伟大复兴的历史进程中,是社会主义而不是什么其他主义引导中国发生广泛而深刻的社会变革,奠定当代中国一切发展进步的根本政治前提和制度基础,并在改革开放历史新时期开创和发展中国特色社会主义,推动社会主义中国日益走向繁荣富强,推动中华民族大踏步赶上时代前进潮流、迎来伟大复兴的光明前景。中国特色社会主义是近代以来中国社会发展的必然选择,是历史和人民的选择。中国特色社会主义道路、理论体系和制度统一于中国特色社会主义伟大实践。坚定不移地坚持和发展中国特色社会主义,中国特色社会主义制度必将越来越成熟。

改革开放是决定当代中国命运的关键抉择,停顿和倒退没有出路。改革开放是中国共产党在深刻总结正反两方面的历史经验、特别是"文化大革命"的教训中,在深刻反思中国发展落后状况和准确判断国际形势中,作出的历史性决策,它开启了中国特色社会主义伟大实践。依靠改革开放,中国经济社会发展逐步实现从高度集中的计划经济体制到充满活力的社会主义市场经济体制、从封闭半封闭到全方位开放的伟大历史转折,社会生产力不断解放和发展,中国特色社会主义现代化建设事业加快推进。历史和现实表明,改革开放在认识和实践上的每一次突破和发展,改革开放中每一个新生事物的产生和发展,改革开放每一个方面经验的创造和积累,都给党和国家的发展进步注入了生机与活力。没有改革开放,就没有中国的今天,也就没有中国的明天。改革开放是一场深刻革命,必须坚持正确方向、沿着正确道路推进。改革开放只有进行时没有完成时,而且改革开放中的矛盾只能用改革开放的办法来解决。坚持改革开放、不断深化改革开放,贯穿于中国特色社会主义现代化建设的整个历史进程。

根据社会主义初级阶段的主要矛盾,党和国家工作的重心必须坚定地转移到以经济建设为中心的社会主义现代化建设上来。社会主义改造基本完成以后,人民日益增长的物质文化需要同落后的社会生产之间的矛盾成为社会主要矛盾。中国特色社会主义进入新时代,主要矛盾又发生了变化。这就要求我们必须抓住主要矛盾,要求党和国家的各项工作必须以经济建设为中心,大力发展社会生产力,解决不平衡不充分的发展问题,并在此基础上逐步改善人民的物质文化生活。只要社会主要矛盾不发生改变,以经济建设为中心就没有改变的充分根据。我们在社会主义建设中之所以遭遇过挫折、发生过一些失误甚至严重错误,归根结底在于对社会主要矛盾的认识出现偏差,以至于动摇、偏离了经济建设这个中心。当代中国仍处于并将长期处于社会主义初级阶段,社会主要矛盾不仅没有改变而且仍将长期存在,为此必须牢牢把握社会主义初级阶段这个最大的国情实际,始终坚持以经济建设为中心,全面推进经济建设、政治建设、文化建设、社会建设、生态文明建设,逐步把我国建设成为富强民主文明和谐的社会主义现代化国家。

发展社会主义民主政治,最根本的是要把坚持中国共产党的领导、人民当家作主和依法治国有机统一起来。中国共产党是中国特色社会主义事业的领导核心。发展社会主义民主政治,是党始终不渝的奋斗目标。没有民主就没有社会主义,就没有社会主义现代化。人民当家作主是社会主义民主政治的本质要求,党的领导是人民当家作主和依法治国的根本保证,依法治国是党领导人民治理国家的基本方略、国家长治久安的重要保障。党的执政就是领导和支持人民当家作主,最广泛地动员和组织人民群众依法管理国家和社会事务,管理经济和文化事业,维护和实现人民群众的根本利益。政治体制改革是社会主义政治制度的自我完善和发展,要坚持从我国国情出发,总结中国共产党治国理政的实践经验,同时借鉴人类政治文明的有益成果,实现社会主义民主政治的制度化、规范化和程序化,推进国家治理体系和治理能力的现代化。当前,我国改革开放和社会主义现代化建设事业进入全面深化改革新的发展阶段,改革发展稳定任务越繁重,越要加强和改善党的领导,越要保持党同人民群众的血肉联系,越要扩大社会主义民主、健全社会主义法制,建设社会主义法治国家。

任何时候都必须把独立自主、自力更生作为自己发展的根本基点,始终不渝走和平发展道路。在中国这样一个人口众多的发展中社会主义大国,任何时候都要坚持中国人民自己选择的社会制度和发展道路,坚持中国的事情按照中国的情况来办、依靠中国人民自己的力量来办,坚决反对外部势力干涉我国内部事务。同时,在当今世界,任何国家关起门来搞建设都是不能成功的。当代中国的前途命运日益紧密地同世界的前途命运联系在一起。要坚持和平发展,既通过争取和平国际环境发展自己,又以自身发展维护和促进世界和平,推动建立公正合理的国际政治经济新秩序,建设持久和平、共同繁荣的和谐世界。

新中国成立以来的建设和发展,从根本上改变了中国人民和中华民族的前途命运。历史昭示,中国特色社会主义是当代中国发展进步的根本方向,是实现中华民族伟大复兴的必由之路。坚持和发展中国特色社会主义,就一定能在新中国成立100年时建成富强民主文明和谐的社会主义现代化国家。

二、认识论基础

中国共产党高度重视历史经验研究,在对历史的深入思考中探索中国革命、建设和改革的规律,在对历史发展的正确把握中走向未来。改革开放以来,党正确评价毛泽东的历史地位,科学揭示毛泽东思想的完整体系和活的灵魂,推进马克思主义中国化,开辟和拓展中国特色社会主义道路,创立和发展中国特色社会主义理论体系,确立和完善中国特色社会主义制度。在这一历史进程中,改革开放前后两个历史时期的关系问题,始终是一个具有基础性的理论与实践问题。中国共产党在改革开放以来的各个历史阶段正确认识并不断深化对这一问题的认识,形成和发展关于改革开放前后两个历史时期关系的一系列论述,奠定正确认识改革开放前后两个历史时期及其相互关系的思想理论基础。

(一)马克思主义中国化"两次历史性飞跃"论

从中国共产党的思想理论发展史来说,马克思主义中国化是新中国成立以来继新民主主义革命时期历史发展的一条主线。它包括毛泽东思想的继续发展和中国特色社会主义理论体系的形成与发展,两者一脉相承、与时俱进。这条主线在改革开放历史新时期以正确评价毛泽东的历史地位和科学揭示毛泽东思想为认识基础而发展起来,中共十一届六中全会通过的第二个《历史决议》比较完整地、系统地奠定了这一认识基础。第二个《历史决议》对过去的"左"倾错误和毛泽东晚年的错误作了科学分析,维护了党在长期斗争中形成的优良传统、毛泽东思想的科学真理和毛泽东的历史地位,指出党在新中国成立以后的历史,总的说来,是党在马克思列宁主义、毛泽东思想指导下,领导全国各族人民进行社会主义革命和社会主义建设并取得巨大成就的历史。尽管在第二个《历史决议》通过时,改革开放从决策到实施还不到三年时间，还处于开创阶段，但这个决议的精神实质在于坚持和发展毛泽东思想，因而在党的指导思想上把改革开放前后两个历史时期贯穿了起来。

随着改革开放的推进，中国共产党在探索和回答什么是社会主义和怎样建设社会主义的基础上，逐步形成"邓小平建设有中国特色社会主义理论"。中国共产党十三大总结马克思主义中国化的历史进程，指出马克思主义与我国实践的结合有两次历史性飞跃[1]。这就是发生在新民主主义革命时期的第一次飞跃和发生在中共十一届三中全会以后的第二次飞跃。党通过实现马克思主义中国化的两次飞跃，先后在总结历史经验的基础上找到了有中国特色的革命道路和开始找到一条建设有中国特色的社会主义道路，开辟了社会主义建设的新阶段。这些论述把改革开放前后两个历史时期统一于马克思主义与中国具体实际的有机结合，以及党对中国革命与建设道路的探索与开辟的历史进程之中，同时阐明了改革开放前后两个历史时期在社会主义建设中的连续性与阶段性的特征。

（二）从两次"伟大革命"到"三次历史性巨变"论

改革的性质与特征问题，是认识改革开放前后两个历史时期关系的重要基础与依据。随着改革由农村转入城市而全面展开，邓小平指出，改革是"一场解放生产力的革命"[2]"中国的第二次革命"[3]"革命性的变革"[4]。同时，他强调，改革是社会主义制度的自我完善。[5]中共十四大对改革的性质与特征作了深入阐述，并就中国近代以来的历史发展，提出了"两次伟大革命"论。[6]其主要内容是，以毛泽东同志为核心的党的第一代中央领导集体把半殖民地半封建的旧中国变成独立的人民当家作主的社会主义新中国，是中国有史以来最伟大的革命，开辟了中国历史的新纪元；以邓小平同志为核心的党的第二代中央领导集体把中国由不发达的社会主义国家变成富强民主文明的社会主义现代化国家，是又一次伟大革命。中共十四大对于改革这场革命的内涵作出概括，指出，这场新的革命，是在过去革命取得成功和社会主义建设取得巨大成就的基础上进行的，是在党领导下有秩序有步骤地进行的。它不是要改变社会主义制度的性质，而是社会主义制度的自我完善

---

[1]《十三大以来重要文献选编》(上)，人民出版社1991年版，第56页。
[2]《邓小平思想年谱（1975—1997）》，中央文献出版社2011年版，第523页。
[3]《邓小平文选》第3卷，人民出版社1993年版，第113页。
[4]《邓小平文选》第3卷，人民出版社1993年版，第135页。
[5]《邓小平文选》第3卷，人民出版社1993年版，第142页。
[6]《十四大以来重要文献选编》(上)，人民出版社1996年版，第2—3页。

和发展。它也不是原有经济体制的细枝末节的修补,而是经济体制的根本性变革。①

改革是一场革命,实行改革必然引起中国社会和中国历史发展的深刻变化。人类历史即将进入21世纪时,中共十五大就20世纪中国的历史,提出了"三次历史性的巨大变化"论②。这三次历史性的巨大变化是:辛亥革命,开创了完全意义上的近代民族民主革命;中华人民共和国的成立和社会主义制度的建立;改革开放,为实现社会主义现代化而奋斗。其中,第二次是中国共产党成立后,在以毛泽东同志为核心的党的第一代中央领导集体的领导下完成的。中国人民从此站起来了,并且从新民主主义走上社会主义道路,取得建设社会主义的巨大成就。第三次则是在以邓小平同志为核心的党的第二代中央领导集体的领导下开始的新的革命。在新中国成立以来革命和建设成就的基础上,中国共产党总结历史经验和教训,成功地走出了一条建设有中国特色社会主义的新道路。这些论述把改革开放前后两个历史时期与中国近代以来的历史相联系,阐明了这两个历史时期在历史发展上的继承与发展、区别与联系。

(三)从"三个永远铭记"到"三件大事"论

人类社会进入21世纪,中共十六大从中华民族伟大复兴的历史进程,阐述了党在新民主主义革命时期、新中国成立以来和中共十一届三中全会以来的历史发展,把改革开放前后两个历史时期统一于中华民族伟大复兴的历史进程之中。中国共产党在新民主主义革命时期团结和带领全国各族人民完成民族独立和人民解放的历史任务,为实现中华民族伟大复兴创造了前提。新中国成立后,创造性地完成由新民主主义到社会主义的过渡,实现中国历史上最伟大最深刻的社会变革,开始了在社会主义道路上实现中华民族伟大复兴的历史征程。中共十一届三中全会以来,找到建设中国特色社会主义的正确道路,赋予民族复兴新的强大生机。③

中共十七大召开,正值改革开放前后两个历史时期各29年,并即将迎来改革开放30周年。中共十七大提出了"三个永远铭记"④,阐述了改革开放事业的历史发展,指出改革开放伟大事业,是在以毛泽东同志为核心的中国共产党第一代中央领导集体创立毛泽东思想,带领全党全国各族人民建立新中国、取得社会主义革命和建设伟大成就,以及艰辛探索社会主义建设规律取得宝贵经验的基础上进行的;是以邓小平同志为核心的中国共产党第二代中央领导集体科学评价毛泽东

---

① 《十四大以来重要文献选编》(上),人民出版社1996年版,第3页。
② 《十五大以来重要文献选编》(上),人民出版社2000年版,第2—3页。
③ 《十六大以来重要文献选编》(上),中央文献出版社2005年版,第43页。
④ 《十七大以来重要文献选编》(上),中央文献出版社2009年版,第6—7页。

和毛泽东思想，彻底否定"以阶级斗争为纲"的错误理论和实践，作出把党和国家工作重心转移到经济建设上来、实行改革开放的历史性决策，确立社会主义初级阶段基本路线，创立邓小平理论，带领全党全国各族人民开创的；是以江泽民同志为核心的中国共产党第三代中央领导集体捍卫中国特色社会主义，创建社会主义市场经济新体制，开创全面开放新局面，推进党的建设新的伟大工程，创立"三个代表"重要思想，带领全党全国各族人民继承、发展并成功推向21世纪的。"三个永远铭记"论，全面阐述了中国共产党三代中央领导集体在中国革命、建设和改革中的历史地位，特别是在改革开放伟大事业上的历史关系。

中共十七大总结改革开放的历史经验，提出了"十个结合"，这就是在改革开放的历史进程中，把坚持马克思主义基本原理同推进马克思主义中国化结合起来，把坚持四项基本原则同坚持改革开放结合起来，把尊重人民首创精神同加强和改善党的领导结合起来，把坚持社会主义基本制度同发展市场经济结合起来，把推动经济基础变革同推动上层建筑改革结合起来，把发展社会生产力同提高全民族文明素质结合起来，把提高效率同促进社会公平结合起来，把坚持独立自主同参与经济全球化结合起来，把促进改革发展同保持社会稳定结合起来，把推进中国特色社会主义伟大事业同推进党的建设新的伟大工程结合起来。[1]胡锦涛在纪念中共十一届三中全会召开30周年大会上的讲话中系统阐述了这"十个结合"的基本内涵与实质，指出改革开放30年来，党的全部理论和全部实践，归结起来就是创造性地探索和回答了什么是马克思主义、怎样对待马克思主义，什么是社会主义、怎样建设社会主义，建设什么样的党、怎样建设党，实现什么样的发展、怎样发展等重大理论和实际问题。30年的历史经验归结到一点，就是把马克思主义基本原理同中国具体实际相结合，走自己的路，建设中国特色社会主义。[2]

2011年是中国共产党成立90周年。胡锦涛在庆祝大会上发表讲话，回顾中国共产党90年历史进程，指出党完成和推进了"三件大事"。第一件大事是完成了新民主主义革命，实现了民族独立、人民解放，建立了中华人民共和国，开启中华民族发展进步新的历史纪元。第二件大事是完成了社会主义革命，确立了社会主义基本制度。第三件大事是进行了改革开放新的伟大革命，开创、坚持、发展了中国特色社会主义。这三件大事，从根本上改变了中国人民和中华民族的前途命运，不可逆转地结束了近代以来中国内忧外患、积贫积弱的悲惨命运，不可

---

[1]《十七大以来重要文献选编》（上），中央文献出版社2009年版，第8页。
[2]《十七大以来重要文献选编》（上），中央文献出版社2009年版，第808—809页。

逆转地开启了中华民族不断发展壮大、走向伟大复兴的历史进程。中国共产党经过90年的奋斗、创造和积累,开辟了中国特色社会主义道路,形成了中国特色社会主义理论体系,确立了中国特色社会主义制度。①这一重要论述把党史与近代以来中华民族发展史结合起来,把中国共产党领导的革命、建设和改革的历史进程相互统一起来,同时把中共十七大提出的改革开放以来发展进步的根本原因即开辟了中国特色社会主义道路和形成了中国特色社会主义理论体系,丰富发展为开辟了中国特色社会主义道路,形成了中国特色社会主义理论体系,确立了中国特色社会主义制度,比较完整地揭示了中国特色社会主义"三位一体"的基本内涵。

(四)"两个不能否定"论

中共十八大系统阐述了中国特色社会主义开创、坚持和发展的理论与实践,进一步科学揭示了改革开放前后两个历史时期的内在联系,强调了中共十七大所提出的社会主义革命和建设时期新民主主义革命的胜利、社会主义基本制度的建立,为当代中国一切发展进步奠定了根本政治前提和制度基础,虽然经历了严重曲折,但中国共产党在社会主义建设中取得的独创性理论成果和巨大成就,为新的历史时期开创中国特色社会主义提供了宝贵经验、理论准备、物质基础。改革开放历史新时期确立了社会主义初级阶段基本路线、社会主义市场经济体制的改革目标和基本框架、社会主义初级阶段的基本经济制度和分配制度,坚持以人为本、全面协调可持续发展,开创中国特色社会主义,并不断在新的历史起点上坚持和发展中国特色社会主义。②

坚持和发展中国特色社会主义,是中共十八大的精神实质。十八大以来,以习近平为核心的党中央进一步回答什么是中国特色社会主义和中国特色社会主义是怎样形成和发展的等一系列问题,就改革开放前后两个历史时期的关系问题提出了"两个不能否定"论。习近平总书记在新进中央委员会的委员、候补委员学习贯彻中共十八大精神研讨班开班式上的讲话中,从六个时间段分析了社会主义思想从提出到现在的历史过程,即空想社会主义产生和发展,马克思、恩格斯创立科学社会主义理论体系,列宁领导十月革命胜利并实践社会主义,苏联模式逐步形成,新中国成立后中国共产党对社会主义的探索和实践,中国共产党作出进行改革开放的历史性决策、开创和发展中国特色社会主义。他指出,中国特色社

---

① 胡锦涛:《在庆祝中国共产党成立90周年大会上的讲话》,《人民日报》2011年7月2日。
② 胡锦涛:《坚定不移沿着中国特色社会主义道路前进,为全面建成小康社会而奋斗——在中国共产党第十八次全国代表大会上的报告》,《人民日报》2012年11月9日。

会主义，是科学社会主义理论逻辑和中国社会发展历史逻辑的辩证统一，是根植于中国大地、反映中国人民意愿、适应中国和时代发展进步要求的科学社会主义。中国共产党领导人民进行社会主义建设，有改革开放前和改革开放后两个历史时期，这是两个相互联系又有重大区别的时期。（1）中国特色社会主义是在改革开放历史新时期开创的，但也是在新中国已经建立起社会主义基本制度、并进行了20多年建设的基础上开创的。（2）这两个历史时期在进行社会主义建设的思想指导、方针政策、实际工作上有很大差别。（3）改革开放前后两个历史时期绝不是彼此割裂的，更不是根本对立的，本质上都是中国共产党领导人民进行社会主义建设的实践探索。他强调，不能用改革开放后的历史时期否定改革开放前的历史时期，也不能用改革开放前的历史时期否定改革开放后的历史时期。要坚持实事求是的思想路线，分清主流和支流，坚持真理，修正错误，发扬经验，吸取教训，在这个基础上把党和人民事业继续推向前进。[①] 这一重要论述科学阐明了改革开放前后两个历史时期的辩证统一关系和社会主义建设的实践探索这一共同本质。

改革开放前后两个历史时期的关系随着改革开放的深入实践而发展，是动态的而非静止的，是开放的而非封闭的，必将产生新的情况和问题。在推进马克思主义中国化的历史进程中，中国共产党关于改革开放前后两个历史时期关系的论述，必将随着改革开放的历史进程而不断丰富和发展，并作为思想理论基础，指导党史国史特别是改革开放前后两个历史时期关系问题的研究。

改革开放前后两个历史时期及其相互关系，是科学社会主义理论逻辑和中国社会发展历史逻辑的辩证统一，体现了新中国历史发展的连续性与阶段性的辩证统一。正确认识和把握这两个历史时期及其相互关系，有利于深刻揭示新中国历史发展的主题与主线、主流与本质，深入认识坚持和发展中国特色社会主义的历史必然性和规律性，并在此基础上逐步形成关于改革开放前后两个历史时期关系的历史理论。

三、科学认识和把握改革开放前后两个历史时期的关系

在中国革命、建设和改革的各个历史时期，中国共产党将马克思主义基本原理与中国的具体实际相结合，运用唯物史观的基本立场、观点和方法，具体、历

[①]《毫不动摇坚持和发展中国特色社会主义 在实践中不断有所发现有所创造有所前进》，《人民日报》2013年1月6日。

史和系统地分析中国社会发展及其规律，在认识世界和改造世界特别是建设社会主义的历史进程中不断把握规律、积极运用规律。习近平总书记在关于要重视学习和正确认识党史国史的重要论述中，运用唯物史观考察和研究人类社会发展史、马克思主义发展史和社会主义建设史，深刻揭示人类社会发展规律、共产党执政规律和社会主义建设规律。其中，认识和把握改革开放前后社会主义实践探索的关系，在学习和研究党史国史中具有重要意义。这不只是一个历史问题，更主要的是一个政治问题。习近平总书记指出，改革开放前后两个历史时期，是两个相互联系又有重大区别的时期，但本质上都是我们党领导人民进行社会主义建设的实践探索。历史发展表明，这既是新中国历史发展的阶段性与连续性的统一，又是改革开放历史新时期推进马克思主义中国化、坚持和发展中国特色社会主义所始终遵循的重要历史逻辑。

（一）认识和把握两个历史时期的本质特征

人类社会历史发展到近代以来，社会主义由空想到科学、由理想变为现实。这一历史发展，既是社会制度的伟大变革，又蕴涵着人类社会历史观、世界观和发展观的伟大变革。正是在人类社会历史变革、思想激荡中，马克思主义经典作家研究人类社会历史，发现人类社会历史发展规律，创立了"唯一科学的历史观"即唯物史观。唯物史观是迄今为止人类认识世界和改造世界的最高思想境界，为人类社会不断向更高级阶段发展奠定科学理论基础。

然而，在20世纪80年代末90年代初，东欧剧变、苏联解体和苏共垮台，世界社会主义运动转入低潮。基于此，人类历史终结于资本主义的论调甚嚣尘上，意欲否定共产党的领导和社会主义制度的历史虚无主义思潮也死灰复燃。在这种背景下，能否认清人类社会发展的总趋势，至关社会主义在中国的前途命运。习近平总书记根据历史唯物主义所揭示的人类社会基本矛盾运动及其规律，指出马克思、恩格斯关于资本主义社会基本矛盾的分析没有过时，关于资本主义必然消亡、社会主义必然胜利的历史唯物主义观点也没有过时。他强调，资本主义最终消亡、社会主义最终胜利，是社会历史发展不可逆转的总趋势，但道路是曲折的。

中国共产党之所以能够不断推进改革开放和社会主义现代化建设事业，一个重要的思想基础和精神动力就在于，中国共产党人始终对人类社会发展总趋势和社会主义制度优越性充满坚定的道路自信、理论自信和制度自信。

新中国成立以来特别是改革开放以来，党在社会主义实践探索中，开辟并不断拓展中国特色社会主义道路。这条道路是来之不易的，特别是在改革开放前经历了较为严重的曲折、失误乃至错误，而改革开放又是一项前无古人的事业，面对的矛盾问题尖锐复杂，肩负的历史任务艰巨繁重。习近平总书记将对中国特色社会主义道路的认识，从改革开放40多年的伟大实践追溯到中华人民共和国成立70多年的持续探索，以及近代以来180多年中华民族发展历程、中华民族5000多年悠久文明的传承，指出这条道路具有深厚的历史渊源和广泛的现实基础。针对将改革开放前后两个历史时期彼此割裂和根本对立的思想逆流，习近平总书记根据科学社会主义的发展史，并结合当代中国历史发展，将这两个历史时期统一于党领导人民进行社会主义建设的实践探索，深刻揭示了这两个历史时期的共同本质。

社会主义在改革开放前后的理论和实践探索，是党领导人民开创和发展的，是中国人民对人类社会历史发展的伟大贡献，更是实现中华民族伟大复兴的历史、时代内涵和根本基础。这两个历史时期历史发展的主体都是党领导人民，主题和主线则统一于建设社会主义，并由此决定其主流。不论是中国特色社会主义道路、制度还是理论体系，无论是物质文明、政治文明还是精神文明，总体上都是推动当代中国历史发展进步的，取得的成就也是辉煌的。其中，改革开放前的社会主义实践探索为改革开放后的社会主义实践探索积累了条件，改革开放后的社会主义实践探索是对前一个时期的坚持、改革、发展。

（二）正确处理两个历史时期关系需要解决三个基本认识问题

新中国成立以来特别是改革开放以来的历史发展表明，改革开放是决定当代中国命运的关键抉择，是发展中国特色社会主义、实现中华民族伟大复兴的必由之路。因此，改革开放历史新时期相对于改革开放前历史时期来说，无疑具有转折意义。认识和把握改革开放前后两个历史时期的关系，并将二者统一于党领导人民进行社会主义建设的实践探索，需要解决如下三个基本认识问题。

其一，对待历史的基本态度问题，特别是如何对待历史上的曲折和发生曲折的历史。在这一问题上，习近平总书记在关于要重视学习和正确认识党史国史的重要论述中作了三个具有逻辑递进关系的阐明。一是历史是客观存在的。他说，历史就是历史，历史不能任意选择，一个民族的历史是一个民族安身立命的基础。二是历史是相互联系的。他强调，从昨天走到今天再走向明天，历史的联系是不可能割断的，人们总是在继承前人的基础上向前发展的。一切向前走，都不能忘记走过的路；走得再远，走到再光辉的未来，也不能忘记走过的过去。三是历史是人民创造的。他联系中国历史特别是党史国史，指出不论发生过什么波折和曲折，不论出现过什么苦难和困难，中华民族的文明史、中国人民近代以来的斗争史、中国共产党的奋斗史、中华人民共和国的发展史，都是人民书写的历史。习近平这些重要论述对于科学认识和把握改革开放前后两个历史时期关系提供了重要思想基础和认识前提。

其二，关于改革开放前历史时期的历史地位与意义问题。认识这一问题，关键在于分清改革开放前历史时期的主流与支流。习近平总书记指出，要坚持实事求是的思想路线，分清主流和支流，坚持真理，修正错误，发扬经验，吸取教训，在这个基础上把党和人民事业继续推向前进。他说，改革开放前的社会主义实践探索，是党和人民在历史新时期把握现实、创造未来的出发阵地，没有它提供的正反两方面的历史经验，没有它积累的思想成果、物质成果、制度成果，改革开放也难以顺利推进。

其三，如何评价毛泽东的历史地位问题。这一问题关系到什么是毛泽东思想和怎样对待毛泽东思想，也关系到改革开放举什么旗、走什么路。这一问题是贯通并贯彻于改革开放前后两个历史时期的一个基本理论问题和政治问题。中国共产党通过《关于建国以来党的若干历史问题的决议》，实现了指导思想上的拨乱反正，首要的就是根据我们党和国家的全部历史，正确评价毛泽东的历史地位，坚持和发展毛泽东思想。我们党也正由此从改革开放历史时期之初，就奠定了科学认识和把握改革开放前后两个历史时期关系的思想基础。习近平总书记在纪念毛泽东同志诞辰120周年座谈会上发表讲话指出，对历史人物的评价，应该放在其所处时代和社会的历史条件下去分析，不能离开对历史条件、历史过程的全面认识和对历史规律的科学把握，不能忽略历史必然性和历史偶然性的关系。同时，对于毛泽东晚年的错误，他强调，这有其主观因素和个人责任，还在于复杂的国内国际的社会历史原因，应该全面、历史、辩证地看待和分析。

总之，在改革开放前后两个历史时期的关系问题上应明确肯定：没有改革开放，就没有中国特色社会主义；不是继承和发展地对待和处理改革开放前的社会主义实践探索，也就不可能坚持改革开放的正确方向。正如习近平总书记所指出的，新民主主义革命的胜利成果决不能丢失，社会主义革命和建设的成就决不能否定，改革开放和社会主义现代化建设的方向决不能动摇。

（三）从辩证统一关系中深化和拓展改革开放史研究

在具体地、历史地认识和把握改革开放前后两个历史时期关系的基础上，党史国史研究越来越突出改革开放以来历史的研究。这是改革开放和中国特色社会主义现代化建设事业发展对理论研究和建设的需要，也是党史国史的当代性和时代性所规定的。当代历史和人类社会发展到哪一步，历史研究就应跟进到哪一步，在历史与现实的结合上，用发展的观点研究发展着的历史，及时总结历史经验，丰富和发展对历史规律性的认识。

第一，从改革开放的理论与实践的结合上研究中国特色社会主义开创和发展史，深刻阐明改革开放是社会主义的改革开放。改革开放历史是党把马克思主义基本原理与中国具体实际相结合，在新的历史条件下不断推进马克思主义中国化、开创和发展中国特色社会主义的历史。这一历史是理论与实践相结合的，其中"什么是改革开放、怎样进行改革开放"的理论与实践探索的根本前提是探索回答"什么是社会主义、怎样建设社会主义"。为此，深化改革开放历史研究，需要突出研究三个基本问题。

其一，研究改革开放的发生问题。这是研究改革开放历史的重要基础和认识前提。改革开放前无古人，也非偶然。它合乎历史发展潮流和时代发展趋势，是党在推进马克思主义中国化的历史进程中领导人民进行的伟大创造和自觉选择。研究改革开放历史，需要把这一历史放在当代中国史和世界社会主义发展史中去认识和考察，特别是要讲清楚改革开放的历史缘起和逻辑起点。它包括改革开放是在什么历史条件下发生的，改革开放的历史性决策是如何作出的，改革开放实践又是如何开启的。它不仅要回答改革开放与之前的当代中国历史是一种什么样的关系，阐述改革开放的历史源头、思想来源和制度基础，而且要论述改革开放的性质、内涵与方向。历史地看，改革开放的发生，一是在历史基础上，继承和发展改革开放前党在社会主义建设中取得的独创性理论成果和物质基础；二是在历史经验上，总结中国社会主义建设正反两方面经验和借鉴世界社会主义历史经验；三是在道路的开辟上，走自己的路，建设中国特色社会主义。没有改革开放，就没有中国特色社会主义。

其二，研究改革开放历史新时期社会主要矛盾问题。这是研究改革开放历史的核心内容和根本点。改革开放围绕认识和处理社会主要矛盾而展开，确立和发展了社会主义初级阶段基本路线，使中国社会从生产力到生产关系、从经济基础到上层建筑都发生了意义深远的重大变化，世情、国情、党情也发生了深刻变化。但是，中国仍处于并将长期处于社会主义初级阶段这个最大的基本国情没有变。这里的"变"与"没有变"是改革开放历史的辩证发展和总体态势，是改革开放在国情上的集中体现。研究改革开放历史应与改革开放历史发展的这一大逻辑相统一，也就是从国情、改革开放的实际出发。否则，研究改革开放历史，将偏离或失去研究的重心和基本依据。

其三，研究改革开放的历史地位和社会性质问题。改革开放在党史国史上具有重要转折意义和开创意义。这是改革开放的历史发展所赋予的，是研究改革开放历史的着力点和落脚点。改革开放的转折意义主要表现在它把中国建设社会主义的实践探索划分为改革开放之前和之后两个既相互联系又有重大区别的历史时期,其开创意义则集中表现在中国特色社会主义道路的开辟和拓展、中国特色社会主义理论体系的确立和发展、中国特色社会主义制度的完善和发展。研究改革开放历史,既要研究改革开放的思想理论史、政策发展史,更要研究改革开放的伟大实践,并把理论与实践结合起来,深刻认识中国特色社会主义是如何开创和发展的,科学揭示党的执政规律、社会主义建设规律和人类社会发展规律。研究改革开放历史,也需要针对历史虚无主义思潮和对改革开放之社会主义性质的质疑和否定,深刻阐明中国特色社会主义是实行改革开放的社会主义,是科学社会主义理论逻辑与中国社会发展历史逻辑的有机统一,坚持和发展中国特色社会主义是实现中华民族伟大复兴的必由之路。

第二,从政治体制改革与经济体制改革的关系上突出改革开放历史本体论研究,深刻把握改革开放的具体历史进程。从目的意义上说,改革开放具有彼此相互联系的三个基本内涵:一是进行经济体制改革,解放和发展社会生产力,实现国家现代化;二是进行政治体制改革,推动社会主义制度自我完善和发展,赋予社会主义新的生机活力;三是推进党的建设新的伟大工程,保持和发展党的先进性。社会基本矛盾决定政治体制改革需要与经济体制改革相适应,以促进生产关系更好地适应生产力发展的要求。改革开放是党在新的历史条件下领导人民进行的新的伟大革命,坚持和改善党对改革开放的领导,必须以加强党的建设为前提基础。

改革是全面的改革,包括经济体制改革、政治体制改革和相应的其他各个领域的改革。政治体制改革与经济体制改革的应然逻辑关系,正如邓小平所指出的那样:"政治体制改革同经济体制改革应该相互依赖,相互配合。"① 政治体制改革是社会主义制度的自我完善和发展,是经济社会和经济体制改革发展到一定阶段的产物,是积极稳妥地推进的。改革开放之所以能够成功推进和深入发展,经济体制之所以能够由高度集中的计划经济体制发展到充满活力的社会主义市场经济体制,是与政治体制同经济体制改革相适应地进行改革所分不开的。在这个意义上说,改革开放史就是一部政治体制改革与经济体制改革相适应、相协调发展的历史。

第三,从中央和地方"两个积极性"的关系上加强改革开放地方史和区域史研究,彰显改革开放的全国统一性和地方特点。从中央与地方的关系上看,改革

---

① 《邓小平文选》第3卷,人民出版社1993年版,第164页。

开放是在发挥中央与地方的"两个积极性"及其互动中不断推进的,是上下、纵横、点面结合的,经历了从农村到城市,从东部到中西部,从试点到推广,从条条块块到统筹协调,从市场分散到市场统一,从"摸着石头过河"到顶层设计,从一部分地方、一部分人先富裕起来到实现共同富裕,等等。在改革开放中,发挥中央和地方的两个积极性,关键是处理好中央与地方、集中与分散、整体利益与局部利益的关系。

民主集中制是党和国家机构的组织原则和领导制度,在决策实行改革开放和怎样进行改革开放中同样体现了这一原则和制度。各个地方进行改革开放,是在国家政策法规的统一指导下,从本地实际出发创造性地开展的。在此意义上说,改革开放历史既包括国家层面的整体史,又包括地方层面的地方史和区域史。其中,前者是改革开放历史的主体部分,后者是改革开放历史的有机构成,二者也是相互交织在一起的。研究改革开放历史,既要通过整体史把握改革开放的大局、全局和全国统一性,又要通过地方史和区域史反映改革开放实践的多样性和地方、区域的特点。从中央与地方的关系上研究改革开放历史,具有基础性和结构性的研究对象和认识维度。

改革开放史研究已经成为党史国史研究中最具现实性和时代性的专门史,是理论与实践、历史与现实相联系,基础性与应用性研究相结合的综合性研究课题。深化和推进这一历史研究,需要在历史研究学科的基础上,构建合乎改革开放史发展逻辑的学科体系和学术创新体系,进一步形成改革开放史研究的理论与方法。

第四节 国史与中共党史及其研究之间的关系

中共党史是中国共产党的建立和发展,以及领导中国人民进行革命、建设和改革的历史。中华人民共和国是中国人民在中国共产党的领导下,通过新民主主义革命而创立起来的。因此,中华人民共和国史通过党的领导和执政而形成和发展,并与中共党史相辅相成。党的领导和执政,以及在这一领导和执政下的国家建设和发展,不仅使中国社会发生了新旧变革,而且开辟了中国社会前进和发展的道路。在认识论意义上,国史研究与中共党史研究统一于这一历史发展逻辑之中。

一、国史与中共党史的统一关系

国史与中共党史相互依存、相互作用,形成了彼此不可分割的关系。由中国共产党在中国革命、建设和改革中的领导地位与执政使命所决定,中共党史相对于国史,是执政党史及其执政史,是国史的史源、主轴与基核,是国史发展的主要源泉,并规定着国史发展的方向和国史发展的规律;而国史相对于中共党史,是中共党史的外延、中共党史在新中国成立以来发展的社会条件和物质基础。二者的有机结合,形成当代中国历史的基干,并丰富和发展着中国人民与中华民族的历史文明。

(一)中共党史与国史中的执政党史

新中国成立以前的中共党史是中国共产党创立和发展,以及领导新民主主义革命的历史,也就是为建立新中国而奋斗的历史。中国共产党自成立起,就始终是中国工人阶级的先锋队,始终代表着中国最广大人民的根本利益。在新民主主义革命进程中,中国共产党领导中国人民和中华民族,逐步找到了一条实现民族独立和人民解放的正确道路。

新民主主义革命史以及与之相适应的政治、经济、文化和社会建设,孕育了新中国,是新中国历史的源头和序曲,因此具有划时代的意义。毛泽东在中国人民政治协商会议第一届全体会议上致开幕词时说:"我们的工作将写在人类的历史上,它将表明:占人类总数四分之一的中国人从此站立起来了。"① 随后,中国人民政治协商会议第一届全体会议在会议宣言《中国人民大团结万岁》中指出:"中国的历史,从此开辟了一个新的时代。"它并号召全国人民,"进一步组织起来","将全中国绝大多数人组织在政治、军事、经济、文化及其他各种组织里,克服旧中国散漫无组织的状态,用伟大的人民群众的集体力量,拥护人民政府和人民解放军,建设独立民主和平统一富强的新中国"。② 历史是变革的,又是承继的,新民主主义革命史开启新中国的历史,中共党史也由局部执政史升华为全国执政史,因而开创了新中国的历史。

新中国成立后,中国共产党"从一个领导人民为夺取全国政权而奋斗的党,成为一个领导人民掌握着全国政权并长期执政的党"③。中国共产党领导人民在艰难而曲折的探索中,逐步找到了一条建设富强、民主、文明、和谐的现代化国家的正确道路。对于这一中国特色社会主义道路的探索,如薄一波所指出,是"始于毛而成于邓"④。中国共产党迄今为止的执政史,不仅丰富和发展了中共党史,而且

---

① 《毛泽东文集》第5卷,人民出版社1996年版,第343页。
② 《毛泽东文集》第5卷,人民出版社1996年版,第348页。
③ 江泽民:《在庆祝中国共产党成立八十周年大会上的讲话》,《人民日报》2001年7月2日。
④ 《就毛泽东的探索和邓小平的业绩薄一波答中央文献研究室问》,《党的文献》1995年第1期。

造就了中国建成社会主义并进入社会主义初级阶段的历史。因此，一部中国共产党的执政史，其实就是一部中国革命、建设和改革史，也就是国史。那种脱离党的领导和执政的国史是不存在的。中共执政史引导和自觉作用于国史，成为国史发展的思想和执政的源泉。

中国共产党是中国特色社会主义事业的领导核心。党的执政就是领导、支持和保证人民当家作主，最广泛地动员和组织人民群众依法管理国家和社会事务，管理经济和文化事业，维护和实现人民群众的根本利益。党领导、支持和保证人民当家作主，主要是领导人民通过人民代表大会制度掌握国家权力，以保证国家制定的法律和方针、政策能够体现人民的共同意志，维护人民的根本利益，保障人民当家作主；领导人民依照宪法和法律规定，通过各种途径和形式，管理国家事务，管理经济和文化事业，管理社会事务，以保证国家各项事业的发展符合人民的意愿、利益和要求；领导人民实行基层民主，由群众依法办理自己的事情，通过民主选举、民主决策、民主管理、民主监督，实行自我管理、自我教育、自我服务；领导人民严格贯彻公民在法律面前一律平等的原则，使公民享有法律上、事实上的广泛的自由和权利，尊重和保障人权，维护公平与正义。[1] 这就是坚持党的领导、人民当家作主和依法治国的有机统一。党的领导是人民当家作主和依法治国的根本保证，人民当家作主是社会主义民主政治的本质要求，依法治国是党领导人民治理国家的基本方略。

中国共产党的领导和执政是历史的选择、人民的选择。中国共产党是根据人民的意志依法执政的。以作为国家根本大法的宪法为例，宪法是党的主张和人民意志相统一的集中体现。中华人民共和国宪法确认了我国各族人民长期奋斗的成果，规定了国家的根本制度和根本任务、公民的基本权利和义务，以及国家生活中最重要的原则。它是保持国家统一、民族团结、经济发展、社会进步和长治久安的法律基础，是中国共产党带领全国各族人民建设中国特色社会主义的法制保证。

宪法的制定和修改是在中国共产党的领导、支持和建议下实现和完成的。起临时宪法作用的《共同纲领》是以毛泽东关于中国新民主主义革命和建设的理论为基础的建国纲领，于1949年9月29日由中国人民政治协商会议第一届全体会议通过。而《共同纲领》草案是人民政协会议"筹备会第三小组决定由中国共产党负责起草的"[2]。为制定《中华人民共和国宪法》，中央人民政府委员会在1953年

---

[1] 中华人民共和国国务院新闻办公室：《中国的民主政治建设》，《人民日报》2005年10月20日。
[2] 《建国以来重要文献选编》第1册，中央文献出版社1992年版，第14页。

1月13日成立了以毛泽东为首的中华人民共和国宪法起草委员会。宪法起草委员会在1954年3月接受了中共中央提出的宪法草案初稿。[①]1954年9月20日，第一届全国人民代表大会第一次会议通过《中华人民共和国宪法》。该宪法是中国历史上第一部社会主义类型的宪法，在中国宪法史上具有划时代的意义。此后，宪法多次修改。其中，1975年1月17日，第四届全国人民代表大会第一次会议通过1975年宪法。"文化大革命"结束后，第五届全国人民代表大会第一次会议通过1978年宪法。但是，1978年宪法是在"文化大革命"结束之后不久修改颁布的，由于当时历史条件的限制，该宪法没有全面总结新中国成立以来社会主义革命和建设中的经验教训，也没有彻底清理和清除十年动乱中某些"左"的思想对宪法条文的影响。

自中共十一届三中全会以后，当代中国的政治、经济和文化生活都发生了巨大而深刻的变化，而1978年宪法中许多地方已经很不适应当时政治经济生活和人民对于建设现代化国家的需要。为完善人民民主专政的国家制度，发展社会主义民主，健全社会主义法制，巩固和健全国家的根本制度，切实保障人民的权利和各民族的权利，巩固和发展安定团结、生动活泼的政治局面，充分调动一切积极因素，发挥社会主义制度的优越性，中共中央向第五届全国人民代表大会第一次会议提出对宪法作比较系统修改的建议，并建议全国人民代表大会成立宪法修改委员会，主持宪法的修改工作，于1981年上半年公布修改宪法草案，交付全民讨论，以求第五届全国人民代表大会第四次会议能够通过，第六届全国人民代表大会能够按照修改后的宪法产生和工作。第五届全国人民代表大会第三次会议同意中共中央关于修改宪法和成立宪法修改委员会的建议和中华人民共和国宪法修改委员会名单，决定由宪法修改委员会主持修改宪法，提出中华人民共和国宪法修改草案，由全国人民代表大会常务委员会公布，交付全国各族人民讨论，再由宪法修改委员会根据讨论意见修改后，提交本届全国人民代表大会第四次会议审议。1982年12月4日，第五届全国人民代表大会第五次会议通过了中华人民共和国成立以后的第四部宪法，即1982年宪法。1988年4月12日，第七届全国人民代表大会第一次会议根据当时经济体制改革和对外开放进一步发展的实践，通过了《中华人民共和国宪法修正案》，对私营经济和土地使用权的转让问题作了规定。1993年3月29日，第八届全国人民代表大会第一次会议根据我国改革开放和社会主义现代化建设事业进一步发展的实践，通过了《中华人民共和国宪法修

---

① 刘少奇：《关于中华人民共和国宪法草案的报告》，《人民日报》1954年9月16日。

正案》，对宪法中与国家经济、政治、社会生活的现实情况不相适应的规定，作了必要的修改。中共十五大总结我国改革和建设的新经验，对建设有中国特色社会主义事业的跨世纪发展作出全面部署。十五大以来，经过全党全国各族人民团结奋斗，我国改革开放和社会主义现代化建设取得历史性进展，积累了十分宝贵的经验。于是，中共中央适时提出以十五大报告为依据，对宪法部分内容作适当修改。1999年1月22日，中共中央向全国人大常委会提出了关于修改《中华人民共和国宪法》部分内容的建议。第九届全国人大常委会第七次会议讨论了中共中央的建议，并依照《中华人民共和国宪法》第六十四条的规定，提出了关于《中华人民共和国宪法修正案（草案）》提请第九届全国人民代表大会第二次会议审议的建议。1999年3月，第九届全国人民代表大会第二次会议对宪法部分内容作了修改。

从21世纪开始，我国进入全面建设小康社会、加快推进社会主义现代化新的发展阶段。中共十六大全面分析了新世纪新阶段党和国家面临的新形势新任务，科学总结了改革开放以来特别是中共十三届四中全会以来党团结带领全国人民建设中国特色社会主义的基本经验，把"三个代表"重要思想与马克思列宁主义、毛泽东思想、邓小平理论一道确立为党必须长期坚持的指导思想，明确提出了本世纪头20年的奋斗目标和重大方针政策。2003年3月27日，中央政治局常委会会议研究和部署了修改宪法工作，确定了修改宪法总的原则，并成立了中央宪法修改小组，在中央政治局常委会领导下工作。中共十六届三中全会根据新形势新经验，提出了《中共中央关于修改宪法部分内容的建议》，主张把实践中取得的、并被实践证明是成熟的重要认识和基本经验写入宪法，以反映全党全国各族人民的共同意愿，使宪法更加完善，更加适应全面建设小康社会、开创建设中国特色社会主义事业新局面的要求，更加能够发挥宪法作为国家根本法的作用。在第十届全国人大常委会第六次会议上，受中共中央委托，王兆国就中共中央关于修改宪法部分内容的建议作了说明，指出这次修改宪法总的原则是：坚持以马克思列宁主义、毛泽东思想、邓小平理论和"三个代表"重要思想为指导，贯彻十六大精神，体现十三届四中全会以来的基本经验，把十六大确定的重大理论观点和重大方针政策写入宪法。中共中央的建议经第十届全国人大常委会第六次会议讨论后，由全国人大常委会依照法定程序提出了宪法修正案议案，提请第十届全国人民代表大会第二次会议审议。第十届全国人民代表大会第二次会议通过了《中华人民共和国宪法修正案》。宪法的制定和修改过程，是在党的领导下将人民的共同意志法律化的过程。

因此，从一定意义上说，无论是中共党史还是国史，宪法既是应然性的历史发展趋势也是实然性的历史发展结果。中共党史中的立宪立法治国史与国史中的以宪法为核心的中国特色社会主义法制体系和法治体系建设史是一个历史进程的两个不可分割的方面。它们从法的意义上反映了中国共产党依法治国的执政史和在这一执政条件下国家的法制文明进程。制定和实施宪法，成为中共党史推动国史发展，并内化为国史的一种重要方式。这表明，通过中国共产党的领导和执政，中共党史与国史之间的关系是具体的历史的，是辩证统一的。中共执政史是国史及其发展的主要源泉。人民当家作主成为中共党史和国史的鲜明主题。

（二）中共党史与国史发展的基本走向

中共执政史具体表现为国民经济和社会发展的历史进程，发展成为中共党史和国史的实质内涵。

世界各国执政党，由于执政所在国度的国情不同，政党的阶级基础和性质不同，它们的执政使命、执政方向与执政方式亦各有不同，甚或截然相反。全心全意为人民服务，立党为公，执政为民，是中国共产党同一切剥削阶级政党的根本区别，也是中国共产党的执政使命与方向之所在。

在人类社会发展中，生产力与生产关系、经济基础与上层建筑的矛盾，构成社会的基本矛盾。这个基本矛盾的运动，决定着社会性质的变化和社会经济政治文化的发展方向。新中国成立特别是社会主义制度基本建立以来，几千年来的阶级剥削制度的历史基本结束，国内的主要矛盾，逐步地转变为"人民对于建立先进的工业国的要求同落后的农业国的现实之间的矛盾"，"人民对于经济文化迅速发展的需要同当前经济文化不能满足人民需要的状况之间的矛盾"。正如中共八大在关于政治报告的决议中所指出的，"这一矛盾的实质，在我国社会主义制度已经建立的情况下，也就是先进的社会主义制度同落后的社会生产力之间的矛盾"。因此，党和全国人民的主要任务，就是要集中力量来解决这一矛盾，把我国尽快地从落后的农业国变为先进的工业国。[1] 国内主要矛盾的转变及其解决，决定着我国社会性质的变化，并制约着我国社会经济政治文化发展的基本方向。

恩格斯说："唯物史观是以一定历史时期的物质经济生活条件来说明一切历史事件和观念、一切政治、哲学和宗教的。"[2] 在经济社会领域，中共党史和国史发展的一条基本线索是国民经济和社会发展的五年计划的制定与实施。从新中国成

---

[1]《中国共产党第八次全国代表大会关于政治报告的决议》，《人民日报》1956年9月28日。
[2]《马克思恩格斯选集》第3卷，人民出版社1995年版，第209页。

立以来实行计划经济体制，并经过改革开放而至逐步建立和完善社会主义市场经济体制，我国先后制定和实施了十个五年计划和三个五年规划。这些计划和规划的制定与实施，是在中国共产党的主持和建议下，通过人民代表大会制度进行的，是对国民经济和社会发展的预测、规划与推动，因此联系着中共党史与国史，并在一定意义上规定了相应历史发展的脉络与走势。

中华人民共和国发展国民经济的第一个五年计划草案是由中国共产党中央委员会主持拟定的，在1955年3月间经过党的全国代表会议讨论并基本通过。中共中央根据党的全国代表会议在讨论中提出的意见，对于计划草案作了适当的修改后，于6月10日将这个草案提交国务院，并请在国务院会议通过之后，提交第一届全国人民代表大会第二次会议审议。李富春在第一届全国人民代表大会第二次会议上作了《关于发展国民经济的第一个五年计划的报告》。1955年7月30日，第一届全国人民代表大会第二次会议审议通过了"一五"计划。根据党的过渡时期总路线和"一五"计划的指导方针，"一五"计划的基本任务是：集中主要力量进行以苏联帮助我国设计的156个建设单位为中心的、由限额以上的694个建设单位组成的工业建设，建立我国的社会主义工业化的初步基础；发展部分集体所有制的农业生产合作社，并发展手工业生产合作社，建立对农业和手工业的社会主义改造的初步基础；基本上把资本主义工商业分别地纳入各种形式的国家资本主义的轨道，建立对于私营工商业的社会主义改造的基础。[①] 1957年底，"一五"计划超额完成。

中国共产党在我国基本完成对农业、手工业和资本主义工商业的社会主义改造、基本建立社会主义制度的历史条件下召开了第八次全国代表大会。中共八大是新中国成立以来、党成为全国执政党以来所召开的第一次全国代表大会，是党探索建立中国特色社会主义道路，并初步认识社会主义建设规律和共产党执政规律的重要开端。大会提出了团结全党和国内外一切可以团结的力量，为建设一个伟大的社会主义中国而奋斗的总任务。大会指出，社会主义制度在我国已经基本上建立起来，国内主要矛盾已经不再是工人阶级和资产阶级的矛盾，而是人民对于经济文化迅速发展的需要同当前经济文化不能满足人民需要的状况之间的矛盾；全国人民的主要任务是集中力量发展社会生产力，实现国家工业化，逐步满足人民日益增长的物质和文化需要；虽然还有阶级斗争，还要加强人民民主专政，但其根本任务已经是在新的生产关系下面保护和发展生产力。大会坚持既反保守又

[①]《建国以来重要文献选编》第6册，中央文献出版社1993年版，第410—411页。

反冒进即在综合平衡中稳步前进的经济建设方针，并确定以"三个主体、三个补充"为指导调整经济关系。正是在这次会议上，周恩来作了《关于发展国民经济的第二个五年计划的建议的报告》。1956年9月27日，大会通过了《关于发展国民经济的第二个五年计划（1958—1962）的建议》。"二五"计划实施中和实施后进行了国民经济调整。此后，经过第三、第四和第五个五年计划，国民经济在曲折中发展。

1982年10月，中共十二大确定在不断提高经济效益的前提下到20世纪末实现工农业总产值翻两番，作为我国经济建设的战略目标。"为了实现二十年的奋斗目标，在战略部署上要分两步走：前十年主要是打好基础，积蓄力量，创造条件，后十年要进入一个新的经济振兴时期。"① 第五届全国人民代表大会第五次会议批准通过了国民经济和社会发展第六个五年计划。在第六个五年计划期间，我国在经济发展战略、经济管理体制和对外经济关系方面，实行了符合中国国情和历史发展规律的战略转变。1985年9月，中共十二届四中全会原则通过《中共中央关于制定国民经济和社会发展第七个五年计划的建议》，并经中国共产党全国代表会议审议通过。1986年3月，第六届全国人民代表大会第四次会议审议批准了《中华人民共和国国民经济和社会发展第七个五年计划》。1990年12月30日，中共十三届七中全会通过《中共中央关于制定国民经济和社会发展十年规划和"八五"计划的建议》。据此，第七届全国人民代表大会第四次会议审议批准了《中华人民共和国国民经济和社会发展十年规划和第八个五年计划纲要》。在完成"八五"计划的基础上，1995年9月，中共中央通过《关于制定国民经济和社会发展"九五"计划和二〇一〇年远景目标的建议》，1996年3月17日，第八届全国人民代表大会第四次会议批准了《中华人民共和国国民经济和社会发展"九五"计划和2010年远景目标纲要》。《纲要》提出了今后15年的奋斗目标和指导方针，国民经济和社会发展的主要任务和战略布局，深化经济体制改革和扩大对外开放的部署和措施，体现了建设有中国特色社会主义理论和党的基本路线的精神，反映了全国各族人民的根本利益和共同愿望。2000年10月11日，中共十五届五中全会通过了《中共中央关于制定国民经济和社会发展第十个五年计划的建议》。在此建议下，第九届全国人民代表大会第四次会议通过了关于国民经济和社会发展第十个五年计划纲要的决议。进入21世纪，中共十六大指出：我国正处于并将长期处于社会主义初级阶段，现在达到的小康还是低水平的、不全面的、发展很不平衡的小康，

---

① 《十二大以来重要文献选编》（上），人民出版社1986年版，第16页。

人民日益增长的物质文化需要同落后的社会生产之间的矛盾仍然是我国社会的主要矛盾。"我们要在本世纪头二十年，集中力量，全面建设惠及十几亿人口的更高水平的小康社会，使经济更加发展、民主更加健全、科教更加进步、文化更加繁荣、社会更加和谐、人民生活更加殷实。这是实现现代化建设第三步战略目标必经的承上启下的发展阶段，也是完善社会主义市场经济体制和扩大对外开放的关键阶段。经过这个阶段的建设，再继续奋斗几十年，到本世纪中叶基本实现现代化，把我国建成富强民主文明的社会主义国家。"[1] 在完成第十个五年计划的基础上，中共十六届五中全会审议通过了《中共中央关于制定国民经济和社会发展第十一个五年规划的建议》。《中华人民共和国国民经济和社会发展第十一个五年规划纲要》就是根据这一建议编制，并于2006年3月14日由第十届全国人民代表大会第四次会议批准的。继这一规划的实施与完成，中共十七届五中全会审议通过了《中共中央关于制定国民经济和社会发展第十二个五年规划的建议》。2011年3月14日，第十一届全国人民代表大会第四次会议审议批准了第十二个五年规划。

正是在中国共产党的领导和执政下，通过诸如五年计划的制定与实施，中国的历史发生了巨大而深刻的变化：实现了由新民主主义到社会主义的转变，全面确立了社会主义的基本制度。开创了建设有中国特色社会主义事业，为实现中华民族的伟大复兴开辟了正确道路。以中共十一届三中全会为标志，中国进入社会主义事业发展的新时期。建立了人民民主专政的国家政权，中国人民掌握了自己的命运。这是中国人民社会政治地位的根本变化。中国实现了从几千年的封建专制政治向人民民主政治的伟大跨越。建立了独立的和比较完整的国民经济体系，经济实力和综合国力显著增强。不断发展社会主义文化，全国人民的精神生活日益丰富，全国人民的思想道德素质和教育科学文化素质不断提高。彻底结束了旧中国一盘散沙的局面，实现了国家的高度统一和各民族的空前团结。彻底结束了中国近代以来屈辱外交的历史，有力地维护了国家的主权、安全和民族尊严。社会主义中国的国际地位和国际影响与日俱增。

国史发展方向与中国共产党的执政方向相一致，深刻体现在党领导中国革命、建设和改革的历史进程中，表现为党的纲领、路线、方针和政策不断转化为中华民族和中国最广大人民的意愿与国家意志。中国共产党的历史，就是为中华民族的独立、解放、繁荣，为中国人民的自由、民主、幸福而不懈奋斗的历史。中国

---

[1]《十六大以来重要文献选编》(上)，中央文献出版社2004年版，第14—15页。

共产党坚持用马克思主义的立场、观点、方法,观察和分析世界发展的总趋势、中国社会的实际状况和中国人民的根本要求,依据发展变化的实际,确定党在各个历史时期的目标和任务,不断为党和人民的事业指明前进方向。新中国成立后,面对世界社会主义运动方兴未艾、民族解放运动风起云涌的国际局势,面对中国百废待兴的局面,中国共产党紧紧把握时代发展的大势和广大人民的意愿,成功进行了社会主义革命,开展了社会主义建设。20世纪70年代末以来,面对和平与发展成为时代主题的国际环境,面对人民日益增长的物质文化需要同落后的社会生产之间的矛盾这个现阶段我国社会的主要矛盾,中国共产党在拨乱反正的基础上及时实现了工作重点的战略转移,果断作出改革开放的战略抉择,紧紧把握发展这个党执政兴国的第一要务,加快建设富强民主文明的社会主义现代化国家。这样,党的意志与人民意愿和时代要求相结合,就凝结为中国特色社会主义发展道路和建设社会主义现代化国家的总体目标。沿着这条道路,向着这一目标而奋斗,就不断形成并创造着中国特色社会主义建设和发展的历史。

国史发展方向与中国共产党的先进性建设方向相一致,深刻体现在党作为执政党保持和发展党的先进性建设中。从根本意义上说,党的先进性建设事关党的建设和中国社会主义现代化建设的前途命运。中国特色社会主义的成败和中华民族的兴衰,关键在于党能否永葆马克思主义政党的先进性,能否不断巩固和增强党的领导与执政地位。中国共产党之所以能够成为领导中国革命、建设、改革事业的核心力量,之所以能够承担起中国人民和中华民族的历史重托,之所以能够在剧烈变动的国际国内环境中始终立于不败之地,根本原因是党始终代表中国先进生产力的发展要求、代表中国先进文化的前进方向、代表中国最广大人民的根本利益,始终高度重视并不断保持和发展自己作为马克思主义政党的先进性。而且,党的先进性不断转化为执政兴国的科学理念与执政能力,并引领中国特色社会主义制度优越性的发挥。中国近代以来的历史表明,党的先进性是与中国的独立、民主和富强,与中华民族的解放和复兴内在而紧密地联系在一起的。党的先进性决定了中国新民主主义革命胜利的历史必然性,也揭示了中国特色社会主义建设和共产党执政的客观规律性。

然而,在执政条件下的党的先进性建设离不开国史的发展。衡量一个马克思主义政党是否先进,要放到具体的历史的实践中去考察,归根到底要看它在推动历史前进中的实际作用。为保证党始终引领中国社会发展进步,必须始终根据不同历史阶段中国社会发展的主要矛盾来确定党的中心任务,并围绕实现党的中心任务来加强党的建设。党正是在长期社会主义建设的基础上,总结国内国际的历史经验，经过艰辛探索，确立了党在社会主义初级阶段的基本理论、基本路线、基本纲领。从本质上讲，中国共产党的执政史是人民群众在中国共产党领导下建设国家的创业史、奋斗史和前进史，是社会主义在中国的建立、巩固和发展史。

发展是中国共产党执政兴国的第一要务，也是解决我国社会一切矛盾和问题的根本办法。坚持以科学发展观统领经济社会发展全局，切实抓好发展这个党执政兴国的第一要务，推动经济社会又好又快发展，是党的先进性在当代中国最重要最具体的体现，也是新的历史条件下加强党的先进性建设的重要着力点和衡量标准。要坚持用科学发展观武装全党，进一步把全党的思想统一到科学发展观上来，真正把科学发展观转化为全党的实际行动，转化为领导改革开放和社会主义现代化建设的工作能力，抓住发展机遇，转变发展观念，创新发展模式，提高发展质量，切实把我国经济社会发展转入科学发展的轨道。要坚持以经济建设为中心，深化改革开放，加快调整经济结构、转变经济增长方式，正确处理经济发展和社会发展、建设社会主义新农村和推进城镇化、推动全国发展和促进区域协调发展、健全市场机制和改善宏观调控、加快自主创新和加强引进消化吸收再创新、促进经济发展和保护生态环境、自力更生和对外开放等一系列重大关系，切实加强社会主义民主法制建设，加强社会主义精神文明建设，努力推动社会主义经济建设、政治建设、文化建设、社会建设全面发展。同时，结合构建社会主义和谐社会的实践加强党的先进性建设。这些正成为中共党史发展的时代特点，形成新的历史条件下党的先进性建设史和科学执政史的重要内涵，而且为国史的发展不断注入科学执政和科学发展的理念，进而引导着国史遵循正确的方向发展。

（三）中共党史与国史发展的规律性

新中国成立以来中共党史与国史的发展相互作用，表现出党的执政为民的先进性与人民历史主体性的统一性，以及马克思主义基本原理同中国具体实际相结合的时代性。

人类社会的发展，是先进生产力不断取代落后生产力的历史进程。人类社会的历史，归根结底是生产发展和生产方式更替的历史。马克思、恩格斯在《共产党宣言》中就明确指出，无产阶级夺取政权后，要"尽可能快地增加生产力的总量"[①]。马克思还指出："随着新的生产力的获得，人们便改变自己的生产方式，而随着生产方式的改变，他们便改变所有不过是这一特定生产方式的必然关系的经

---

① 《马克思恩格斯选集》第 1 卷，人民出版社 1995 年版，第 293 页。

济关系。"① 中国共产党是在中国这样一个经济文化落后的发展中大国领导人民进行现代化建设的，发展，是党执政兴国的第一要务。党能否解决好发展问题，承担起推动中国社会进步的历史责任，关系着能否把坚持党的先进性和发挥社会主义制度的优越性，落实到发展先进生产力，发展先进文化，实现最广大人民的根本利益，推动社会全面进步，促进人的全面发展上。

党的执政史和国史表明，党的执政与中国革命、建设和改革遵循着人类社会发展的基本规律。其中，党始终代表中国先进生产力的发展要求，带领人民不断推动中国社会生产力的解放和发展；社会主义的本质是解放生产力，发展生产力，消灭剥削，消除两极分化，最终达到共同富裕；社会主义的优越性归根到底要体现在它的生产力比资本主义发展得更快一些、更高一些，并且在发展生产力的基础上不断改善人民的物质文化生活。

中共党史和国史共同发展与相互作用，形成如下基本特点：

1. 党的执政为民的先进性与人民历史主体性的统一

社会生产发展史就是物质资料生产者本身的历史，即生产过程中的基本力量的劳动群众的历史，而且，"物质生活的生产方式制约着整个社会生活、政治生活和精神生活的过程"②。列宁指出："全人类的首要的生产力就是工人，劳动者。"③ 毛泽东也说过，人民，只有人民，才是创造世界历史的动力。人民是历史的真正创造者。

在人民群众与无产阶级政党的关系问题上，列宁曾指出，"在人民群众中，我们毕竟是沧海一粟，只有我们正确地表达人民的想法，我们才能管理。否则共产党就不能率领无产阶级，而无产阶级就不能率领群众。"④ 立党为公，执政为民，是中国共产党同一切剥削阶级政党的根本区别。中国共产党在执政实践中，坚持全心全意为人民服务的宗旨，始终把实现和维护最广大人民的根本利益作为党的理论和路线方针政策以及全部工作的根本依据，始终深深扎根于人民之中，为中国人民和中华民族的根本利益不懈奋斗。党在领导群众的实践中，充分发扬民主，听取各方意见；在此基础上，注意科学分析和综合，力争全面而真实，形成集中而系统的理论、路线和方针、政策；再用这种理论、路线和方针、政策去指导广大人民群众的实践，并通过实践来检验和完善这些理论、路线和方针、政策。如

---

① 《马克思恩格斯选集》第4卷，人民出版社1995年版，第533页。
② 《马克思恩格斯选集》第2卷，人民出版社1995年版，第32页。
③ 《列宁选集》第3卷，人民出版社1995年版，第821页。
④ 《列宁选集》第4卷，人民出版社1995年版，第695页。

此循环往复，使党的领导工作更正确、更生动、更丰富。党在执政实践中，坚持和发展群众路线与群众工作方法，充分体现了对人民历史主体地位的尊重。

正是党坚持尊重社会发展规律与尊重人民历史主体地位的一致性，坚持为崇高理想奋斗与为最广大人民谋利益的一致性，坚持完成党的各项工作与实现人民利益的一致性，党不仅创造了它的执政史，而且推动着国史发展。党成立以来的革命和建设实践表明，在任何时候任何情况下，与人民群众同呼吸共命运的立场不能变，全心全意为人民服务的宗旨不能忘，坚信群众是真正英雄的历史唯物主义观点不能丢。必须始终把体现人民群众的意志和利益作为一切工作的出发点和归宿，始终把依靠人民群众的智慧和力量作为推进事业的根本工作路线。

2. 坚持马克思主义基本原理同中国具体实际相结合的时代性

马克思主义揭示了人类社会发展的规律。它作为无产阶级认识世界和改造世界的强大思想武器，是要同人民群众的社会实践相结合并指导这一实践的。恩格斯指出："马克思的历史理论是任何坚定不移和始终一贯的革命策略的基本条件；为了找到这种策略，需要的只是把这一理论应用于本国的经济条件和政治条件。"[1] 中国共产党是在马克思主义与中国工人运动相结合中诞生的，并在近代中国半殖民地半封建的社会历史条件下，创立了新民主主义革命理论，领导中国革命走向胜利，最终缔造了新中国。新中国成立以来的中共党史，正如《关于建国以来党的若干历史问题的决议》对"建国三十二年历史"作基本估计时所指出的，"中国共产党在中华人民共和国成立以后的历史，总的说来，是我们党在马克思列宁主义、毛泽东思想指导下，领导全国各族人民进行社会主义革命和社会主义建设并取得巨大成就的历史。社会主义制度的建立，是我国历史上最深刻最伟大的社会变革，是我国今后一切进步和发展的基础。"党的执政史表明，党不仅创造着实现和发展社会主义的执政史，而且因这一执政使中国历史发生了根本变革。中国人民从长期奋斗历程中得到的最基本最重要的结论是："没有共产党，就没有新中国。有了共产党，中国的面貌就焕然一新。"

马克思主义是指导中国革命、建设和改革的行动指南。马克思主义所以能够与中国的具体实际相结合，其一，在于马克思主义的科学性。马克思主义科学揭示了人类社会发展的规律。实践表明，中国革命、建设和改革唯有以马克思主义为指导，并把马克思主义中国化，才能成功。中国共产党把马克思主义基本原理同中国具体实际相结合，创立了毛泽东思想和中国特色社会主义理论体系。这些

---

[1] 《马克思恩格斯选集》第4卷，人民出版社1995年版，第669页。

理论成果是党和人民实践经验的总结和集体智慧的结晶。在这些正确理论指导下，中国共产党制定了符合中国实际、反映人民愿望的路线方针政策，推动了中国革命、建设和改革事业的发展。即使在苏东发生剧变后，邓小平依然坚信并指出："世界上赞成马克思主义的人会多起来的，因为马克思主义是科学。它运用历史唯物主义揭示了人类社会发展的规律。封建社会代替奴隶社会，资本主义代替封建主义，社会主义经历一个长过程发展后必然代替资本主义。这是社会历史发展不可逆转的总趋势，但道路是曲折的。资本主义代替封建主义的几百年间，发生过多少次王朝复辟？所以，从一定意义上说，某种暂时复辟也是难以完全避免的规律性现象。一些国家出现严重曲折，社会主义好像被削弱了，但人民经受锻炼，从中吸收教训，将促使社会主义向着更加健康的方向发展。因此，不要惊慌失措，不要认为马克思主义就消失了，没用了，失败了。哪有这回事！"①其二，在于人民群众的实践需要。人民群众处于历史的主体地位，但没有理论指导的人民群众的实践则可能是盲目的。马克思主义不是教条，只有正确运用于实践并在实践中不断发展，才具有强大的生命力。马克思指出："理论一经掌握群众，也会变成物质力量。理论只要说服人[ad hominem]，就能掌握群众；而理论只要彻底，就能说服人[ad hominem]。所谓彻底，就是抓住事物的根本。"②中国革命、建设和改革之所以能够成功，根本的一条就是，中国共产党无论在理论上还是在实践上，都始终坚持把马克思主义基本原理与中国具体实际相结合。

新中国的历史开辟了中国人民和中华民族独立、自由、民主、富强和复兴的伟大时代。新中国的建立是在中国共产党的领导下，将马克思主义基本原理与中国革命具体实际相结合，取得新民主主义革命胜利的必然结果。新中国成立以来，中国共产党在马克思主义指导下，在中国通过社会主义改造建立了社会主义制度，实现了中国历史上最广泛最深刻的社会变革；开创了中国特色社会主义建设事业，为实现中华民族的伟大复兴开创了正确道路；建立了独立的和比较完整的国民经济体系，经济实力和综合国力显著增强；创立并完善了人民民主专政的国体，保证了人民当家作主，使之真正成为国家、社会和自己命运的主人；等等。这些无一例外的都是在马克思主义的普遍真理同我国的具体实际相结合中形成和发展的。正是这种结合使人民群众的实践建立在科学理论的指导下，因而产生出推动历史发展的巨大物质力量，并创造出符合人类社会发展规律的国史来。因此，中国共

---

① 《邓小平文选》第3卷，人民出版社1993年版，第382—383页。
② 《马克思恩格斯选集》第1卷，人民出版社1995年版，第9页。

产党领导下的执政史,从根本上说是马克思主义基本原理与中国社会主义革命、建设和改革的具体实际相结合的历史。以不断发展着的马克思主义为指导规定了这一历史发展的基本方位,马克思主义中国化则成为这一历史发展的一条基本规律。邓小平指出:"把马克思主义的普遍真理同我国的具体实际结合起来,走自己的道路,建设有中国特色的社会主义,这就是我们总结长期历史经验得出的基本结论。"[①]这一基本结论集中反映了我国社会主义革命、建设和改革的历史进程,高度概括了国史发展的基本经验,科学揭示了中国特色社会主义建设的基本规律,相应地,也深刻阐明了当代中国最基本的国情。

把马克思主义基本原理与中国具体实际相结合,是中共党史和国史发展的思想灵魂,是中共党史研究和国史研究应当坚持和贯彻的根本指导思想。因此,在中共党史和国史研究中要使主观认识符合客观实际,就首先必须以马克思主义基本理论为指导,正确理解和全面掌握马克思主义中国化的科学理论成果。坚持马克思列宁主义、毛泽东思想、邓小平理论这个一脉相承的科学体系,坚持辩证唯物主义和历史唯物主义的世界观、方法论,坚持反映人类社会发展规律的基本原理和基本观点。

总体而言,新中国成立以来的中共党史与国史共同发展,彼此相互作用。其中,中国共产党的执政规律统一于人类社会发展规律和社会主义建设规律;国史受党的执政规律的作用而与党的执政史相辅相成,并为党的执政提供着相应的社会历史条件和物质基础。中华人民共和国史通过党的领导和执政而形成与发展,并与中共党史相互依存、相互作用,形成彼此不可分割的关系。新中国成立以来的中共党史是国史中的执政党史,党的执政史是国史及其发展的主要源泉。人民当家作主成为党的执政史和国史的鲜明主题。中共党史规定国史发展的基本走向,党的执政史具体表现为国民经济和社会发展的历史进程,发展成为中共党史和国史的实质内涵。中共党史与国史遵循人类社会发展的基本规律,表现出党的执政为民的先进性与人民历史主体性的统一性,以及马克思主义基本原理同中国具体实际相结合的时代性。

二、国史研究与中共党史研究融通互鉴

国史研究从中共党史研究中发展而来,并与之形成姊妹学科。二者的学科属性尽管有所不同,但治学都以治史为基础,在研究对象与基本内容上密不可分,

---

[①] 《邓小平文选》第3卷,人民出版社1993年版,第3页。

在学科理论与方法上互为通鉴，在学科功能上共同从理论上探索共产党执政规律和社会主义在中国的建设规律。国史研究与中共党史研究共同发展，成为我国哲学社会科学的重要组成部分和特色学科领域。在学科建设和发展中，学科理论来源于研究实践，具有基础性、宏观性和先导性。国史研究和中共党史研究是以马克思主义唯物史观为指导的历史理论学科，推进其繁荣发展的一个重要方面，就是发展和创新学科的理论与方法。

（一）关于马克思主义中国化发展史研究

马克思主义中国化发展史是国史研究与中共党史研究的鲜明历史主题。

中国共产党在马克思主义传播与中国工人运动的结合中诞生，并确定了社会主义—共产主义的奋斗目标。从此，中国革命焕然一新。党在为实现反帝反封建的民族民主革命任务中，把马克思主义基本原理与中国革命的具体实际相结合，形成和确立毛泽东思想，领导全国各族人民赢得新民主主义革命胜利，彻底结束了旧中国半殖民地半封建社会的历史，并在此基础上缔造了新中国，为在中国建设社会主义和推动当代中国发展进步奠定根本政治前提。历史发展表明，没有共产党，就没有新中国；没有新民主主义革命的胜利，中国就不可能迎来社会主义的光明前景。

随着新中国的成立，中国共产党成为在全国执政的马克思主义政党。中共党史也由此与新中国的国史紧密地结合在一起，并融为一体，马克思主义中国化成为推动党史国史发展的根本思想基础。

研究党史国史，是坚持党的先进性的需要。党史国史是把握今天、创造明天的一个向导，是了解当代中国历史与现实及正确走向未来的一块基石。人类社会总是在认识历史中发展进步的。对于每个人来说，"不通古今，马牛而襟裾"；相反，则"寂然凝虑，思接千载"。对于一个民族来说，忘记自己的历史，就意味着背叛和对"根"的丢弃，是不可能有力量、希望和前途的；相反，以史为鉴，则可以知兴替。对于一个政党来说，不善于从历史中总结经验、汲取教训，终将被历史所淘汰；相反，注重从自身和人类社会的历史中认识和把握社会发展的规律，则能够成为顺应历史潮流、善于治国安邦的自觉政党。历史是一面映照现实、透视未来的明镜。看历史，就会看到方向、前途和光明。国史每发展一步，都是在以往历史的基础上有所发现、发明和创造，也都是在深刻总结和运用历史经验的基础上有所继承、发展和创新，而且越是在历史发展的转折关头和关键时期，越应把总结历史经验放在更加突出的战略位置。中国共产党在抗日战争即将胜利时和改革开放起步阶段，先后作出了《关于若干历史问题的决议》和《关于建国以来党的若干历史问题的决议》，充分发挥了统一全党思想、团结一致向前看的重要历史推动作用。善于总结历史特别是党史国史，是中国共产党的一大政治优势，是中国共产党之所以能够自我净化、自我纠正错误，并不断开辟未来的一条基本经验。

研究党史国史，是中国共产党的思想理论建设的重要来源。国史受内在规律的支配，深刻蕴涵和体现着党的自身建设规律、执政规律和社会主义建设规律，深刻蕴涵和体现着马克思主义中国化的历史进程与基本经验，深刻蕴涵和体现着坚持和发展中国特色社会主义的历史依据、丰富内涵与发展趋势。国史深刻揭示历史和人民怎样选择了马克思主义，选择了中国共产党，选择了社会主义道路，选择了改革开放。研究党史国史，有利于深刻把握中国共产党的历史方位和社会主义初级阶段基本国情，中国共产党在中国的领导地位和核心作用形成的历史必然性，中国共产党领导人民走上社会主义道路的历史必然性，以及通过改革开放和社会主义现代化建设实现中华民族伟大复兴的历史必然性，从而不断增强中国特色社会主义的道路自信、理论自信、制度自信和文化自信。

研究党史国史，需要把握这一历史在中华文明发展中的历史地位。人类社会的历史，就是一个不断地从必然王国向自由王国发展的历史。国史既是中国源远流长的历史延续，又是具有划时代意义的发展；既是中华文明的历史继承、薪火相传，又是中华文明的当代发展。昨日之历史，即今日之国情。尽管时代在变迁，社会在进步，但中国在自己发展的历史长河中形成的一切优良文化传统，不仅深深影响了古代和近代中国，也深深影响着当代中国人的价值观念、思维方式和生产生活方式，乃至当代中国的发展道路。

研究党史国史，需要把握这一历史的主题与主线、主流与本质。国史是在探索中前进、曲折中发展的。如何正确看待历史上的成就与失误乃至错误，如何正确认识成功与挫折乃至失败，是正确把握党史国史的主题与主线、主流与本质的关键所在。中国共产党在领导全国各族人民进行革命、建设和改革中，既有不断丰富和发展的成功经验，也有影响深远、意义深刻的失败教训。正确地认识和总结这些经验与教训，才能逐步找到共产党执政规律和社会主义建设规律。总结经验，有利于更好地推进各项工作。汲取教训也是改进工作的重要途径，而且往往是更重要的途径。

研究党史国史，需要把握中国特色社会主义道路、理论体系和制度之间的内在联系。中国共产党把马克思主义基本原理同中国实际和时代特征结合起来，领导全国各族人民取得革命、建设、改革伟大胜利，开创和发展了中国特色社会主义，从根本上改变了中国人民和中华民族的前途命运。中国特色社会主义道路、理论体系和制度是党和人民奋斗、创造、积累的根本成就。它们分别作为中国特色社会主义的实现途径、行动指南和根本保障，统一于中国特色社会主义伟大实践。

（二）关于中国共产党执政史研究

新中国成立以来，中国共产党成为在全国执政的党，并通过实行中国共产党领导的多党合作和政治协商制度，与各民主党派、工商联和无党派民主人士结成"长期共存，互相监督，肝胆相照，荣辱与共"的和谐政党关系。在执政中，党集中人民的共同意志，形成党领导、执政和治国的指导思想，以及基本路线、方针和政策，同时通过人民代表大会制度上升为国家意志，转化为人民的自觉行动，推动国家的建设和发展，促进中华民族的伟大复兴。这一过程既是中共党史，又是国史，集中表现为中国共产党的执政史。在中国共产党的执政史中，中国共产党是这一历史的主体，通过执政作用于国家和社会。中共党史是国史的核心，就在于中国共产党的执政史决定着国史的发展方向、主题与主线、主流与本质。这一客观历史进程表明，中国共产党的执政史研究，是国史研究与中共党史研究之间相互联系而又区分开来的学科领域。

由于历史的缘故，在国史研究中，一个尚未完全解决好的问题是，国史的编纂与研究近似于中共党史，国史的特色不甚明显。至于如何编纂和研究国史，科学反映和揭示国史与中共党史既相互联系又有所区别的历史面貌，仍处在认识与编纂体系的初步探索阶段。加强中国共产党的执政史研究，是一条培育国史研究和中共党史研究的增长点，深入认识国史研究的内容与范围，并形成国史研究特点的学术发展思路。

在中国共产党的执政史研究中，党的性质与历史方位问题是首要问题，准确把握这一问题是科学研究党的执政史的重要认识前提。中国共产党十六大报告指出："我们党历经革命、建设和改革，已经从领导人民为夺取全国政权而奋斗的党，成为领导人民掌握全国政权并长期执政的党；已经从受到外部封锁和实行计划经济条件下领导国家建设的党，成为对外开放和发展社会主义市场经济条件下领导国家建设的党。"这是中国共产党对自身性质与历史方位的科学认识和表述。然而，有一种说法却很流行，即党"从革命党向执政党转变"。这一说法很值得深入思考。"革命党"，狭义上是指开展武装斗争和暴力革命的政党，一般意义上则是指革命性政党。从中国共产党的历史看，党是狭义与一般意义的"革命党"的统一体，而且狭义上的"革命党"是党之所以成为执政党的政治基础与前提。因此，对于中国共产党来说，不能把"革命党"与执政党非此即彼地区分开来。党在各个历史时期的任务和工作重心尽管有所不同，但党的性质和宗旨并没有因此而改变。

在执政条件下，中国共产党与其他阶级的执政党的本质区别集中体现在党的执政先进性上。中国共产党的执政本质与道路不同于其他阶级的执政党，否则，中国共产党的先进性就无从谈起。研究中国共产党的执政史，从根本意义上就要揭示党的执政先进性，重心在于研究中国共产党在国家建设和发展的各个领域的历史经验，以及这些经验的形成和发展。例如，2011年是中国共产党成立90周年、辛亥革命100周年，也是苏联解体20周年。国史研究与中共党史研究在这一年的发展，一个突出特点是对于中国共产党和新中国历史经验的研究，其历史的跨度不仅从时间上由新中国成立60年到中国共产党成立90周年，再到辛亥革命100周年，而且从研究范围扩展为由新中国到苏联，再到世界社会主义运动，特别是以苏联为鉴戒，以防止苏联悲剧的重演。这些经验问题的研究，构成国史和中共党史中经验研究的基本框架，并日趋专题化和具体化。目前的学术热点主要有关于党的群众工作经验、社会管理经验、民族团结工作经验、社会保障工作经验、和谐社会建设经验、人权保障经验等的研究。深化这些经验问题的研究，可资丰富和深化对共产党执政规律和社会主义在中国建设规律的认识。

与此相联系，对于中国近代史研究中的"革命史范式"和"现代化范式"，运用于国史研究与中共党史研究中，应是在唯物史观指导下具体的、历史的统一。因为，人类社会的发展是历史合力的产物，认识历史的角度也应是多样化的。在国史研究和中共党史研究中，简单地用一种范式而排斥另一种范式，会导致片面性和局限性，也不可能全面反映国史和中共党史的总体面貌。

（三）关于当代中国社会形态研究

当代中国社会形态研究是国史研究和中共党史研究的基本问题。

新中国的成立，结束了旧中国半殖民地半封建社会的历史。新中国成立以来，中国社会由新民主主义逐步过渡到社会主义，当今正处于并将长期处于社会主义初级阶段。中国共产党将马克思主义基本原理与中国的具体实际相结合，探索适合自己国情的社会主义建设道路，创立了社会主义初级阶段理论，开辟和拓展中国特色社会主义道路，形成和发展中国特色社会主义理论体系，确立和发展中国特色社会主义制度。

当代中国社会形态是国史研究的一个基本问题。在新中国成立以来的中共党史中，无论是马克思主义中国化，还是中国特色社会主义理论、道路和制度，其最基本的历史依据就是当代中国的社会主义社会形态。在中国革命、建设和改革的历史进程中，社会主义社会的生产力得到解放和发展，生产关系也处于变动与调整之中，以与社会生产力相适应。然而，在当代中国社会形态问题上，一种观点将改革开放前和改革开放后的历史割裂甚至对立起来，主张"回归新民主主义社会""重建新民主主义社会"。对此，需要从历史与现实的研究中进行认识和回答，其中国史研究和中共党史研究责无旁贷。

研究当代中国社会形态问题，就是要考察当代中国的社会主义社会形态的历史与现实，回答当代中国的社会发展阶段与水平，以及社会形态的内在变化，科学揭示中国特色社会主义的本质属性、内部结构、内在动力和发展趋势。

我国马克思主义史学重视研究中国社会形态问题，如关于中国封建社会开始于何时的研究，繁荣了中国古代史研究，推动了中国马克思主义史学的确立和发展。20世纪20年代末30年代初关于中国社会性质和社会史问题的论战，围绕中国社会形态问题进行研究和争鸣，为认识新民主主义革命的历史必然性、探索新民主主义革命道路，提供了重要历史依据，也在中国传播和发展了马克思主义史学。当今，关于当代中国社会形态问题的研究，关系中国近代史与现代史如何划分，也关系新中国成立以来的历史阶段如何划分，因此是关系国史研究和中共党史学科建设的基本问题。

研究当代中国社会形态问题，除了要研究旧中国半殖民地半封建社会及其解体外，一个关键的问题是新中国成立后由新民主主义向社会主义过渡的历史条件，也就是社会主义改造的历史必然性和合理性问题。确立了这一认识前提，所谓"回归新民主主义社会""重建新民主主义社会"的观点就会失去历史依据而站不住脚。否则，按照这一观点的认识逻辑，国史和中共党史就需要改写，其学科理论建设和研究就会失去符合历史实际的正确方向。

（四）关于国史研究学科门类建设

国史研究与中共党史研究在学科体系建设上相互借鉴，互为基础。

理论研究是学科体系建设的重要基础。中共党史研究先于国史研究，其学科理论对于国史研究具有直接的借鉴和指导意义。不仅如此，随着国史研究及其学科理论的发展，中共党史学科体系建设在与国史研究的相互借鉴中得到了丰富和拓展。

国史理论研究由关于国史的理论研究和关于国史研究的理论研究两部分构成，前者是基于国史并对国史问题的理论性认识成果，是后者的重要立论依据和理论指导。从哲学意义上说，前者属于历史本体论，后者则属于历史认识论和方法论范畴。根据这一构成，国史理论研究应包括如下主要研究方向和重要研究领域。其中，主要研究方向是国史理论（包括国史经验）问题研究、国史研究的理论与方法研究、国史学科体系建设研究；重要研究领域是马克思主义中国化、时代化、大众化理论成果研究，以及国史通史学、国史史学史、国史史料学、国史编纂学、国史地方史志学、国史比较史学和国史哲学等研究。这些研究领域虽然具有历史学的一般意义，但都具有中共党史研究的基本特征，与中共党史研究学科体系有着密切的联系。国史研究学科体系就是以历史学和中共党史研究为学科基础，主要由上述研究领域所构成的。其中，相比较而言，马克思主义中国化理论成果研究、国史通史学、国史史料学和国史哲学在国史学科体系中具有特别重要的意义和地位。

新中国的历史是马克思主义基本原理与中国的具体实际相结合的产物，也即马克思主义中国化的理论与实践的具体历史过程。马克思主义中国化理论成果研究既是国史学科理论研究的重要组成部分，又对国史其他学科领域的研究具有理论指导意义。

国史通史学是国史各研究领域研究的共同对象和课题，对国史学科理论研究具有基础性意义。没有国史通史性研究，难以把握这一历史发展的规律性，也难以形成关于这一历史的理论。在一定意义上说，国史学科理论研究与建设就是在唯物史观的指导下，把国史通史性研究与国史史学理论研究相结合的一项科学研究工作。

史料是史学研究的立论依据，国史史料学是繁荣发展国史研究的重要基础与源泉。坚持以唯物史观指导国史研究，必须将史料放在当时的历史条件下进行整理与研究，去粗取精，去伪存真，以鲜活而翔实的史料真实反映和科学揭示国史的面貌。在国史研究领域，之所以存在片面运用史料以及运用史料不辨真伪的现象，有的甚至歪曲、篡改史料，伪造历史等，除了立场、观点和认识的局限性外，一个重要原因是国史史料学的不成熟和不系统，也可以说，国史史料学学科尚没有建立起来。这就需要国史研究立足丰富而翔实的国史史料，结合对国史史料的综合性与专题性研究，形成比较系统的国史史料学。

历史哲学问题是国史研究和中共党史研究构建学科体系面临的一个共同课题。马克思主义史学在研究方法上是实证研究、思辨研究和辩证研究的有机结合。没有实证，历史研究就缺乏素材，因此在学科的初创阶段，即使是历史的"碎片"，也需要重视和研究；没有思辨，历史研究不可能达到应有的理论认识深度和高度；没有辩证，历史研究则难以科学化。历史哲学是以这些为基础的理论研究，包括历史本体论、认识论和方法论。只有国史研究和中共党史研究建立其相互联系的历史哲学的基础，才能够达到本学科体系建设的最高认识体系和理论境界。

三、国史研究与中共党史研究的主要区别

国史研究与中共党史研究有着与生俱来的学术史意义上的一致性，但它越来越作为一个相对独立的学科而存在，并日益成熟和发展。国史研究与中共党史研究具有差异性，但不是截然分离的，而是表现出一种"和而不同"的特征。

（一）关于研究对象与学科属性

国史研究、中共党史研究，都是根据其所研究的相应历史活动的主体而命名的。

中国共产党先于中华人民共和国而成立，并创建了中华人民共和国。因此，中共党史先于国史而开端，并在中华人民共和国成立后而与其相互交织，在广泛意义上发生重叠。但是，中共党史是中国共产党的历史，属于政党历史范畴；国史则特指中华人民共和国的历史，属于国家历史范畴。

历史，归根结底是人民群众创造的，人民群众是历史活动的真正主体，在人类社会历史发展中处于主体地位。中国历史发展遵循人类社会发展规律，并具有自身国情实际和特点。近代以来，随着中国半殖民地半封建社会矛盾的日益加深和尖锐化，中国工人阶级以其独立的姿态登上中国政治历史的舞台，中国共产党在马克思主义传播与中国工人运动的结合中诞生，并在领导全国各族人民进行中国革命、建设和改革，推进马克思主义中国化和党的建设伟大工程中，不断发展壮大，永葆先进性。中国共产党是中国工人阶级的先锋队，同时是中国人民和中华民族的先锋队，是中国特色社会主义事业的领导核心，代表中国先进生产力的发展要求，代表中国先进文化的前进方向，代表中国最广大人民的根本利益。党的最高理想和最终目标是实现共产主义。中国共产党作为马克思主义政党，以全心全意为人民服务为宗旨，立党为公、执政为民。

中国共产党是中共党史的活动主体，决定了中共党史的内涵与形态是中国共产党的理论与实践发展史。一是中国共产党的成立与发展史，包括中国共产党的创建与成立，以及中国共产党的思想理论发展、组织发展、作风建设、制度建设、反腐倡廉建设的历史进程。二是中国共产党领导全国各族人民进行中国革命、建设和改革，推进中国特色社会主义现代化建设事业，实现中华民族伟大复兴的探索和奋斗历程。

中共党史研究在回顾和总结这些历史的基础上，主要在于反映和揭示党情、

党的先进性，以及党的历史经验特别是党的治国理政经验，深入探究中国共产党自身建设的规律、领导中国革命和执政的规律。

从研究对象上说，与国史研究相比较，中共党史研究的研究对象是中国共产党的历史及其发展规律，包括中国共产党的自身建设与发展及其规律、中国共产党领导新民主主义革命的历史进程及其规律、中国共产党领导中国社会主义革命、建设和改革的历史进程及其规律。

从学科属性上说，与国史研究相比较，中共党史研究更多地属于政治学特别是政党学，主要从党的性质、宗旨和使命，从党的基本路线、基本纲领、基本理论和基本经验，从党的自身建设，从党的治国理政，从党的阶级基础、群众基础和社会基础，从党的方针、政策和策略的形成、发展、变化，来研究中共党史；历史学是其重要研究方法。

中华人民共和国在新民主主义革命胜利的基础上建立起来，开辟了中国历史新纪元。中华人民共和国的建设与发展，是围绕中国社会基本矛盾和主要矛盾而展开的，由新民主主义向社会主义过渡，进行社会主义建设，开创和发展中国特色社会主义，建设社会主义物质文明、政治文明和精神文明，实现国家独立、民族富强和人民幸福。

中华人民共和国的国体与政体规定了国史活动的主体。国体是工人阶级领导的、以工农联盟为基础的人民民主专政。社会主义制度是国家的根本制度。政体是人民代表大会制度。国家的一切权力属于人民，人民行使国家权力的机关是全国人民代表大会和地方各级人民代表大会。人民依照法律规定，通过各种途径和形式，管理国家事务，管理经济和文化事业，管理社会事务。全国人民代表大会和地方各级人民代表大会都由民主选举产生，对人民负责，受人民监督。国家行政机关、审判机关、检察机关都由人民代表大会产生，对它负责，受它监督。中华人民共和国是全国各族人民共同缔造的统一的多民族国家。国家保障各少数民族的合法的权利和利益，维护和发展各民族的平等、团结、互助关系。国家根据各少数民族的特点和需要，帮助各少数民族地区加速经济和文化的发展，促进全国各民族的共同繁荣。各少数民族聚居的地方实行区域自治，设立自治机关，行使自治权。各民族自治地方都是中华人民共和国不可分离的部分。

国史是中华人民共和国的建设和发展史。它包括中华人民共和国成立以来的中共党史，但更主要地表现为以国家、人民、中华民族和社会为历史活动主体的历史；它包括中华人民共和国成立以来的马克思主义中国化、中国共产党的领导和治国理政，但更从根本上表现为中国特色社会主义道路的探索、开辟与拓展，中国特色社会主义理论体系的探索、形成与发展,中国特色社会主义制度的确立、发展与完善;它包括中华人民共和国成立以来的中国共产党的自身建设,但更具体地表现在国家经济建设、政治建设、文化建设、社会建设和生态文明建设,以及国防和军队建设、外交工作和"一国两制"的实施等。

国史研究根据包括中共党史在内的全部国史,总结历史经验,既探究中国共产党执政规律,又主要地揭示社会主义建设规律。

从研究对象上说,与中共党史研究相比较,国史研究的研究对象是中华人民共和国成立以来国家建设和发展的历史进程及其规律,包括中华人民共和国的成立及其划时代意义,中国社会主义革命、建设和改革的历史进程及其规律,当代中国的国情、社会矛盾及其发展阶段,国家的国体、政体与结构形式,国家的经济建设、政治建设、文化建设、社会建设和生态文明建设的历史进程及其规律,国家的主权与治理,国家建设和发展的指导思想、道路、制度、战略、步骤与措施,改革开放前和改革开放后两个历史时期的关系等。国史研究的研究对象具有综合性、整体性和复杂性,既宏观又具体。

从学科属性上说,与中共党史研究相比较,国史研究更多地属于历史学;从历史分期来看,国史研究是中国历史研究中的当代历史研究。国史研究的学科基础是历史学的理论与方法。国史研究主要从社会基本矛盾和主要矛盾,从国家的成立、建设与发展,从经济、政治、文化、社会、国防与外交等领域,从人与自然、国家与社会、政府与市场、制度与法律的关系,从国家的工业化、信息化、城镇化、市场化和经济全球化等,来研究中华人民共和国成立以来的历史。

(二)关于研究内容与重点

鉴于研究对象和学科属性上的区别,国史研究与中共党史研究在研究内容上有重复与交叉,但又有区别与侧重。

1. 关于中国特色社会主义道路、理论体系与制度的研究

中共十八大指出,中国特色社会主义,既坚持了科学社会主义基本原则,又根据时代条件赋予其鲜明的中国特色,以全新的视野深化了对共产党执政规律、社会主义建设规律、人类社会发展规律的认识,从理论和实践结合上系统回答了在中国这样人口多底子薄的东方大国建设什么样的社会主义、怎样建设社会主义这个根本问题,使我们国家快速发展起来,使我国人民生活水平快速提高起来。实践充分证明,中国特色社会主义是当代中国发展进步的根本方向,只有中国特色社会主义才能发展中国。中国特色社会主义道路,中国特色社会主义理论体系,中国特色社会主义制度,是党和人民长期奋斗、创造、积累的根本成就,必须倍

加珍惜、始终坚持、不断发展。中国特色社会主义道路是实现途径,中国特色社会主义理论体系是行动指南,中国特色社会主义制度是根本保障,三者统一于中国特色社会主义伟大实践,这是党领导人民在建设社会主义长期实践中形成的最鲜明特色。

国史研究和中共党史研究共同研究中国特色社会主义的探索、开创和发展,深刻揭示中国特色社会主义的实践特色、理论特色、民族特色、时代特色,深刻揭示中国社会主义建设规律、共产党执政规律。

在这个意义上说,国史研究更多地研究和揭示中国特色社会主义道路、中国特色社会主义制度。围绕中国特色社会主义道路,深刻揭示社会生产力的解放和发展,富强民主文明和谐的社会主义现代化国家的建设和发展,以及社会主义市场经济、社会主义民主政治、社会主义先进文化、社会主义和谐社会、社会主义生态文明的建设。围绕中国特色社会主义制度,深刻揭示人民代表大会制度的根本政治制度,中国共产党领导的多党合作和政治协商制度、民族区域自治制度以及基层群众自治制度等基本政治制度,中国特色社会主义法律体系,公有制为主体、多种所有制经济共同发展的基本经济制度,以及建立在这些制度基础上的经济体制、政治体制、文化体制、社会体制等各项具体制度。围绕社会主义初级阶段这个建设中国特色社会主义的总依据,深刻揭示建设中国特色社会主义"五位一体"的总布局、实现社会主义现代化和中华民族伟大复兴的总任务。

中共党史研究则更多地围绕研究和揭示马克思主义中国化,深刻揭示毛泽东思想和中国特色社会主义理论体系的形成与发展,深刻揭示科学社会主义的理论逻辑与中国社会发展的历史逻辑的有机统一。

2. 关于改革开放历史经验的研究

中共十七大指出,在改革开放的历史进程中,中国共产党把坚持马克思主义基本原理同推进马克思主义中国化结合起来,把坚持四项基本原则同坚持改革开放结合起来,把尊重人民首创精神同加强和改善党的领导结合起来,把坚持社会主义基本制度同发展市场经济结合起来,把推动经济基础变革同推动上层建筑改革结合起来,把发展社会生产力同提高全民族文明素质结合起来,把提高效率同促进社会公平结合起来,把坚持独立自主同参与经济全球化结合起来,把促进改革发展同保持社会稳定结合起来,把推进中国特色社会主义伟大事业同推进党的建设新的伟大工程结合起来,取得了中国这样一个十几亿人口的发展中大国摆脱贫困、加快实现现代化、巩固和发展社会主义的宝贵经验。胡锦涛在纪念中共十一届三中全会召开 30 周年大会上发表讲话,对这些历史经验进行了深入论述,形成认识和研究改革开放历史经验的基本方向，对于国史研究和中共党史研究具有重要指导意义。

对于改革开放历史经验，国史研究主要根据改革开放的历史进程，深刻揭示把坚持社会主义基本制度同发展市场经济结合起来，把推动经济基础变革同推动上层建筑改革结合起来，把发展社会生产力同提高全民族文明素质结合起来，把提高效率同促进社会公平结合起来，把坚持独立自主同参与经济全球化结合起来，把促进改革发展同保持社会稳定结合起来，同时注重改革开放和中国特色社会主义阶段性发展研究，如对中国特色社会主义新时代的研究等。而中共党史研究则主要根据中国社会主义初级阶段的基本路线，深刻揭示把坚持马克思主义基本原理同推进马克思主义中国化结合起来，把坚持四项基本原则同坚持改革开放结合起来，把尊重人民首创精神同加强和改善党的领导结合起来，把推进中国特色社会主义伟大事业同推进党的建设新的伟大工程结合起来；深刻揭示党对改革开放和中国特色社会主义现代化建设事业的领导和执政，关于改革开放的思想理论建设和发展，关于党的建设新的伟大工程的推进。

3. 关于国民经济和社会发展的研究

人类社会的历史是人类活动的历史，主要是生产、生活发展的历史。对于国家来说，国民经济和社会发展是国家建设的重要基础和国家历史发展的重要内容。中华人民共和国成立以来，中国共产党在领导全国各族人民进行革命、建设和改革的历史进程中，在各个历史时期或阶段，通过编制国民经济和社会发展五年计划或规划，以及提出远景规划或确立中长期目标，用以指导国家建设和发展。国民经济和社会发展五年计划或规划的编制和实施，是国史发展的一条历史轨迹，也成为国史研究的一条重要线索。

对于国民经济和社会发展五年计划或规划，中共党史研究把编制工作的指导思想与原则作为主要内容，国史研究则把计划或规划的总体方案、具体内容和实施过程，包括年度执行情况作为基本内容。

中华人民共和国成立以来，已先后编制和实施了13个国民经济和社会发展五年计划或规划。这些计划或规划的编制和实施，比较具体地反映了国史发展的基本面貌。

1949年10月至1952年底，国民经济恢复时期。这是国史的第一个阶段。

1953年至1957年，实施发展国民经济的第一个五年计划。第一个五年计划由第一届全国人民代表大会第二次会议于1955年7月30日通过，基本任务是根据向社会主义过渡时期的总任务，集中主要力量进行以苏联帮助中国设计的156

个建设单位为中心的、由限额以上694个建设单位组成的工业建设，建立中国社会主义工业化的初步基础；发展部分集体所有制的农业生产合作社，并发展手工业生产合作社，建立对于农业和手工业的社会主义改造的初步基础；基本上把资本主义工商业分别地纳入各种形式的国家资本主义轨道，建立对于私营工商业的社会主义改造的基础。第一个五年计划于1956年提前完成。经过第一个五年计划，国民经济发生极为深刻的变化，主要是社会生产力迅速提高，现代工业在国民经济中的比重迅速增长；适应生产力的提高，旧的生产关系迅速改变，社会主义性质的经济成分成为决定的力量。第一个五年计划时期是通过对农业、手工业和资本主义工商业进行社会主义改造，实现向社会主义过渡的时期。

1958年至1962年，实施发展国民经济的第二个五年计划。其基本任务是继续进行以重工业为中心的工业建设，推进国民经济的技术改造，建立中国社会主义工业化的巩固基础；继续完成社会主义改造，巩固和扩大集体所有制和全民所有制；在发展基本建设和继续完成社会主义改造的基础上，进一步地发展工业、农业和手工业的生产，相应地发展运输业和商业；努力培养建设人才，加强科学研究工作，以适应社会主义经济文化发展的需要；在工农业生产发展的基础上，增强国防力量，提高人民的物质生活和文化生活的水平。中国历史进入开始全面建设社会主义时期。

1966年至1970年，实施发展国民经济的第三个五年计划。起初，基本任务是大力发展农业，基本上解决人民的吃穿用问题；适当加强国防建设，努力突破尖端技术；与支援农业和加强国防相适应，加强基础工业，使国民经济建设进一步建立在自力更生的基础上；相应地发展运输业、商业、文化教育和科研事业，使国民经济有重点、按比例地向前发展。后来，根据复杂的国际形势，毛泽东提出"备战、备荒、为人民"的指示，五年计划的基本任务调整为必须立足于战争，从准备大打、早打出发，积极备战，把国防建设放在第一位，加快三线建设，逐步改变工业布局；发展农业生产，相应地发展轻工业，逐步改善人民生活；充分发挥一、二线的生产能力；积极地、有目标有重点地发展新技术，努力赶上和超过世界先进技术水平。

1971年至1975年，实施发展国民经济的第四个五年计划。其主要任务是狠抓战备，集中力量建设大三线强大的战略后方，改善布局；大力发展农业，加速农业机械化的进程；狠抓钢铁、军工、基础工业和交通运输的建设；建立经济协作区和各具特点、不同水平的经济体系，做到各自为战，大力协同；大力发展新技术，赶超世界先进水平；初步建成中国独立的、比较完善的工业体系和国民经济体系，促进国民经济新飞跃。

实施发展国民经济的第三个五年计划和第四个五年计划是在"文化大革命"时期。

1976年至1980年，根据《一九七六——一九八五年发展国民经济十年规划纲要（草案）》，实施发展国民经济的第五个五年计划。当时中国的历史发展处于复杂变动状态，正在拨乱反正，开启改革开放。

1981年至1985年，实施国民经济和社会发展第六个五年计划。1982年12月10日，第五届全国人民代表大会第五次会议通过国民经济和社会发展第六个五年计划，提出从1981年到20世纪末的20年间，我国经济建设的战略目标，是在不断提高经济效益的前提下，力争使全国工农业的年总产值翻两番，在国民收入总额和主要产品产量方面进入世界的前列，国民经济在现代化过程中取得重大进展，人民的物质文化生活达到小康水平。第六个五年计划的基本任务，是继续贯彻执行调整、改革、整顿、提高的方针，进一步解决过去遗留下来的阻碍经济发展的各种问题，取得实现财政经济状况根本好转的决定性胜利，并且为第七个五年计划期间的国民经济和社会发展奠定更好的基础，创造更好的条件。

1986年至1990年，实施国民经济和社会发展的第七个五年计划。这一时期，是全面改革经济体制的关键时期，也是在物质技术和人才方面为20世纪90年代经济的更好发展准备条件的重要时期。第七个五年计划的主要任务是：进一步为经济体制改革创造良好的经济环境和社会环境，努力保持社会总需求和总供给的基本平衡，使改革更加顺利地展开，力争在五年或更长一些的时间内，基本上奠定有中国特色的新型社会主义经济体制的基础。保持经济的持续稳定增长，在控制固定资产投资总额的前提下大力加强重点建设、技术改造和智力开发，在物质技术和人才方面为20世纪90年代经济和社会的继续发展准备必要的后续能力。在发展生产和提高经济效益的基础上，继续改善城乡人民生活。

1991年至1995年，实施国民经济和社会发展十年规划和第八个五年计划。国民经济和社会发展十年规划和第八个五年计划纲要由第七届全国人民代表大会第四次会议于1991年4月9日批准。1991年至2000年的十年规划，总的要求是实现我国社会主义现代化建设的第二步战略目标，把国民经济的整体素质提高到一个新的水平。在大力提高经济效益和优化经济结构的基础上，使民生产总值按不变价格计算，到20世纪末比1980年翻两番。人民生活从温饱达到小康，生活资料更加丰裕，消费结构趋于合理，居住条件明显改善，文化生活进一步丰富，健康水平继续提高，社会服务设施不断完善。发展教育事业，推动科技进步，改善经济管理、调整经济结构、加强重点建设,为21世纪初叶我国经济和社会的持续发展奠定物质技术基础。初步建立适应以公有制为基础的社会主义有计划商品经济发展的、计划经济和市场调节相结合的经济体制和运行机制。社会主义精神文明建设达到新的水平,社会主义民主和法制进一步健全。

第八个五年计划时期的基本任务是努力保持社会总需求与社会总供给的基本平衡,在控制通货膨胀的前提下,以提高经济效益为中心,促进经济的适度增长。突出抓好经济结构调整,使产品的品种、质量、数量同国内外市场需求的变化相适应;使农业与工业、基础工业和基础设施与加工工业比例失调的状况有所扭转;使企业组织结构不合理的现象逐步得到改善;使地区经济结构趋同化的倾向得到抑制。立足现有基础,充分挖掘潜力,积极地、有重点地推进现有企业技术改造。要选择一批大中型骨干企业和一批重点产品,作为技术改造的主体和突破口,努力使这些企业和产品接近或达到国际先进水平。与此同时,要集中必要的财力、物力,加强重点建设,增强国民经济发展的后续力量。在努力发展生产、全面厉行节约、大力提高经济效益的基础上,采取适当的办法和步骤,合理调整收入分配格局,增加国家财政收入特别是中央财政收入,并严格控制财政支出,减少财政补贴,逐步改善财政收支不平衡状况。同时,保持合理的信贷规模和结构,严格控制货币发行。进一步推动科技、教育事业发展,并使之更好地为调整结构、提高经济素质和效益服务。更有效地开展对外贸易,积极引进国外资金、技术和智力,巩固和发展对外开放的格局,把扩大对外开放同提高生产技术和经营管理水平更好地结合起来。以增强国营大中型企业活力、健全企业合理的经营机制为中心,协调配套地进行计划、投资、财政、税收、金融、价格、物资、商业、外贸和劳动工资等方面的体制改革,加快社会保障制度和住房制度的改革,促进社会主义有计划商品经济新体制的形成。同时,进一步完善政府行政管理体制。努力加强社会主义精神文明建设,促进社会的全面发展和进步。严格控制人口增长,妥善安排劳动就业。在生产发展的基础上,使人民生活进一步得到改善。继续发展文化、卫生、体育等事业。加强环境保护工作,防止环境污染和生态环境的恶化。加强国防建设,提高防御能力。

1996年至2000年,实施国民经济和社会发展"九五"计划和2010年远景目标。纲要由第八届全国人民代表大会第四次会议于1996年3月17日批准。1996年至2010年,是我国改革开放和社会主义现代化建设事业承前启后、继往开来的重要时期。这一时期,我国建立起了比较完善的社会主义市场经济体制,全面实现第二步战略目标,并向第三步战略目标迈出重大步伐,为21世纪中叶基本实现现代化奠定坚实基础。"九五"国民经济和社会发展的主要奋斗目标是：全面完成现代化建设的第二步战略部署，到2000年，人口控制在13亿以内，实现人均国民生产总值比1980年翻两番；基本消除贫困现象，人民生活达到小康水平；加快现代企业制度建设，初步建立社会主义市场经济体制，为21世纪初开始实施第三步战略部署奠定更好的物质技术基础和经济体制基础。经济总量持续增长，人民生活水平不断提高。初步建立社会主义市场经济体制，市场在国家宏观调控下对资源配置起基础性作用。以公有制为主体，多种经济成分共同发展的格局得到巩固；以按劳分配为主体，多种分配方式并存的分配制度进一步完善；大多数国有大中型骨干企业初步建立现代企业制度；统一开放、竞争有序的市场体系初步形成；适应社会主义市场经济体制的宏观调控体系和法律体系基本确立。产业结构进一步改善，有效供给能力增强。科技教育得到加强，社会事业全面进步。2010年国民经济和社会发展的主要奋斗目标是：实现国民生产总值比2000年翻一番，人口控制在14亿以内，人民的小康生活更加宽裕，形成比较完善的社会主义市场经济体制。

2001年至2005年，实施国民经济和社会发展第十个五年计划。"十五"计划纲要由第九届全国人民代表大会第四次会议于2001年3月15日批准。《纲要》指出，今后五到十年，是我国经济和社会发展的重要时期，是进行经济结构战略性调整的重要时期，也是完善社会主义市场经济体制和扩大对外开放的重要时期。"十五"期间要坚持把发展作为主题，发展是硬道理，是解决我国所有问题的关键。要认清世界经济发展趋势，增强紧迫感和忧患意识，坚持以经济建设为中心不动摇。继续实行扩大内需的方针，在坚持速度与效益相统一的基础上，抓住机遇，加快发展。坚持把结构调整作为主线，把改革开放和科技进步作为动力，把提高人民生活水平作为根本出发点，经济和社会协调发展。"十五"期间国民经济和社会发展的主要目标是：国民经济保持较快发展速度，经济结构战略性调整取得明显成效，经济增长质量和效益显著提高，为到2010年国内生产总值比2000年翻一番奠定坚实基础。国有企业建立现代企业制度取得重大进展，社会保障制度比较健全，完善社会主义市场经济体制迈出实质性步伐，在更大范围内和更深程度上参与国际经济合作与竞争。就业渠道拓宽，城乡居民收入持续增加，物质文化生活有较大改善，生态建设和环境保护得到加强。科技、教育加快发展，国民素质进一步提高，精神文明建设和民主法制建设取得明显进展。

2006年至2010年，实施国民经济和社会发展第十一个五年规划。纲要由第十届全国人民代表大会第四次会议于2006年3月14日批准。"十一五"时期是全面建设小康社会的关键时期。根据全面建设小康社会的总体要求,"十一五"时期要努力实现以下经济社会发展的主要目标:宏观经济平稳运行。国内生产总值年均增长7.5%,实现人均国内生产总值比2000年翻一番。城镇新增就业和转移农业劳动力各4500万人,城镇登记失业率控制在5%。价格总水平基本稳定。国际收支基本平衡。产业结构优化升级。产业、产品和企业组织结构更趋合理,服务业增加值占国内生产总值比重和就业人员占全社会就业人员比重分别提高3个和4个百分点。自主创新能力增强,研究与试验发展经费支出占国内生产总值比重增加到2%,形成一批拥有自主知识产权和知名品牌、国际竞争力较强的优势企业。资源利用效率显著提高,单位国内生产总值能源消耗降低20%左右,单位工业增加值用水量降低30%,农业灌溉用水有效利用系数提高到0.5,工业固体废物综合利用率提高到60%。城乡区域发展趋向协调。社会主义新农村建设取得明显成效,城镇化率提高到47%。各具特色的区域发展格局初步形成,城乡、区域间公共服务、人均收入和生活水平差距扩大的趋势得到遏制。基本公共服务明显加强。国民平均受教育年限增加到9年。公共卫生和医疗服务体系比较健全。社会保障覆盖面扩大,城镇基本养老保险覆盖人数达到2.23亿人,新型农村合作医疗覆盖率提高到80%以上。贫困人口继续减少。防灾减灾能力增强,社会治安和安全生产状况进一步好转。可持续发展能力增强。全国总人口控制在13.6亿人。耕地保有量保持1.2亿公顷,淡水、能源和重要矿产资源保障水平提高。生态环境恶化趋势基本遏制,主要污染物排放总量减少10%,森林覆盖率达到20%,控制温室气体排放取得成效。市场经济体制比较完善。行政管理、国有企业、财税、金融、科技、教育、文化、卫生等领域的改革和制度建设取得突破,市场监管能力和社会管理水平明显提高。对外开放与国内发展更加协调,开放型经济达到新水平。人民生活水平继续提高。城镇居民人均可支配收入和农村居民人均纯收入分别年均增长5%,城乡居民生活质量普遍提高,居住、交通、教育、文化、卫生和环境等方面的条件有较大改善。民主法制建设和精神文明建设取得新进展。法制建设全面推进,形成中国特色社会主义法律体系。思想道德建设进一步加强,构建和谐社会取得新进步。

2011年至2015年,实施国民经济和社会发展第十二个五年规划。纲要由第十一届全国人民代表大会第四次会议于2011年3月14日批准。"十二五"时期是全面建设小康社会的关键时期,是深化改革开放、加快转变经济发展方式的攻坚时期。"十二五"规划按照与应对国际金融危机冲击重大部署紧密衔接、与到2020年实现全面建设小康社会奋斗目标紧密衔接的要求,综合考虑未来发展趋势和条件，确定今后五年经济社会发展的主要目标是：经济平稳较快发展。国内生产总值年均增长7%，城镇新增就业4500万人，城镇登记失业率控制在5%以内，价格总水平基本稳定，国际收支趋向基本平衡，经济增长质量和效益明显提高。结构调整取得重大进展。居民消费率上升。农业基础进一步巩固，工业结构继续优化，战略性新兴产业发展取得突破，服务业增加值占国内生产总值比重提高4个百分点。城镇化率提高4个百分点，城乡区域发展的协调性进一步增强。科技教育水平明显提升。九年义务教育质量显著提高，九年义务教育巩固率达到93%，高中阶段教育毛入学率提高到87%。研究与试验发展经费支出占国内生产总值比重达到2.2%，每万人口发明专利拥有量提高到3.3件。资源节约环境保护成效显著。耕地保有量保持在18.18亿亩。单位工业增加值用水量降低30%，农业灌溉用水有效利用系数提高到0.53。非化石能源占一次能源消费比重达到11.4%。单位国内生产总值能源消耗降低16%，单位国内生产总值二氧化碳排放降低17%。主要污染物排放总量显著减少，化学需氧量、二氧化硫排放分别减少8%，氨氮、氮氧化物排放分别减少10%。森林覆盖率提高到21.66%，森林蓄积量增加6亿立方米。人民生活持续改善。全国总人口控制在13.9亿人以内。人均预期寿命提高1岁，达到74.5岁。城镇居民人均可支配收入和农村居民人均纯收入分别年均增长7%以上。新型农村社会养老保险实现制度全覆盖，城镇参加基本养老保险人数达到3.57亿人，城乡三项基本医疗保险参保率提高3个百分点。城镇保障性安居工程建设3600万套。贫困人口显著减少。社会建设明显加强。覆盖城乡居民的基本公共服务体系逐步完善。全民族思想道德素质、科学文化素质和健康素质不断提高。社会主义民主法制更加健全，人民权益得到切实保障。文化事业加快发展，文化产业占国民经济比重明显提高。社会管理制度趋于完善，社会更加和谐稳定。改革开放不断深化。财税金融、要素价格、垄断行业等重要领域和关键环节改革取得明显进展，政府职能加快转变，政府公信力和行政效率进一步提高。对外开放广度和深度不断拓展，互利共赢开放格局进一步形成。

2016—2020年实施国民经济和社会发展第十三个五年规划纲要，纲要由第十二届全国人民代表大会第四次会议审查批准。该纲要主要阐明国家战略意图，明确政府工作重点，引导市场主体行为，是2016—2020年中国经济社会发展的宏伟蓝图，是各族人民共同的行动纲领，是政府履行经济调节、市场监管、社会管理和公共服务职责的重要依据。纲要的指导思想是：高举中国特色社会主义伟大旗帜，全面贯彻十八大和十八届三中、四中、五中全会精神，以马克思列宁主义、毛泽东思想、邓小平理论、"三个代表"重要思想、科学发展观为指导，深入贯彻习近平总书记系列重要讲话精神，坚持全面建成小康社会、全面深化改革、全面依法治国、全面从严治党的战略布局，坚持发展是第一要务，以提高发展质量和效益为中心，加快形成引领经济发展新常态的体制机制和发展方式，保持战略定力，坚持稳中求进，统筹推进经济建设、政治建设、文化建设、社会建设、生态文明建设和党的建设，确保如期全面建成小康社会，为实现第二个百年奋斗目标、实现中华民族伟大复兴的中国梦奠定更加坚实的基础。纲要的目标要求是：经济保持中高速增长，在提高发展平衡性、包容性、可持续性的基础上，到2020年国内生产总值和城乡居民人均收入比2010年翻一番，产业迈向中高端水平，消费对经济增长贡献明显很大，户籍人口城镇化率加快提高。农业现代化取得明显进展，人民生活水平和质量普遍提高，我国现行标准下农村贫困人口实现脱贫，贫困县全部摘帽，解决区域性整体贫困。国民素质和社会文明程度显著提高。生态环境质量总体改善。各方面制度更加成熟更加定型，国家治理体系和治理能力现代化取得重大进展。

4. 关于"四个全面"战略布局的研究

十八大以来，以习近平同志为核心的党中央坚持和发展中国特色社会主义，深入推进中国特色社会主义现代化建设事业，深入推进马克思主义中国化，根据世情、国情和党情的深刻变化，面向"两个一百年"奋斗目标，系统提出了全面建成小康社会、全面深化改革、全面依法治国、全面从严治党的"四个全面"战略布局。其中，全面建成小康社会是战略目标，全面深化改革、全面依法治国、全面从严治党是战略举措。"四个全面"战略布局，是马克思主义中国化的最新发展，丰富和发展了中国特色社会主义理论体系。

国史研究和中共党史研究都需要从整体上研究协调推进"四个全面"战略布局的思想理论内涵与实践，但研究的着力点和角度是有所不同的。

关于全面建成小康社会，中共党史研究主要研究党关于小康社会的思想理论、决策和总体目标与任务，以及党是如何领导全国各族人民推进和实现全面建成小康社会的，党又是如何在这一历史进程中以改革创新精神全面推进党的建设新的伟大工程、全面提高党的建设科学化水平的。国史研究则重点研究全面建成小康社会中是如何加快完善社会主义市场经济体制和加快转变经济发展方式的，是如何坚持走中国特色社会主义政治发展道路和推进政治体制改革的，是如何扎实推进社会主义文化强国建设的，是如何在改善民生和创新管理中加强社会建设的，是如何大力推进生态文明建设的，是如何加快推进国防和军队现代化的，是如何丰富"一国两制"实践和推进祖国统一的，又是如何继续促进人类和平与发展的崇高事业的。

　　关于全面深化改革，中共党史研究主要研究全面深化改革的重大意义和指导思想。改革开放是党在新的时代条件下带领全国各族人民进行的新的伟大革命，是当代中国最鲜明的特色。全面深化改革，必须高举中国特色社会主义伟大旗帜，以马克思列宁主义、毛泽东思想、邓小平理论、"三个代表"重要思想、科学发展观、习近平新时代中国特色社会主义思想为指导，坚定信心，凝聚共识，统筹谋划，协同推进，坚持社会主义市场经济改革方向，以促进社会公平正义、增进人民福祉为出发点和落脚点，进一步解放思想、解放和发展社会生产力、解放和增强社会活力，坚决破除各方面体制机制弊端，努力开拓中国特色社会主义事业更加广阔的前景。全面深化改革的总目标是完善和发展中国特色社会主义制度，推进国家治理体系和治理能力现代化。中共党史研究还要重点研究加强和改善党对全面深化改革的领导。在全面深化改革中，是如何围绕提高科学执政、民主执政、依法执政水平深化党的建设制度改革，加强民主集中制建设，完善党的领导体制和执政方式，保持党的先进性和纯洁性，为改革开放和社会主义现代化建设提供坚强政治保证的。全面深化改革必须加强和改善党的领导，充分发挥党总揽全局、协调各方的领导核心作用，建设学习型、服务型、创新型的马克思主义执政党，提高党的领导水平和执政能力，确保改革取得成功。国史研究则主要研究在全面深化改革中，是如何围绕使市场在资源配置中起决定性作用深化经济体制改革，坚持和完善基本经济制度，加快完善现代市场体系、宏观调控体系、开放型经济体系，加快转变经济发展方式，加快建设创新型国家，推动经济更有效率、更加公平、更可持续发展的；是如何围绕坚持党的领导、人民当家作主、依法治国有机统一深化政治体制改革，加快推进社会主义民主政治制度化、规范化、程序化，建设社会主义法治国家，发展更加广泛、更加充分、更加健全的人民民主的；是如何围绕建设社会主义核心价值体系、社会主义文化强国深化文化体制改革，加快完善文化管理体制和文化生产经营机制，建立健全现代公共文化服务体系、现代文化市场体系，推动社会主义文化大发展大繁荣的；是如何围绕更好保障和改善民生、促进社会公平正义深化社会体制改革，改革收入分配制度，促进共同富裕，推进社会领域制度创新，推进基本公共服务均等化，加快形成科学有效的社会治理体制，确保社会既充满活力又和谐有序的；是如何围绕建设美丽中国深化生态文明体制改革，加快建立生态文明制度，健全国土空间开发、资源节约利用、生态环境保护的体制机制，推动形成人与自然和谐发展现代化建设新格局的。

　　关于全面依法治国，中共党史研究主要研究党的法律、法治思想，全面推进依法治国的总目标及其实现这个总目标必须坚持的原则，以及在理论上如何认识坚持党的领导与社会主义法治的关系，在实践上又是如何加强和改进党对全面推进依法治国的领导的。总目标是建设中国特色社会主义法治体系，建设社会主义法治国家。这就是，在中国共产党领导下，坚持中国特色社会主义制度，贯彻中国特色社会主义法治理论，形成完备的法律规范体系、高效的法治实施体系、严密的法治监督体系、有力的法治保障体系，形成完善的党内法规体系，坚持依法治国、依法执政、依法行政共同推进，坚持法治国家、法治政府、法治社会一体建设，实现科学立法、严格执法、公正司法、全民守法，促进国家治理体系和治理能力现代化。必须坚持中国共产党的领导、坚持人民主体地位、坚持法律面前人人平等、坚持依法治国和以德治国相结合、坚持从中国实际出发。其中，党的领导是中国特色社会主义最本质的特征，是社会主义法治最根本的保证。党的领导和社会主义法治是一致的，社会主义法治必须坚持党的领导，党的领导必须依靠社会主义法治。国史研究则主要研究在全面推进依法治国的历史进程中，是如何完善以宪法为核心的中国特色社会主义法律体系，加强宪法实施的；是如何深入推进依法行政，加快建设法治政府的；是如何保证公正司法，提高司法公信力的；是如何增强全民法治观念，推进法治社会建设的；是如何加强法治工作队伍建设的。

关于全面从严治党，这是中共党史研究必须全面而深入研究的内容，国史研究则主要从全面从严治党的社会历史条件、社会基础，以及党纪与法律、党员与群众、党风与社会风气之间的关系中研究这一问题。

随着全面建成小康社会目标的即将实现，2020年10月，中共十九届五中全会提出了"四个全面"新表述，其中第一个全面由"全面建成小康社会"变为"全面建设社会主义现代化国家"。有关"全面建设社会主义现代化国家"，十九届五中全会提出了到2035年我国基本实现社会主义现代化远景目标，包括我国经济实力、科技实力、综合国力将大幅跃升，经济总量和城乡居民人均收入将再迈上新的大台阶，关键核心技术实现重大突破进入创新型国家前列等各个方面，这是比"全面建成小康社会"更高的目标要求。

新的"四个全面"，不仅是表述上的调整，也是内容上的更新。作为目标的第一个"全面"变化了，其他几个方面也要与之相协调。就全面深化改革而言，要着眼于解决党和国家面临的深层次矛盾和体制机制弊端。新时代谋划全面深化改革，必须以坚持和完善中国特色社会主义制度、推进国家治理体系和治理能力现代化为主轴。就全面依法治国而言，着眼促进国家和社会发展的法治化、制度化、规范化，是实现党和国家长治久安的重要保障。新征程上要使得社会主义民主法治更加健全，社会公平正义进一步彰显。就全面从严治党而言，要着眼于锻造中国特色社会主义事业坚强领导核心，为全面建设社会主义现代化强国、全面深化改革、全面依法治国提供根本保证。新征程上，要坚持党的全面领导，增强"四个意识"、坚定"四个自信"、做到"两个维护"，更加突出以自我革命的精神加强党的建设，更加突出把政治建设摆在首位。

思考题：

1. 第二个《历史决议》是如何评价毛泽东的历史地位的？
2. 如何看待国史人物在国史中的作用？
3. 习近平是如何论述改革开放前后两个历史时期关系的？

第三章　国史研究中若干思潮辨析

历史观不同，即使是对同一个历史现象，也会得出不同甚至相反的结论，有的进而发展成为一种学术思潮或者社会思潮，对人们认识历史和处理历史问题，产生严重影响。历史虚无主义就是对正确解读历史起干扰、破坏作用的一种社会思潮。它非发思古之幽情，而是借"史"论今、"参与"现实的。因此，历史与现实越密切、与当代越接近，历史虚无主义就越活跃、越有市场。其中，历史研究"碎片化"、在改革开放前后两个历史时期关系问题上的"否定说"，也对历史虚无主义产生了一定助长之势，并引发关于历史研究为什么和向何处去等问题的讨论。繁荣发展国史研究，为国家写史、为人民立传，存史资政育人护国，必须拒绝历史虚无主义。

第一节　历史虚无主义在国史研究中的表现与实质

欲知大道，必先为史。为史即为治史，要旨在于根据历史的真实性与完整性、内在联系与发展趋势，揭示历史的主题与主线、主流与本质，探寻历史规律。然而，在唯物史观产生以来，与之相比较甚或对立的各种形形色色的历史理论，影响、妨碍和误导着人们对历史的认识。其中，以唯心史观为哲学基础的历史虚无主义，对历史进行所谓的"反思""重评"而消解和重构，与唯物史观争夺在历史问题认识上的主导权和话语权，为其推崇的政治意识形态提供所谓的历史根据。国史，以马克思主义中国化为思想基础、以中国社会主义建设实践为基本内涵，不免成为历史虚无主义主要的侵蚀对象和混淆历史是非的舆论集散场。而且，由于利益所在、立场左右，历史虚无主义对这一历史是有所虚、有所不"虚"的。

一、"转换"历史主题

改革开放以来，历史虚无主义以"告别革命"为旨趣，渲染中国近代以来的历史"救亡压倒启蒙，农民革命压倒了现代化"，并以其所谓的"现代化"而遮蔽革命、否定革命。尽管其辩解这并"不否定以往革命的历史合理性，只是不赞成把暴力革命视为历史必由之路"，但是，在半殖民地半封建社会历史条件下，作为中国革命主要对象的帝国主义、封建主义和官僚资本主义，是不会自动退出历史舞台的。中国革命的历史特点与优势就在于"以武装的革命反对武装的反革命",农村包围城市、武装夺取政权这一中国革命的正确道路也是中国共产党在艰难困苦和曲折探索中确立的,是历史发展的必然。不如此,中国新民主主义革命就不可能成功,新中国不可能成立,中国人民也不可能由此站立起来。

新中国成立后,中国共产党领导中国人民继续完成土改等新民主主义革命的遗留任务,恢复发展国民经济,并在此基础上通过对农业、手工业和资本主义工商业的社会主义改造,实现了由新民主主义向社会主义社会的过渡,奠定了当代中国一切发展进步的根本制度基础。然而,历史虚无主义则做着"瓦解"地主阶级的文章,主张近现代中国社会并非存在大批"大地主",而是小农经济周期性地分解着"大地主",持续不断地在小农中间制造着"小地主",而且这些"小地主"与小农划不清界限,与多数农民之间并无多少本质上的差别,与极少数军阀官僚大地主,也未必有着一致的阶级利益。不仅如此,一些人还为地主大搞"翻案"文章,诸如把黄世仁、刘文彩、周扒皮等地主人物形象打扮成所谓慈善的"好人",而把土改描写成"血雨腥风",用以否定反封建的必要性和合理性。而且,在向社会主义社会过渡问题上,历史虚无主义鼓吹"搞糟了",是"早产儿",等等,特别是歪曲改革开放是在"回归新民主主义",说什么早知如此,何必当初,以此否定社会主义改造的必然性及其以来的历史,否定改革开放的社会主义性质与方向,也割裂了改革开放前后两个历史时期的辩证统一关系。这样一来,由中国社会主义革命、建设和改革所形成的国史,就被整体性地否定了,而成为不该发生和不应这样发生的历史。

历史虚无主义这样对待新中国的历史,就是要从根源上否定这一历史所蕴涵和承载的方向与道路、制度与价值,去其历史依据,诋毁其历史意义,进而为当代中国"另找出路",实现其使当代中国"改旗易帜"的图谋。历史虚无主义在历史问题上大做文章,并用其所宣扬的历史观来误导和扭曲人们的世界观和价值观。它从来就不仅仅是一种学术思潮,更是一种危害极大的社会政治思潮。认识和研究国史,需要认清历史虚无主义的实质,警惕历史虚无主义的侵蚀。

二、伪造所谓"新史料"

毛泽东对中国革命和建设作出的最重要的理论贡献是确立和发展毛泽东思想,毛泽东的科学著作是毛泽东思想的集中概括。这是中国共产党正确评价毛泽东的历史地位、坚持和发展毛泽东思想的重要来源与基本依据。

然而,在新中国成立60周年之际,网上流传的一篇题为《〈毛泽东选集〉背后藏着的真相》的文章，煞有介事地说中央文献研究室、中央党史研究室、中央党校曾先后联合向中共中央书记处提出所谓《关于毛泽东著作整理出版工作中存在的问题》《关于胡乔木和其他人士对毛泽东著作的意见的处理》和《关于〈毛泽东选集〉中著作原稿的审核、考证意见》等报告，向社会散布"《毛泽东选集》一至四卷的一百六十余篇文章中，由毛泽东执笔起草的只有十二篇，经毛泽东修改的共十三篇，其余诸篇全是由中共中央其他领导成员，或中共中央办公厅以及毛泽东的秘书等起草的"，以及"1992年初，胡乔木在重病期间，曾对来探望的杨尚昆、乔石、温家宝提出：关于毛泽东著作，党内一直有分歧，应当作出全面审核，哪些是毛泽东亲自著作的，哪些是以毛泽东名义发表的，哪些是中央其他同志著作的，哪些是在编辑过程中被牵强地肯定下来的"，并编造中共中央书记处的两次"三点批示"，等等，以此恶意中伤作为毛泽东思想经典著作的《毛泽东选集》。对此，上述三个机构联合以"答记者问"的形式予以澄清，指出"这篇文章，全篇都是无中生有、凭空捏造的"。中央档案馆研究馆员齐得平以参与《毛泽东选集》编辑出版工作的亲历者、见证者的身份，记述了他所了解的毛泽东手稿管理工作和为编辑《毛泽东选集》第四卷提供文稿档案的真实情况，以大量确凿的材料证明所谓《〈毛泽东选集〉背后藏着的真相》是"捏造的谣言"。

史料特别是文献史料，有其形成的历史场景、存续的历史条件、记述的历史内涵和表达的历史价值。尊重史料，就是尊重历史，也才有可能接近历史真实。否则，在对待和运用史料中，不从史料出发，甚或篡改史料，必致偏离、背离和"虚无"历史真实。《〈毛泽东选集〉背后藏着的真相》一文伪造所谓"新史料"，捏造毛泽东的著作大都由秘书或他人代笔的谎言，并把对《毛泽东选集》著述性质的认识，引向毛泽东构成"知识产权"侵权的判断上去。该文作者的手法很"高明"，用意十分明显，就是要以不易让人怀疑的活灵活现的"逼真"材料，颠覆人人皆知的历史常识，直接诋毁毛泽东的形象和品格，进而贬损毛泽东的历史地位和毛泽东思想，抹黑党和国家的历史。

毛泽东在中国革命和建设中的历史功绩是第一位、错误是第二位的。否定了毛泽东，就否定了党和国家的一段历史，而且是一段开辟中华民族伟大复兴新纪元，并为改革开放提供了物质基础、理论准备、制度基础和经验教训的历史；否定毛泽东思想的科学体系，就否定了中国特色社会主义理论体系形成与发展的历史根基和来源，同样是对新中国的历史带有根本性和颠覆性的否定。历史发展表明，中国共产党正确评价毛泽东的历史地位，坚持和发展毛泽东思想，为国家指明了建设和发展的正确方向，找到了中国特色社会主义改革开放和现代化建设的正确道路，在马克思主义中国化发展史上具有重要里程碑意义，其历史地位不容否定和抹杀。

三、偷换历史范畴

历史范畴是具体的、历史的，内涵与形式相统一的，具有稳定性、可知性和能动性。它反映历史的主题、事物的性质和矛盾的发展方向与趋势。科学的历史范畴，指导正确的社会实践和人们对历史与社会的认识。

历史虚无主义不仅把虚幻的"范畴"内容强加给历史，用错误的"范畴"含义影响人们的思想认识，而且把原本确定了的"范畴"，通过植入符合其利益要求并为其所用的内涵而加以偷换，并作为其在历史问题上与唯物史观相对抗的所谓"理论工具"。

究竟什么是"历史虚无主义"，《炎黄春秋》2014年第5期发表了三篇文章，围绕历史虚无主义的演化、马克思历史观的遗产，以及历史虚无主义的实与虚等问题，将历史虚无主义指向马克思主义，认为马克思把历史终结在一个设想的未来阶段——共产主义阶段，否定了资本主义的历史而陷入历史虚无主义；指出教条主义的历史虚无主义是迄今为止最大的历史虚无主义，"它把一个不存在的、仅仅是想象中的共产主义作为评判事物的唯一标准"，不仅否定了漫长的人类历史，也否定了"现实世界中的文明榜样"，并把当前清算历史虚无主义的矛头从对某些领袖人物功过和某些历史时期成就的"否定性"评价引开去。这是历史虚无主义的一种新动向，即以历史上把马克思主义教条化、庸俗化所造成的后果，如"文化大革命"等，来否定马克思主义的科学理论体系，甚至说"即使有人反对马克思主义，也不等于就是否定历史的历史虚无主义"。这样，马克思主义被冠以历史虚无主义，反对历史虚无主义的"矛"反而成了历史虚无主义的"盾"，进而从基础与根源上消解唯物史观对历史认识和研究的科学指导地位。

解放思想、实事求是，是马克思主义的思想路线，指导并推动了马克思主义中国化、时代化、大众化实践。经历"文革"之后，十一届三中全会重新恢复了这一思想路线，并开启改革开放历史新时期。十一届六中全会通过《关于建国以来党的若干历史问题的决议》（史称第二个《历史决议》），标志党在指导思想上完成拨乱反正的任务。邓小平在主持起草这一历史决议时，确立并贯彻以正确评价毛泽东的历史地位、坚持和发展毛泽东思想为核心内容的指导思想，对于整个起草工作发挥了正确的政治方向和理论导向的作用。然而，也正是主要由于这一历史事实，一篇谈第二个《历史决议》的文章认为，这"不是三中全会精神的产物，而是与三中全会精神相悖谬的，阻滞人们解放思想，不是拨乱反正，而是拨正反乱"。对这一历史决议的认识和评价之所以如此尖锐对立，关键在于对什么是解放思想、怎样解放思想的认识存在本质区别。从上述文章内容看，作者实际上把"解放思想"定位为"大民主""自由化"，因而把邓小平在正确评价毛泽东的历史地位、坚持和发展毛泽东思想上的立场坚定、旗帜鲜明归结为"个人专断"。它不仅抹杀了这一历史决议起草工作的指导思想是在广泛而充分的民主讨论基础上确立并实施的历史事实，而且反对这一指导思想所代表的正确方向及其科学内涵。正确评价毛泽东的历史地位、坚持和发展毛泽东思想，当然不是上述文章作者所需要的，其所需要的实质就是"非毛化"，如此，才是其所谓的"解放思想"。

邓小平为第二个《历史决议》起草工作确立的指导思想，是符合毛泽东的历史地位和毛泽东思想科学体系的，是十一届三中全会以来党在总结历史经验上对马克思主义思想路线的基本遵循，也是邓小平反对"两个凡是"错误方针、倡导必须世世代代地用准确的完整的毛泽东思想作指导等思想发展的必然。

历史虚无主义在国史研究中从史料到史观、从历史本原到历史理论，为其所用地任意打扮历史，撇开历史条件地渲染历史上发生的失误与错误，碎片化地消解、歪曲历史的主题与本质，颠覆历史常识、常理，混淆、颠倒历史是非，从历史领域与唯物史观争夺舆论导向和话语权，并向社会推行其意识形态和价值观。

"灭人之国，必先去其史。"近代中国被侵略的历史表明，从事国史研究不单单是一种学术活动，而是一项十分重要的意识形态工作。坚持马克思主义对国史研究的指导地位与坚持马克思主义在我国意识形态领域的指导地位，是局部与整体的关系。国史研究，一直面临着历史虚无主义思潮干扰和西方敌对势力"和平演变"渗透的挑战。历史虚无主义在于歪曲和否定历史，诸如有的把我国社会主义建设说得一团漆黑，有的认为新中国在20世纪50年代中期走上社会主义道路是"早产儿""畸形儿"，当务之急是"要补资本主义的课"或"补新民主主义的课"，有的宣扬从"革命范式"转换到"现代化范式"，鼓吹"告别革命"等等。而"和平演变"是西方敌对势力为颠覆社会主义国家，在其武装侵略、干涉和经济封锁难以奏效的情况下采取的一种"分化""西化"社会主义国家的战略图谋，其或与"武"的一手兼用，或单独使用。从实质意义上讲，"和平演变"就是社会主义的敌对势力企图通过所谓"和平"的方式，使社会主义国家易帜，进而将其纳入资本主义轨道，成为资本主义大国的附庸国。西方敌对势力自提出这一战略图谋起，就从未停止过对它的实施。特别是在西方发达国家经济、科技等方面占优势的条件下,人们容易放松乃至丧失对它的警惕性。历史虚无主义与"和平演变"是交相为用、相互裹挟的,如果任历史虚无主义思潮自由泛滥,就会给"和平演变"以可乘之机。从社会主义建设所处的历史条件和国内外环境看,坚持社会主义,就要一方面不断推进社会主义现代化建设和改革开放事业,另一方面旗帜鲜明地开展反"和平演变"斗争。国史研究为社会主义的建设提供科学历史依据,并为防止"和平演变"通过历史虚无主义诋毁新中国的历史来寻找突破口,就必须旗帜鲜明地反对历史虚无主义。正如习近平总书记一针见血所指出的:"历史虚无主义的要害,是从根本上否定马克思主义指导地位和中国走向社会主义的历史必然性,否定中国共产党的领导。要警惕和抵制历史虚无主义的影响,坚决抵制、反对党史问题上存在的错误观点和错误倾向。"[①]我们要以历史唯物主义的国史观和科学国史研究成果教育广大干部和人民群众,尤其是对年轻一代进行国史教育和爱国主义教育,以继承和弘扬以爱国主义为核心的民族精神。

对于历史虚无主义,不仅需要警惕,并坚持与其进行长期的较量和斗争,更需要坚持以唯物史观为指导全面深化和拓展国史研究,立足国史发展中的基本矛盾问题,站在国史研究的前沿,不断加强国史理论和学科体系建设,增强为国家写史、为人民立传的理论与方法论基础,以正确的国史研究成果引导学术和社会思潮,知史爱党爱国,治史护国利民。

第二节 历史研究的"碎片化"

历史,主要是指人类社会的历史,首先是生产发展的历史。历史纷繁复杂,但非杂乱无章,而是在有规律地发展变化着,一切历史现象也都不是孤立的,而是彼此联系、相互制约的。认识和研究历史,就是要根据历史的真实性、完整性,透过现象揭示本质,找出历史发展的内在规律性。随着社会物质技术条件的变化特别是历史科学的发展,人们认识和研究历史的方法、手段与途径越来越丰富,并呈多元多样多变的态势,其中蕴涵着在什么是历史、怎样对待历史这一基本问题上的争鸣甚或对立。在我国包括国史研究在内的史学领域乃至历史问题上的社

[①] 中共中央党史研究室编:《历史是最好的教科书——学习习近平同志关于党的历史的重要论述》,中共党史出版社2014年版,第8页。

会思潮中,"碎片化"现象颇为流行,这种历史虚无主义的手法引发了历史研究为什么和向何处去的讨论。

一、"碎片化"孤立、静止地对待历史

在历史观问题上,"碎片化"将本来内在有机统一的历史理解为某些"细微"历史个案或"尘埃"的分布、组合与拼凑,以至于在所谓认识和研究历史中,可以撇开一定的社会历史条件、割裂一定的历史联系,可以脱离或转移历史的主体,甚至颠倒、抹杀历史中的社会矛盾关系,也可以不通过占有翔实资料,而从个别的、不具代表性和典型性的历史现象中抽象出对相应历史的一般性认识。这样做,不仅不符合历史发展逻辑,难以揭示历史的主题与主线、主流与本质,而且自觉或不自觉地给历史虚无主义"虚无"客观历史、侵蚀历史认知以可乘之机,并有助长之效。

"碎片化"使"活的历史"失去了应有活力,只见历史之细枝末节,而不见历史之树、之森林。所谓历史的"碎片",是从历史的有机体中脱落下来或剥离出来的。一方面,历史的"碎片"孤立地存在,这一"碎片"的历史主体在一定条件下与其所属历史的主体不相一致或统一,发生缩小或变异,有时甚至截然对立;另一方面,历史的"碎片"静止地存在,不再参与其所属历史的发展过程,也不再随所属历史的发展而发生变动。因此,以这样的历史"碎片"作为认识和研究的对象或单元,如果不把其放在一定的历史条件下,也不研究其与所属历史的关系,就只能停留在"碎片"状态,而不能以此由点及面地反映历史的整个过程与全貌,更触及不到历史的深处,阐释历史理论就会缺乏历史依据。

经济社会发展的不平衡性决定了中国革命、建设和改革的历史在不同地区、不同领域发展的具体表现的多样性。不仅如此,在具体的历史环境中,过去与将来、传统与现代、新生与衰败的成分交织在一起,表现在历史事物上的结构关系与发展程度也不尽相同。在这一历史进程中,即使具有代表性、典型性的历史现象、历史事例,如作为农村改革发源地之一的安徽凤阳小岗村,也只能在一定程度上反映改革开放在农村的酝酿与探索情况,反映不了历史主体不同的城市改革史。如若拘泥于一隅或个案,而不在更大范围内研究各地农村、城市乃至全国的改革开放,就不可能总结出改革开放的基本历史经验,更遑论对同一时期滞后的、偏远的乡村社会的认识了。认识和研究历史,应在同一历史主体的基础上,根据所求知的历史问题选择相应的研究对象或素材。在改革开放史的研究上,有种比较流行的做法是,研究的对象越来越基层、民间和个体化,研究的问题也越来越

偏离改革开放历史发展的主线,而趋向边沿化,有的则出于"猎奇"或"标新立异",因而疏于宏大叙事,重心不在于对中国特色社会主义道路、理论体系和制度形成与发展史的系统研究和阐释。这既不利于改革开放历史理论的丰富与发展,也无从、无助于把握改革开放前后两个历史时期的辩证统一关系。

二、"碎片化"混淆历史逻辑

在"碎片化"历史观看来,历史可以支离破碎,也可以由"碎片"串结起来。按照这一逻辑,从历史中任意捡拾一片或几片,无论与历史直接还是间接相关,抑或不相关;也无论与历史发展趋势同向还是偏向,抑或逆向,都可以用来"填补"历史的某一"漏洞"或"堆砌"在历史本体之上,所谓"历史揭秘"也就有了"生存"空间。

所谓"历史揭秘",就是以所谓未知的"历史真相"歪曲已知的历史事实,重新"打扮"历史,并通过颠覆基本历史价值判断,模糊、混淆历史发展的实然逻辑。"碎片化"下,"历史揭秘"在对待中国历史问题上有两种比较突出的表现:一是在历史人物的评价问题上,过度解读历史人物的日常生活,如关于"毛泽东的日常生活——假故事背后的真相",以及关于毛泽东的"补丁衣服"、家庭财务和"三年困难时期不吃肉"的谜团与真相等,企图颠覆人们历史认知中的毛泽东简朴、为民的形象。二是在中国封建社会阶级关系问题上,以歪曲阶级中的"个体"颠倒其所代表的阶级的特征与形象,企图否定新制度代替旧制度的历史必然性。这里比较典型的例子就是为封建地主阶级做"翻案"文章。如有观点认为,周扒皮的原型"为人厚道勤俭,对待长工比对待家人还要慷慨大方",杨白劳"好逸恶劳,嗜赌成性,终至家破人亡",黄世仁"倒是收养喜儿的慈善之人"。对此,一些附和的观点说,"比起原先的说法,它们显得更加合乎逻辑,接近常识,因而也较为可信",并且否定白毛女的故事来源于真实的社会历史,认为是为了阐述"旧社会把人变成鬼,新社会把鬼变成人"的道理而创作的,指出其目的是唱衰旧社会,推翻旧社会,按照自己的意愿建立"新社会"。这样,中国封建社会中的地主摇身变成了"好人""善人",劳苦大众则被说成了"好逸恶劳者",而且"旧社会""新社会"成了主观臆造之物,如此,"旧社会"变革为"新社会"的历史合理性、正当性也就立不住、站不稳了。如此,中国封建社会的历史逻辑和新社会、新中国的历史逻辑被颠覆性地"重塑"和"再造"。

"历史揭秘"的实质在于,通过"碎片"历史,"撬动"历史发展的秩序与逻辑,"虚无"符合社会历史发展进步的意识形态与价值。

三、"碎片化"为其所用地切换历史场景

任何历史现象都是在一定的历史条件下发生、发展和消亡的,也都存在于一定的历史场景之中。因此,认识和研究历史,需要从历史的实际出发,把历史问题置于其具体的历史过程、场景之中。然而,"碎片化"则为列宁所指出的在社会现象领域普遍存在的"胡乱抽出一些个别事实和玩弄实例"的方法,提供了可能性。其基本思路是,从历史材料中剪裁所需要的内容,断章取义,并植入与其似是而非的历史场景中,形成"新"的历史情节,以强化某种历史认知的证据,或"制造"出"新"的历史主题及其内容,从中得出自己所需要的结论来。

关于国史中三年困难时期非正常死亡人数问题,《毛泽东的大饥荒》的作者冯克通过比较一些地方县城的数据,发现"县公安局统计中,数字都要大过县委和统计部门50%",便以此为主要依据臆测出所谓"大跃进"时期全国饿死的总人数。不仅如此,如前所述,为了归罪于毛泽东,该作者竟将1959年上海会议上毛泽东3月26日关于安排第二季度工业计划、3月28日关于粮食购销问题,与3月25日关于人民公社问题的这三个谈话相混合,将针对削减基建项目的内容"移花接木"为吃饭问题,从而炮制出毛泽东曾说过"不够吃会饿死人,最好饿死一半,让另一半人能吃饱"的谎言,作为毛泽东"手枪冒烟"的证据。正如澳大利亚学者孙万国质疑冯克的这种学术造假时所指出的:冯克"硬把毛泽东在三个不同时间、不同场合、不同主题的发言混淆起来一锅煮",这"已不是出于无知的误解,也非仅是写作上的瑕疵,而是恶意的曲解,学术的诈骗"。

由历史事实的具体历史场景所决定,认识和研究历史,需要从历史事实的整体上和联系中去掌握这一历史事实。列宁曾指出,这样做,历史事实不仅是"顽强的东西",而且是绝对确凿的证据。否则,如果历史事实是零碎的和随意挑出来的,那么,"它们就只能是一种儿戏,或者连儿戏都不如"。

以上表明,对于"碎片化"历史研究的危害,需要予以警惕。

历史细节是历史的有机组成部分,研究历史细节不是偏离、而是围绕历史的主体与整体、主题与主线、主流与趋势进行的。在国史研究中,应将研究历史细节与"碎片化"历史研究区别开来,因为也只有这样,历史细节研究才能避免"发于细节、止于细节",而与宏观、中观研究相辅相成,丰富和深化历史研究,并为阐释和建构历史理论,提供必要的历史依据和思想素材。

第三节　关于改革开放前后两个历史时期
　　　关系的"否定说"与"统一论"

关于改革开放前后两个历史时期关系问题的研究，以 2012 年 11 月中共十八大的召开和 2013 年 1 月 5 日习近平总书记在新进中央委员会的委员、候补委员学习贯彻党的十八大精神研讨班上发表讲话为标志，可以划分为前后两个阶段。在前一个阶段，改革开放 30 年和新中国 60 年的历史进程与经验，中国特色社会主义道路、理论体系和制度，以及改革开放的历史必然性及其在新中国历史上的地位与作用，成为党史国史研究的重要内容。这些研究不可避免地联系到新中国成立至改革开放前的历史，进而从新中国历史的整体性与阶段性上提出改革开放前后两个历史时期的关系问题。对于这一问题的认识，概括起来，大体形成两种基本相反的观点，一是"否定说"，二是"统一论"。其中，"统一论"是主要的，居于主流地位。

一、"否定说"的主要表现

"否定说"认为，中国在改革开放前后两个历史时期处于两种不同性质的社会和时代，具体表现为"彼此割裂"或"相互否定"，如把改革开放前说成是专制主义的，把改革开放后说成是民主社会主义或社会民主主义的；如以毛泽东的晚年错误否定毛泽东的历史地位，把毛泽东思想与中国特色社会主义理论体系分割开来；如以社会主义市场经济体制否定计划经济体制的历史地位、作用与贡献；再如把中国特色社会主义看成是"新民主主义的回归"，等等。

《关于建国以来党的若干历史问题的决议》正确评价了毛泽东的历史地位，坚持和发展了毛泽东思想，从而将改革开放前后两个历史时期统一于马克思主义中国化的历史进程。然而，在对第二个《历史决议》的评价问题上，上述"否定说"则通过歪曲这一决议的起草过程，否定这一决议的内涵、地位与作用，事实上把改革开放前后两个历史时期对立起来。其中，主要有如下四种观点：一是"违背十一届三中全会精神说"，认为第二个《历史决议》违背十一届三中全会精神，不是十一届三中全会精神的产物，恰恰相反，是与十一届三中全会精神相悖的，阻滞人们解放思想，不是拨乱反正，而是拨正反乱。这一观点的实质在于，所谓的"解放思想"不是坚持真理、修正错误，而是"非毛化"，并根据第二个《历史决议》坚持和贯彻邓小平确立的以正确评价毛泽东的历史地位、坚持和发展毛泽东思想为核心内容的起草工作的指导原则，认为这一决议完全是邓小平意志使然和意志的反映。二是"模糊说",认为第二个《历史决议》采取了把"毛泽东思想"和"毛泽东晚年错误"区别开来的政治模糊策略,其意图在于说明决议不是基于科学,而是基于政治的需要,因此采取了一种模糊策略。三是"功过错位论",认为第二个《历史决议》是邓小平为树立他自己的权威,树立他在党内领导的合法地位,所以把所有的错误归咎于"四人帮",把所有正确的都归功于他。四是"重做历史问题决议说",认为第二个《历史决议》实际上是很不到位的,如果要弄清楚这些历史问题,恐怕要有第三个历史决议。也就是推翻第二个《历史决议》,再作一个新的决议取而代之。

二、"统一论"的基本内涵

与上述"否定说"相反,"统一论"则认为,改革开放前后两个历史时期是新中国成立以来历史发展的阶段性与连续性的统一。"统一论"中,比较有代表性的是围绕中国特色社会主义道路的内涵与实质研究改革开放前后两个历史时期的性质及其相互关系;从马克思主义中国化的历史发展认识改革开放前后两个历史时期的思想理论基础[①];从方法论上探讨如何正确评价改革开放前后两个历史时期[②]。

在"统一论"中,朱佳木从概念上提出了改革开放前后两个历史时期的关系问题,并作出了具有代表性的研究成果。他在《正确看待改革开放前后两个时期的历史及其联系,深刻认识和准确把握中国特色社会主义道路的实质》[③]中,根据中共十七大关于"三个永远铭记"的论述,从正反两方面分析了改革开放前和后两个时期的历史发展及其成就,以及根据改革开放前的社会历史条件探讨了这一时期失误和错误的根源、性质与特点,认为改革开放前后两个历史时期,虽然存在很大差别,但都是党领导的人民当家作主的历史和建设社会主义国家的历史。前一个历史时期是后一个历史时期的基础,后一个历史时期是前一个历史时期的继承和发展。没有前一个历史时期,就不可能有后一个历史时期;而没有后一个历史时期,前一个历史时期也难以为继。两个历史时期都统一于对科学社会主义基本原则的坚持和对社会主义社会的建设。他还在《从改革开放前后两个时期的

---

① 张浠:《从〈论十大关系〉和"科学发展观"的比较中看新中国两个三十年》,《新西部》2011年第4期。
② 梅宏:《如何正确评价改革开放前后的两个30年》,《中国井冈山干部学院学报》2012年第4期。
③ 朱佳木:《正确看待改革开放前后两个时期的历史及其联系,深刻认识和准确把握中国特色社会主义道路的实质》,《中共党史研究》2008年第1期。

历史性质及其相互关系上认识中国特色社会主义道路的内涵》①中,从如下三个方面进一步对改革开放前后两个时期的关系作了认识方法论意义上的探讨。

一是如何看待改革开放前的失误和错误。他认为要把失误和错误与那段历史取得的成就放在一起比较,分清主流与支流;对失误和错误进行具体分析,不能因为有些事情有失误、错误,就对那些事情全盘否定;要把失误和错误放在当时特定的历史条件下分析,把在当时可以避免的和由于客观条件限制难以避免的错误区分开来;分析造成失误和错误的主观原因,同时也要把好心办坏事与个人专断、个人专断与专制制度加以区别。二是如何看待改革开放前的历史对改革开放的意义。他认为改革开放前为改革开放提供了政权稳固、社会安定、国际环境相对有利的政治前提;奠定了以人民代表大会制度、中国共产党领导的多党合作和政治协商制度、民族区域自治制度为核心的社会主义基本政治制度,以及以生产资料全民所有和集体所有为基础的基本经济制度的基础;奠定了物质技术基础、必要的工作机构、干部队伍和经验;提供了一定的思想保证;提供了正反两方面经验。三是如何看待改革开放前后两个历史时期的异同。他认为主要表现在党的指导思想,经济制度、体制、发展战略和对外联系,政治体制,文化和社会事业,国际关系等方面。改革开放前后两个历史时期的差异凸显改革开放历史新时期的特点和它相对于改革开放前的重大发展,其中的相同点则把改革开放前后两个历史时期有机地联系在了一起。

正确认识和把握改革开放前后两个历史时期的关系,需要深化研究改革开放史。张星星在《积极推进和深化改革开放史研究》中就如何推进和深化改革开放史研究认为,深化改革开放史研究,一是要大力宣传改革开放以来取得的伟大成就,这是改革开放历史的主流;二是集中围绕中国特色社会主义这一时代主题,深入总结改革开放以来创造的宝贵经验;三是科学分析改革开放以来探索中遇到的新问题;四是正确看待改革开放进程中出现的不同认识。②这一研究成果对于全面而深入地开展改革开放史研究,以便正确地认识和把握改革开放前后两个历史时期的关系问题,具有方法论意义。

在后一个阶段,党的十八大和习近平总书记关于改革开放前后两个历史时期关系的论述,把改革开放前后两个历史时期关系问题的研究引向深入。这一阶段在前一个阶段研究的基础上,集中阐释了改革开放前后两个历史时期"是两个相

---

① 朱佳木:《从改革开放前后两个时期的历史性质及其相互关系上认识中国特色社会主义道路的内涵》,《当代中国史研究》2008 年第 1 期。

② 张星星:《积极推进和深化改革开放史研究》,《北京党史》2012 年第 5 期。

互相联系又有重大区别的时期""本质上都是我们党领导人民进行社会主义建设的实践探索"的内涵与意义,进一步深化了对如何正确认识改革开放前后两个历史时期关系问题的方法论研究。

在这一阶段,比较有代表性的成果主要有:(1)中国社会主义建设的上、下篇。唐洲雁在《全面认识中国特色社会主义的探索实践》[1]中具体分析了改革开放前后两个历史时期的联系与区别,把改革开放前后两个历史时期的探索分别作为中国社会主义建设的"上篇"和"下篇",认为这是两个既相联系又相区别的历史时期,前者为后者奠定了基础,后者是对前者的飞跃。(2)改革开放前后两个历史时期是新中国历史发展的连续性与阶段性的统一。2013年1月26日,首都党史国史学界召开了主题为"改革开放前后两个历史时期的关系"的理论座谈会。与会专家学者从不同角度阐述了新中国成立以来的历史进程与经验、开辟改革开放道路的社会历史条件与内在机理、改革开放的历史必然性与转折意义,进一步阐释了改革开放前后两个历史时期在物质、理论、制度、道路等方面的历史与逻辑关系,认为改革开放前后两个历史时期是新中国历史发展的连续性与阶段性的统一,是吸取历史经验教训与新的历史条件下实践探索的有机结合,是历史的否定之否定的辩证发展。不能因改革开放的必然性和转折性而否定新中国历史发展的整体性和统一性,也不能因改革开放前历史发生曲折与错误而掩盖其历史成就与经验,当然也不能因改革开放以来成就辉煌、国力增强而忽视其存在的问题与教训。(3)对"什么是社会主义"的认识差异是改革开放前后两个历史时期的重大区别。张启华在《正确看待改革开放前后历史的辩证关系》中认为,两个历史时期的重大区别在于对"什么是社会主义"的认识存在差异。前30年的探索出现失误,没能成功找到一条正确的建设社会主义的道路,但就"致力于探索"而言,两个历史时期一脉相承,改革开放前的探索为改革开放历史新时期的探索提供了包括经验与教训的有益借鉴。[2](4)"两个不能否定"是坚持和发展中国特色社会主义的必然要求。齐彪在《"两个不能否定"的重大政治意义》[3]中认为,"两个不能否定"直接关系到中国特色社会主义的两个关键性的问题,即在中国要不要坚持社会主义、要不要搞改革开放的问题。这是坚持和发展中国特色社会主义的根本问题。否定了改革开放前后两个历史时期中的任何一个时期,就没有中国特色社会主义,就否定了中国特色社会主义。"两个不能否定"是进一步统一对党的历史

---

[1] 唐洲雁:《全面认识中国特色社会主义的探索实践》,《光明日报》2013年1月11日。
[2] 张启华:《正确看待改革开放前后历史的辩证关系》,《当代中国史研究》2013年第2期。
[3] 齐彪:《"两个不能否定"的重大政治意义》,《光明日报》2013年5月7日。

的认知,把全党全国人民凝聚在中国特色社会主义伟大旗帜下走向未来的重要思想基础。(5)坚持和发展中国特色社会主义是继往和开来的统一、历史和现实的结合。齐卫平在《如何正确对待改革开放前后两个历史时期》①中认为,改革开放后进行的中国特色社会主义建设不是零起点,不是抛开前面的历史另起炉灶,而是在很多方面体现了对改革开放前历史时期的继承。(6)站在人民的立场上研究历史。李慎明在《正确评价改革开放前后两个历史时期》②中从认识论意义上认为,审视历史,不能简单地站在个人得失立场,必须跳出个人局限,站在人民和历史乃至全人类文明进步的角度去观察问题,方能得到事物的真谛与本质。

改革开放前后两个历史时期及其相互关系,蕴涵着科学社会主义理论逻辑和中国社会发展历史逻辑的辩证统一,体现了新中国历史发展的连续性与阶段性的辩证统一。正确认识和把握这两个历史时期及其相互关系,有利于深刻揭示新中国历史发展的主题与主线、主流与本质,深入认识坚持和发展中国特色社会主义的历史必然性和规律性,并在此基础上逐步形成关于改革开放前后两个历史时期关系的历史理论。

改革开放前后两个历史时期贯穿新中国成立以来的整个历史。现阶段,深化研究改革开放前后两个历史时期的关系问题,除不断丰富研究素材、扩大研究范围和创新研究方法外,需要围绕基本问题和前沿问题进行系统性和综合性的研究,着力探讨改革开放前后两个历史时期关系的理论与方法论。

其中,关于改革开放前后两个历史时期关系的基本问题主要是:(1)新中国成立以来马克思主义中国化继承与发展的历史进程与经验;(2)新中国成立以来政治、经济、文化、社会和外交等的理论与实践;(3)当代中国发展进步的根本政治前提与制度基础的奠基、巩固与发展;(4)改革开放的社会历史条件、发展进程与基本经验;(5)中国特色社会主义的开创、坚持和发展。目前在这些问题上,专题史、领域史研究有了一定基础,制度史、政策史研究较强,但战略性、宏观性和系统性研究比较薄弱。为此,需要加强国史的通史性研究,并通过改革开放前后两个历史时期的比较研究,揭示这两个历史时期之间的连续性、阶段性与转折性。

改革开放前后两个历史时期的关系随着改革开放的深入实践而发展,是动态的而非静止的,是开放的而非封闭的,必将产生新的情况和问题。为此,需要跟

---

① 齐卫平:《如何正确对待改革开放前后两个历史时期》,《人民日报》2013年6月25日。
② 李慎明:《正确评价改革开放前后两个历史时期》,《红旗文稿》2013年第9期。

踪前沿问题进行研究。对于前沿问题的研究,有利于把握改革开放前后两个历史时期关系的新发展和新内涵,并带动相关问题和领域的研究。其前沿问题主要有:(1)新中国成立以来的社会形态和社会矛盾运动,也即社会主义革命、建设和改革的历史进程、规律与特点,包括新民主主义社会向社会主义社会过渡,社会主义基本制度的确立、发展与完善,社会主义全面建设和中国特色社会主义。(2)改革开放理论,包括什么是改革开放和怎样改革开放,特别是改革开放的基本内涵、道路与方向,以及改革开放的历史经验、改革开放史的认识论与方法论等。(3)"中国道路""中国经验"及其国际比较。(4)新中国成立以来党关于国史的论述,以及国史研究的理论与方法等,包括国史的主题与主线、主流与本质,如何正确评价毛泽东的历史地位和揭示毛泽东思想的科学体系,如何对待国史中的曲折与错误,以及国史的分期标准和阶段划分等。通过对这些问题的研究,进一步揭示新民主主义社会向社会主义社会过渡的历史必然性,回答改革开放是社会主义制度的自我完善和发展、中国特色社会主义是社会主义而非其他什么主义,并以改革开放前后两个历史时期关系的理论,丰富和发展国史和国史研究理论与方法。

思考题:

1. 国史研究中有哪些历史虚无主义现象?
2. 历史细节研究与历史研究"碎片化"的区别是什么?
3. 国史研究中怎样克服和抵制错误思潮?

第四章 国史通史研究与专门史研究的关系

通史和专门史，是分别对历史整体和历史整体的某一侧面进行研究。就研究内容而言，通史与专门史是整体与局部的关系。在国史研究领域，自起步之初就呈现了通史研究与专门史研究并行的特点，在几十年的发展中，国史通史研究与国史专门史研究相辅相成，形成纵横结合的国史研究格局。

第一节 国史通史研究和编纂的学理基础与方法

中华人民共和国史，是正在发展着的活的历史，波澜壮阔，丰富多彩，不断进步。研究和编纂国史，不仅需要国史的阶段史、时期史、专门史和专题史，而且更需要国史的全部历史、整体历史，特别是反映和揭示国史的主题与主线、主流与本质的历史，具体则集中表现为国史通史。从严格意义上说，国史主要是指国史通史。国史通史研究和编纂具有基础性、战略性和根本意义，其学理基础蕴含着深远的历史思维、哲学思维及其思想理论体系，研究和编纂方法也具有总体性、多重性和综合性。

一、国史通史研究和编纂的学理基础

"究天人之际，通古今之变"（《太史公自序》）。新中国的国史相对于古代和近代历史，虽为时不长，却每时每刻都在发展和进步，所以研究国史的意义无比深远。探求新中国从哪里来、到哪里去，贯通新中国历史与现实之发展变化，既需要吸收、借鉴修史的传统学理，如史料学、编纂学的理论与方法等，更需要继承、发展治史的现代学理，如史观、历史哲学等。国史通史研究和编纂的学理基础是马克思主义国家观、历史观与历史理论在国史研究与编纂中的应用及发展，主要涵盖关于新中国的国家理论、国史观、国史理论和国史研究理论。

第一，国家观与历史观辩证统一，互为思想认识基础与前提。国家观是关于国家的总的看法和根本观点，历史观则是关于历史的世界观和方法论。国家观在人类社会历史发展中形成、丰富和发展，以历史观为思想来源和认识先导，欲有一个正确的国家观、人生观和世界观，必先有一个正确的历史观。同时，国家观蕴含历史观，既关乎国家的历史又关乎国家的现实和未来。认识和研究国家历史，

须以国家观相统筹,把历史与现实、理论与实践结合起来。

历史是一个国家形成和发展的真实记录,同时也给国家的盛衰成败及其前途命运提供借鉴与启示。历史时空的昨天、今天和明天是相连相通的。世界上每个国家都有其国家历史,因而国家与其国家历史天然地联系在一起。国家的社会形态、社会性质和社会矛盾,必定有与其相应的国家治理和国家观念、理论或学说。国家及其各个方面从历史中延续或变化而来,形成相互联系的整体。对于国家的认识,既有表现在经济、政治、文化和社会方面的国家观,也有孕育和显现在历史思维中的国家观,推动或制约国家历史的发展变化。

历史观在人类社会思想史中林林总总、表现各异,迄今从总体上形成唯物史观和唯心史观的根本对立。1845年,马克思、恩格斯合作撰写《德意志意识形态》,首次较为系统地阐述了历史唯物主义基本原理。马克思主义关于人民是历史的创造者、生产力和生产关系、人民民主、人与自然、世界历史等的思想,创造性地揭示了人类社会历史发展规律。人们的历史观不同,也就是认识和研究历史的立场、观点及方法有所不同,即使是对于同一个历史或事实都会形成不同的甚至是截然相反的结论。历史是有规律可循的,认识和研究历史是历史观与历史事实相结合的,没有历史观或历史观有偏差甚或错误,必然会导致对历史模糊、混沌或不可知论,不能准确地把握历史事实,也就难以得出历史规律性的认识。一切历史需要以历史观为认识前提,通史更是如此。在形成历史观的过程中,离不开专门史、专题史,更离不开通史。历史研究有了通史,相应的历史观才是成熟和完善的,也才能广泛而深入地开展专门史、专题史研究,并从整体上形成历史认识论和方法论。

第二,新中国的国家理论,是关于什么是新中国、如何建设和发展新中国的政治理论与历史理论的有机统一。"共产主义者的目的是要按照共产主义者的理想,创造一个新的社会。"新中国是在人类社会历史发展和本国历史发展中走来的,从一开始就是要在中国共产党的领导下建设一个新的中国社会,并从新民主主义革命理论、新民主主义向社会主义过渡理论、社会主义建设理论以及中国特色社会主义理论体系的继承、发展、与时俱进中逐步建设成为富强、民主、文明、和谐、美丽的社会主义现代化国家。新中国国家根本制度是社会主义制度,中国共产党的领导是中国特色社会主义最本质的特征,国家的一切权力属于人民。人民依照国家宪法和法律规定,通过各种途径和形式管理国家事务,管理经济和文化事业,管理社会事务。新中国是单一制的统一的多民族国家,中华各民族一律平等,国家保障各少数民族的合法权利和利益,维护和发展各民族的平等、团结、互助、和谐关系。国家实行依法治国，建设社会主义法治国家。国家在社会主义初级阶段，坚持公有制为主体、多种所有制经济共同发展的基本经济制度，坚持按劳分配为主体、多种分配方式并存的分配制度。新中国有其立国之源之本，诸如新中国的国家性质、国体、政体和国家结构形式，以及经济基础与上层建筑之间的关系。关于新中国的国家理论，是马克思主义国家观、历史观与新中国具体实际相结合的产物，是马克思主义中国化的重要组成部分。

在"新中国"和"国史"的历史与逻辑关系中，"新中国"是"国史"的主人，"国史"是"新中国"的国家历史。研究和编纂国史特别是国史通史，其出发点和落脚点在于科学认识、研究及阐释"新中国"，即要为国家写史、为人民立传。不知何为新中国、新中国是怎样的，则不知国史的主体是谁、国史又属于谁，也难以认清新中国是从哪里来的，又是怎样建设和发展起来的。"新中国"是研究和编纂国史特别是通史的物质、政治及实践基础。

国史研究以认识和反映国史为基点及着力点，其出发点和落脚点则在于通过国史、依据国史来研究及反映国家。在这个意义上说，国史研究，一方面是关于新中国历史发展的研究，以史为基本内涵；另一方面则是关于历史发展进程中的新中国的研究，以国家为研究对象。历史离不开现实，现实也离不开历史，特别是由于新中国的历史与新中国的现实和未来最直接、最紧密，因而国史也可以说是历史基础之上的国家与社会的现实及未来。国史研究最鲜明的特征是历史研究，但从内涵上说则是新中国的国家与社会的历史和现实的综合性研究，也就是要把国家历史与现实结合起来进行研究，既从历史观察现实，又从现实观照历史，通过借鉴历史，从历史发展的长度、广度和深度上总结历史、探索历史经验与规律，并从历史深处把握现实和未来，从国家历史进程中研究新中国。

第三，国史观是关于国史的基本立场、观点和方法，属于历史哲学范畴；国史理论则是历史哲学基础上关于国史的理论形态，并指导国史研究理论发展。在马克思主义国家观、历史观指导下，以关于新中国的国家理论为基本认识基础与前提，形成、丰富和发展关于新中国的国史观及国史理论。国史观是认识和研究国史的思想认识、哲学及价值基础。国史理论则是主观见之于国史这一客观存在的认识论和反映论，主要指马克思主义中国化理论关于国史与国史问题，以及在历史基础之上的当代中国理论与实践问题的基本认识和论述。它是关于政治和经济社会的，如关于新中国成立、新民主主义向社会主义过渡、社会主义初级阶段及其基本路线、改革开放前后两个历史时期的关系、中国特色社会主义进入新时代等等。确立"国史观"和"国史理论"的概念，需要把其从历史学研究中既相互联系又区分开来。

在一定意义上说，哲学社会科学的每门学科都是或直接或间接、或多或少地认识和反映国史、国史观及国史理论的，只是研究层面各有偏重，研究方法各有侧重。一方面，国史不仅是历史学研究而且是其他一切哲学社会科学的研究对象，历史学研究及其理论与方法只是其中认识和研究国史、国史观及国史理论的一种学科理论与方法，不能代替或涵盖其他哲学社会科学反映和揭示国史、国史观及国史理论。如关于新中国政治发展特别是中国共产党的领导和执政，不仅要从历史学研究中共党史党建，而且要从政治学研究中国共产党领导的多党合作和政治协商，研究中国共产党的领导与人民当家作主和依法治国的有机统一；再如，关于新中国经济建设，蕴含丰富的经济发展规律和经济理论，不仅要从历史学研究新中国经济建设的历史进程，而且要从政治经济学理论进行经济建设经验与规律的探索。国史观和国史理论以历史学理论为基本方法，但仅仅依靠历史学理论与方法对国史观和国史理论进行认识及揭示则是单向度的。马克思主义中国化，是国史研究的鲜明主题与主线。但仅仅从历史学研究则不足以广泛而深入地反映和揭示这一主题与主线。另一方面，国史研究以历史学研究为基础，同时属于马克思主义理论学科和政治学学科，而且国史各个方面的研究不仅是历史学，还分属于相应学科门类。

不仅如此，国史作为综合性研究对象，在研究学科、方法和手段上具有多学科、跨学科及交叉学科的理论与方法。国史研究理论是关于国史研究的认识和方法，其既有综合性，又分门别类，如马克思主义国史研究理论和历史学的国史研究理论、政治学的国史研究理论等，因而不能将国史理论、国史研究理论受制于或垄断于历史学。不断推进历史学与其他学科融合发展，也是不断丰富和发展国史理论、国史研究理论的学科建设与发展之路。

总之，国家观与历史观、新中国的国家理论与国史观、国史理论和国史研究理论，构成国史特别是国史通史研究和编纂的学理基础。这一学理基础具有相应的学科体系、学术体系和话语体系。研究和编纂国史通史，首先要正确认识及科学把握国家观、历史观和关于新中国的国家理论，其次还要正确认识及科学把握国史观、国史理论和国史研究理论及其相互关系。

二、国史通史的基本内涵及特色

国史是新中国历史发展中活的社会有机体，应主要从新中国的社会形态、社会性质、社会主要矛盾以及新中国的国体与政体、道路与制度、理论与实践的结合中加以认识和研究。其一，即使是国史的政治史、经济史、文化史、社会史和外交史等，如果不从国家建设和发展的整体性出发，不把各专门史、专题史融合起来，特别是不以国史的主题、主线、主流与本质加以贯通，那也仅仅只能说是国史的构成。其二，在内涵与结构上，国史主要是指中央以及中央与地方之间关系的历史，也包括地方史中具有典型代表性、国家意义的历史，如反"藏独""疆独"史等。它与地方史相互联系而不可分割，但绝非地方史、部门史的单一性、机械性的集合。其三，国史是时刻在向前发展和贯通的，只有进行时而没有完成时。而且，国史的专门史可能会在某些时段中断或终结，但国史则始终是在变化、发展和进行之中的。其四，一般地说，通史的种类有多种，如专门史等也可以有"通史"，但这样的通史终究还是纵通性或时间段性的专门史，而非整体性、一体化的通史。因此，对于国史而言，既不能认为国史通史是不存在的，也不能认为一次性就能完成对国史通史的研究和编纂。

国史是历史与现实最为紧密地结合在一起的，国史问题是历史问题，更是政治问题。研究和编纂国史通史，是国史自身不断发展所决定的，是国史所蕴含的中国共产党执政规律、社会主义建设规律和人类社会发展规律所规定的。由此而言，国史通史在历史内涵与历史进程上既是"全面"的、又是"贯通"的，研究和编纂国史须以"体"和"用"观之——国是"体"，史是"用"，旨在通过国家历史，由史迄今乃至未来，以国为本、以史为鉴，全面、完整、客观、科学、准确地认识和研究国家是什么、当今怎么样以及未来怎么办。不仅如此，在历史研究和编纂中，分期问题既是历史问题，又是认识问题。古代史和近代史的分期一般称为"断代""断限"，而当代史的分期则主要是指同一个时代的"时期""阶段"等，因为当代史的阶段性与连续性、继承性与发展性的统一更加鲜明，更富有时代特色。

中华人民共和国成立以来，国史与中共党史同向融合、与时俱进。所以说，国史通史的研究和编纂随着中共党史研究的发展而趋向成熟。其中，代表性成果主要有如下几种：一是胡乔木《中国共产党的三十年》（1951年6月22日《人民日报》）。该著记述了中国共产党30年历史，其中涵盖了新中国成立初期三年的国史，并将其融入30年党史国史的基本总结之中，由此开创了国史通史研究和编纂与中共党史研究的有机结合。二是中共十一届六中全会通过的《关于建国以来党的若干历史问题的决议》。这一决议将中华人民共和国成立以来32年历史追溯至中华人民共和国成立以前的28年党史，把中华人民共和国成立前和后的党史国史内在地结合和统一起来，同时概括性地总结了中共十一届三中全会开启改革开放最初三年的历史经验,也把改革开放前和后的党史国史联系、拓展与深化开来,并推向未来发展。三是编纂和出版《当代中国》大型丛书。该丛书以新中国省制史、行业史、领域史和部门史为基础,上溯古代和近代,下至20世纪80年代改革开放,系统性地研究与编纂了党和国家事业的历史渊源、创立与发展,各卷集合起来就成了首部比较严格意义上的国史通史。四是当代中国研究所著《中华人民共和国史稿》。该著概述了1949年10月1日中华人民共和国成立到1984年10月20日中共十二届三中全会通过《中共中央关于经济体制改革的决定》,即从中华人民共和国成立到加快以城市为重点的经济体制改革间35年的国史。上述成果为国史通史的研究和编纂奠定了重要基础及基本条件。但是,正式的国史通史仍未完整地确立起来。而且,国史是正在动态发展的,因而国史发展到哪里,国史通史不仅应从内涵上、时段上贯通到哪里,还应在学科上既融通于又相对独立于中共党史研究,构建起研究和编纂国史通史的学理及学术规范,并不断成熟和完善其理论体系及方法论体系。

国史以中国共产党、中国人民和中华民族为历史发展主体。研究和编纂国史通史,既需要从整体、全局和深远意义上,又需要从基础和根本意义上,完整描述国史的总体面貌和历史进程,具体地、历史地、辩证地、客观地认识和把握国史发展及其历史与逻辑关系,把国史同中共党史统一于中华民族发展史乃至人类社会发展史之中,揭示国史发展的主题与主线、主流与本质,探寻国史发展的经验与规律,展望国家发展前景和总趋势。

中国共产党的领导和执政,是国史通史的本质内涵与特征。历史证明,没有中国共产党就没有新中国。新中国成立以来,党从领导中国人民为夺取全国政权而奋斗的党,成为领导中国人民掌握全国政权并长期执政的执政党,又从受到外部世界封锁和实行计划经济条件下领导国家建设的党,成为对外开放和发展社会主义市场经济条件下领导国家建设的党。归结起来,"中国特色社会主义最本质的特征是党的领导,最大的优势也是党的领导"。也就是说,中国共产党的领导和执政是新中国建设和发展的根本历史逻辑、政治逻辑、理论逻辑与实践逻辑。从这个意义而言,党的领导和执政、党的建设和发展、新中国的建设和发展是"三位一体"的,这无疑既是党史又是国史的总主题。

"人民是历史的创造者",马克思主义唯物史观指导下的人民史观是国史通史的根本政治立场和哲学基础。新中国以人民民主专政为国体,以人民代表大会制度为政体,国家的一切权力属于人民,"人民民主是社会主义的生命"。在这个意义上说,国史就是中国人民掌握自己命运、建设自己国家的历史进程。研究和编纂国史，可以是某一历史事件的纪事本末，也可以是某一历史人物的生平思想业绩，但这些事件和人物无不产生于人民群众的广泛社会实践与生产、生活之中，无不来自人民群众的意志和利益，或与之相联系。研究和编纂国史特别是通史，必须尊重人民的历史主体地位和首创精神，须将人民史观贯穿始终，深刻认识和科学揭示中国共产党与人民群众、与中华民族的关系。

适合中国国情的社会主义发展道路、基本制度、理论与实践，是国史通史的基本要义与内核。历史证明，只有社会主义才能救中国，只有中国特色社会主义才能发展中国。在世界现代化发展历史上，中国共产党以国家、人民、民族的利益和盛衰兴亡为己任，探求救国救民的真理与道路，创造性地领导与推动建设和发展社会主义新中国，相继开辟了"符合中国实际的新民主主义革命道路、社会主义改造和社会主义建设道路、中国特色社会主义道路"，不断把中国社会主义现代化建设事业推向前进。新中国的社会形态、社会性质和社会主要矛盾，蕴含着社会主义发展道路、基本制度、理论与实践的历史必然性和规律性。这些虽然可以通过局部的、阶段性的历史加以反映，但唯有以新中国全部的和整体的历史，以及正在发展着的历史，才能完整体现、充分展示，并不断揭示其历史价值和深远意义。

世界是相互联系的整体，中国与世界的关系是国史通史的重要成因、内涵与构成。马克思、恩格斯说："各民族的原始封闭状态由于日益完善的生产方式、交往以及因交往而自然形成的不同民族之间的分工消灭得越是彻底，历史也就越是成为世界历史。"新中国独立自主、自力更生，推动自己和世界和平发展、交流互鉴，反对霸权主义和强权政治，不仅深刻改变着自己国家和人民的前途及命运，而且深刻影响着世界历史发展进程，推进中华民族伟大复兴和世界社会主义、人类社会发展进步。所以，研究和编纂国史通史，不仅要把国史与世界史相互联系和比较，而且要把国史置于世界历史发生、发展的时代大背景和国际环境发展、变化的条件下。人类文明历史滚滚向前，时代潮流浩浩荡荡。只有将一个国家和民族的历史与人类社会文明发展史相联系，才能透视出人类社会文明历史发展的本质和时代发展的方向。

国史通史既具有一般通史的基础性、普遍性和规律性，又具有自身特殊性、时代性和前沿性。国史通史是历史的、又是现实的，也是在继承与发展中与时俱进、通向未来发展的。国史通史是国史的阶段性与连续性、局部性与整体性、地方性与国家性的辩证统一，进而具体地、历史地揭示马克思主义中国化和社会主义现代化建设事业，以及新中国的物质文明、政治文明、精神文明、社会文明和生态文明建设及其相互关系。

三、国史通史研究和编纂的基本方法

在历史研究和编纂中，中国古代史学有史德、史才、史学、史识之说，近代则在考古学和考据学上倡导"二重证据法"或"三重证据法"，将"纸上之材料"与"地下之新材料"相互印证，或曰"取地下之实物与纸上之遗文互相释证"，"取异族之故书与吾国之旧籍互相补正"，"取外来之观念，以固有之材料互相参证"。现当代以来，马克思主义历史科学在中国传播和发展，推动中国史学研究以唯物史观为指导，在建设和发展历史哲学、历史理论的基础上，不断丰富和发展治史观念及方法。

国史、国史研究的综合性也决定了国史通史研究和编纂的多重性。概括起来，国史通史具有如下相互联系、交叉融合的"八重"研究和编纂法。

第一，中华民族史总体法。在中国共产党的领导下，中国人民、中华民族共同缔造了新中国，开辟并不断推进中华民族伟大复兴的新纪元和新进程，实现中华民族从站起来、富起来到强起来的伟大飞跃。一部新中国史就是一部中国人民、中华民族的创业史、奋斗史和发展史，是中国人民、中华民族对人类社会发展进步作出新的更大贡献的历史。新中国的国史蕴含于中华文明、中华民族精神之中，而中华文明是中国各族人民共同创造、奠基的，中华民族精神是中国各族人民共同培育、滋养的。研究和编纂中华民族发展史，实质上也就是研究和编纂中华文明史、中国人民发展史。新中国是一个统一的多民族国家，各民族平等团结互助和谐、共同团结进步和繁荣发展。立足于中华民族史来研究和编纂国史通史，有利于将中华民族自古以来的发展史、中华各民族的发展史统一于国史，巩固和增强中华民族共同体意识，为中华民族伟大复兴提供深厚的历史根基和精神动力。国史是中华民族共同缔造的，中华民族是国史的主体力量，同样国史也需要由中华民族共同研究和编纂。特别是在祖国尚未完全统一的历史条件下，从中华民族史研究和编纂国史，有利于从历史上、从国家主权和领土完整上、从中华民族整体性上充分阐明"台湾自古以来是中国不可分割的一部分""两岸同属一个中国""台湾人是台湾人、也是中国人"，坚决反对和抵制"台独"，为推进祖国统一大业提供历史、政治、理论和实践基础。

第二，新旧中国对比法。国史的历史与逻辑起点在于，新中国之新从何而来、新在哪里、新向何方？历史地看，一是近代以来的旧中国处于半殖民地、半封建社会，二是为创建新中国而奋斗的新民主主义革命。新中国的成立，彻底结束了

旧中国腐朽、落后的社会形态，由新民主主义社会过渡到社会主义社会，并将建设成为社会主义社会。对比新旧中国，根据历史由旧到新的变革，深刻揭示新中国坚持中国共产党的领导、走社会主义道路的历史必然性和规律性。新中国之"新"，关键在于社会形态的变革、社会生产力的解放和发展、社会制度的先进性。新中国之"新"，又是在不断发展和与时俱进的，而不是停滞不前的。新旧中国对比，有利于透过新中国成立以来建设和发展的历史进程及成就，总结历史经验和发展规律，揭示新中国历史发展的主流与本质，展望新中国社会主义现代化建设的前景，把新中国之昨天、今天和明天联系及贯通起来。

第三，改革开放前后历史时期统一法。改革开放是新中国成立以来党和国家历史上具有深远意义的伟大转折，改革开放以来的历史亦可谓是开创和发展中国特色社会主义的历史。改革开放前和后两个历史时期，既相互联系，又有重大区别，但本质上都是中国共产党领导人民进行社会主义建设的实践探索。在研究和编纂国史中，须坚持和贯彻唯物辩证法，把改革开放前和后两个历史时期乃至国史的阶段性与连续性辩证统一起来，同时彰显改革开放是当代中国发展和进步的关键一着，进而阐明只有改革开放才能发展中国、发展社会主义、发展马克思主义，坚持和发展中国特色社会主义是当代中国发展和进步的根本方向。把改革开放前和后两个历史时期统一起来，国史就在根本和实质意义上实现了贯通与融通。否则，所谓的国史通史也只能是对历史的"组装"和"拼凑"，失去其应有的历史真实面貌、内涵与精神实质。中国特色社会主义在改革开放中产生，也必将在改革开放中发展和壮大。坚持将改革开放前和后两个历史时期相统一的原则，其实质就是奠基、开创和发展社会主义的国史通史，是坚持和发展中国特色社会主义的国史通史。

第四，"五位一体"统筹法。新中国从 20 世纪 50 年代生产资料私有制的社会主义改造基本完成到社会主义现代化的基本实现，处于并将长期处于社会主义初级阶段。这是当代中国的基本国情和最大实际，也是建设中国特色社会主义的总依据，总体布局则是"五位一体"，即经济建设、政治建设、文化建设、社会建设和生态文明建设。它遵循社会主义初级阶段基本路线，蕴含中国特色社会主义道路、理论体系、制度和文化。"五位一体"这一结构体系中，"五位"可涵盖国史的基本构成，"一体"则反映了国史的基本逻辑关系。如果只有"五位"而没有"一体"，国史则成为"条条块块"的分布，造成彼此不相"通"。统筹"五位一体"研究和编纂国史，有利于将历史的点与面、纲与目、时与空、人与物结合起来，鲜明地反映和揭示其主体与脉络、内在机理与逻辑。

第五，思想、制度和实践融合法。历史是人类社会的思想认识、社会制度和生产生活实践的过程，主要表现为思想史、制度史和实践史。思想史、制度史和实践史是相互联系的。其中，思想史来自人类生产、生活，但历史上产生的思想超前或滞后，都不能转化为社会实践而成为真正意义上的历史；制度史也产生于思想和社会活动，但制度既有实然的，又有应然的，不一定全部存在或作用于社会实践。历史归根结底是人类生产、生活史。因而，只有思想史或制度史，这样的历史难免是单一、片面或残缺的。研究和编纂国史通史，当然包括思想史、制度史和实践史，特别是应达至三者的融合，才是生产、生活鲜活的历史，也才可称之为真实意义上的国史。研究和编纂国史通史，须把马克思主义中国化、优秀传统文化在新中国历史条件下的创造性转化和创新性发展，以及中华文明在当代中国对人类一切先进文明的吸收与借鉴，与新中国的社会制度、体制机制和中国共产党领导全国各族人民进行的中国革命、建设和改革开放伟大实践融为一体，贯通于新中国的社会形态、社会性质和社会主要矛盾之中，并统一于全国各族人民不断广泛而深入的生产、生活。

第六，中央与地方关系互动法。新中国的国家机构实行民主集中制原则，在中央的统一领导下，充分发挥地方的主动性、积极性。国史中所讲的央地关系，主要是指中央国家机构与省、自治区、直辖市和特别行政区的关系。中央与地方关系史，是中国传统史学研究的一个重要领域，也应是国史研究和编纂的一条基本主线。新中国实行单一制的国家结构形式，中央与地方关系史中既有普遍性，是国史研究的重要内容，同时又有地方特殊性，其中具有国史性和国史意义的历史则属于国史或与国史相联系。除中央国家机构的理论与实践外，如成立新中国时全国各地的解放和政权建立，地方工作和行业发展中的经验在全国的试行及推行，改革开放历史进程中在地方的试点及其在全国的推广，实现祖国统一大业中的香港、澳门回归，以及反分裂国家的理论、政策与实践等，在一定意义上共同构成了国史的基本脉络。在国史研究和编纂中，注重将中央与地方关系互动起来，有利于推进国家行政建制史、祖国统一大业史、社会生活史和历史地理等的研究，进一步丰富、完善和发展国史的内涵与特点。

第七，中国与世界比较法。根据马克思关于世界历史的思想，立足中国，面向世界，把中国的历史、现实和前途命运置于人类社会历史发展、人类命运共同体和世界社会主义发展之中。在国史研究中，须注重把中华文明与人类文明充分相互结合起来，探寻中华文明与世界文明的相互交流及互鉴，特别是社会主义先进文明发展的历史必然性和根本动因。为此，既要描述新中国的外交史、对外国际关系史，又要讲述国际经济和政治秩序以及新中国在世界治理体系中的地位与作用。在经济全球化及其比较中，探讨新中国在世界历史和现实中的经济社会发展阶段与水平，从历史大视野中分析新中国发展道路和制度的优势与特点，彰显新中国的独立自主与和平发展。同时，发展海外中国学，讲好中国故事，传播好中国声音，推动人类命运共同体建设。

第八，党史国史一体法。中共党史与国史的历史逻辑、理论逻辑是辩证统一的。在近现代中国历史发展中，国史是这一历史的基核，中共党史则是这一历史的内核。党史国史的融合和贯通，不仅构成国史通史的基本内涵，而且彰显了国史通史的本质特征。在国史通史研究和编纂中，须把党史、国史有机结合起来，一方面，以党史研究引领和推动国史研究，推动哲学社会科学一体化、系统化地构建党史国史的价值体系、理论体系和学科体系；另一方面，遵循国史研究的自身规律与特点，推动国史研究科学化、规范化。也就是说，要恰当处理好二者的比例和主次地位之变化，即党史占突出地位的突出党史研究，以国史为重点的则着重国史研究，推动国史研究与党史研究既相互联系又区别开来，双线并行，交叉递进。

总之，在国史通史研究和编纂的学科结构与布局中，应从社会基本矛盾入手，把整个国史内涵分为经济基础与上层建筑两大部类，同时加强国史理论研究、党史党建研究、制度史研究和改革开放史研究，着力构建中国特色和时代意义的国史编纂学，不断形成及发展国史特别是国史通史研究和编纂体系。

第二节　国史专门史研究的兴起和发展

在中华人民共和国史研究兴起与发展的历程中，专门史[①]始终贯穿其中。从研究内容来看，专门史大体分为政治史、经济史、文化史、社会史、外交史、国防史和生态文明史等；从行业来看，专门史包括农业史、手工业史、商业史、战争史等。作为国史研究中以专门历史事物为研究对象的学科分支，专门史研究有利于在特定领域深化和拓展国史研究。国史专门史研究的兴起和发展，不是孤立的历史现象，也不是国史学科的独特之处，而是以长期以来中外史学领域专门史产

---

① 专门史研究的是某一特定问题、现象、学科在历史上的发展演变状况，例如政治史、经济史、文化史、军事史等。专门史还可以是专业史，即以某一专业、行业为研究对象而开展的研究，例如农业史、手工业史、商业史、战争史，等等。

生和发展的共同趋势为基础的。

一、中外史学中的专门史

从历史学的发展过程来看,在中外史学领域,专门史的产生和发展是共同的趋势。

在中国,虽然古代并没有以专门史命名的史书,但自古史书都有某些专门史方面的记述。正史中的"志"是最接近于专门史意义上的史籍,根据记述内容不同,一般分为礼仪、音乐、律令、天文、五行、食货、刑法、百官、地理等,而它们分别可以当作社会史(包括民俗史、婚姻家庭史、人类学等)、音乐史、法律(法制)史、天文学史(包括历法)、哲学史(包括宗教史)、经济史(包括赋税史、财政史等)、刑法史、行政史、地质地理史、出版史、印刷史等专门史研究的原始资料,涵盖面很广。随着史学研究深入发展和细化,专门史逐渐从正史中分化出来,到20世纪初"新史学"兴起时,专门史成为独立学科并获得发展。何炳松在《新史学》"译者导言"中指出:"旧日史家又有偏重政治史的毛病,实则政治一端决不能概括人类活动的全部。"所谓"新史学","就是要想打破俗套,去利用各种新科学上的新学说,而且要使历史加入各种学问革命的潮流里面去"。①

梁启超在《中国历史研究法》中明确提出了对专门史的认识,指出:"今日所需之史,当分为专门史与普遍史之两途,专门史如法制史、文学史、哲学史、美术史……等等;普遍史即一般之文化史也。治专门史者,不惟须有史学的素养,更须有各该专门学的素养。"他之所以倡导专门史,是因为他认为要展现整个历史,必须先弄清专门史,"历史上各部分之真相未明,则全部分之真相亦终不得见。而欲明各部分之真相,非用分功的方法深入其中不可"。专门史研究开展起来了,通史、综合史也就容易了,"专门史多数成立,则普遍史较易致力,斯固然矣"。②在《中国历史研究法补编》中,梁启超进一步讲述了"研究专史如何下手",甚至表明这部分内容可叫作"各种专史研究法",具体包括:(1)人的专史。即旧史的传记体、年谱体,专以一个人为主。(2)事的专史。即旧史的纪事本末体,专以重大事情为主。(3)文物的专史。即旧史的书志体,专以文物典章社会状况为主。(4)地方的专史。即旧史之方志体。(5)断代的专史。即旧史的断代史体,专

---

① [美]鲁滨孙:《新史学》,何炳松译,上海古籍出版社2012年版,第2、3页。
② 梁启超:《中国历史研究法 中国历史研究法补编》,中华书局2014年版,第38页。

以一个时代为主。梁启超对五种专史的研究作了分门别类的讲解，可以说奠定了"五四"以来中国专门史学科发展的基础。

在国外，伴随着封建制度的解体和资本主义制度的逐步确立，史学研究开始了基督教史学单一性的突破。资产阶级人文主义历史学家着眼于人类和人类事业，认为人的全部活动都属于历史研究的范围，其中最能反映人类物质生活和精神生活的文化史，自文艺复兴以来日益受到人们的重视。

马克思、恩格斯在创立唯物史观的过程中，深化了对推动人类社会历史发展的各种实践活动的认识，提出人的社会生活实践、物质生产实践、政治实践、精神生产实践，人们相互之间、民族与民族之间、国与国之间、国际集团之间的各种交往实践，等等，各种基本实践活动及其之间的相互作用推动人类社会历史的发展。于是，政治、经济、文化等均被纳入历史研究的范围，从而扩大了专门史的范畴。如恩格斯在强调用唯物史观指导研究工作时指出："必须重新研究全部历史，必须详细研究各种社会形态存在的条件，然后设法从这些条件中找出相应的政治、司法、美学、哲学、宗教等等观点。""要知道在理论方面还有很多工作需要做，特别是在经济史问题方面，以及它和政治史、法律史、宗教史、文学史和一般文化史的关系这些问题方面，只有清晰的理论分析才能在错综复杂的事实中指明正确的道路。"①

第二次世界大战之后，随着新的技术革命的发展和现代科学的进步，历史学发生了更加深刻的变化，不仅历史研究的重心由军事史和政治史向社会经济史和社会文化史转化，而且历史学与其他各学科的渗透融合日益增强。历史学的对象被许多学科研究，历史学又同时研究许多不同的对象。各门具体学科的理论和方法运用于历史学对象的结果，导致了史学领域内众多新学科的建立，如社会史、艺术史、教育史、科学技术史等，历史学呈现日益专门化的发展趋势。

中外史学领域专门史的发展趋势，为国史研究中专门史的兴起和发展奠定了学科基础。

二、国史专门史研究的兴起和发展

20世纪五六十年代，在国史研究起步之初，国史的通史研究和有关的专门史研究同时纳入研究者的视野。例如，1958年10月，刘大年在《历史研究》杂志撰文重点阐述国史研究问题。他指出："至今还没有一部较详尽的现代史，没有中

---

① 黎澍主编：《马克思恩格斯列宁斯大林论历史科学》，人民出版社1980年版，第28页。

华人民共和国史和有关的专史",因此需要"着重研究中国近代现代史,特别是着重研究'五四'运动以后的历史,中华人民共和国的历史,这是历史研究中厚今的主要内容"。刘大年还就如何做好国史研究列出多类专题,主要有:1949年至1952年的经济恢复,1953年以后的经济建设和社会主义改造;中国现代民主政治的研究,如人民民主专政、中华人民共和国宪法、统一战线等;土地改革的研究,如中国人民革命胜利后的土地改革、土地改革的历史意义等;中国新文化发展的研究,如中华人民共和国的文化教育;少数民族历史的研究,如中国人民革命胜利后各族人民的团结与经济文化发展;国际关系方面的研究,如中华人民共和国对保卫世界和平民主的贡献。① 可见,其中很多都是专门史课题。但是,由于中华人民共和国史是从新中国成立后的中共党史脱离出来的,这时的国史通史研究呈现的仍然还是在政治史、政策史的层面,很难称得上真正的综合研究。经济史等专门史研究则处于酝酿准备之中,出版了《七年来我国私营工商业的变化(1949—1956)》(财政经济出版社1957年版)、《中华人民共和国农业税史稿》(中国财政经济出版社1959年版)等著作。直到1977年,中国社会科学院经济研究所中国经济史研究室设立新中国经济史研究组(这是第一家专门研究新中国经济史的学术机构),专门史研究才正式拉开序幕。

20世纪80年代以来,严格的学术意义上的国史研究首先在通史领域取得显著进展。仅新中国成立40周年前后就出版了20余部通史著作,主要有:郭彬蔚等编著的《中华人民共和国简史》(吉林文史出版社1988年版)、朱宗玉等主编的《中华人民共和国史纲》(福建人民出版社1988年版)、柏福临等主编的《中华人民共和国史》(黑龙江教育出版社1988年版)、上海大学等编的《中国当代史》(江西人民出版社1988年版)、靳德行主编的《中华人民共和国史》(河南大学出版社1989年版)、何理主编的《中华人民共和国史》(档案出版社1989年版)、朱建华的《中华人民共和国史稿》(黑龙江人民出版社1989年版)、朱阳主编《中华人民共和国四十年(1949—1989)》(吉林人民出版社1990年版)等。

20世纪80年代与通史著作出现,亦有经济史、外交史等专门史研究著作问世,如蒋家俊等编的《中华人民共和国经济史》(陕西人民出版社1989年版)、赵德馨主编的《中华人民共和国经济史纲要》(湖北人民出版社1989年版)和《中华人民共和国经济史:1949—1966》(河南人民出版社1988年版)、《中华人民共和国经济史:1967—1984》(河南人民出版社1989年版)、谢益显著《中国外交史:

---

① 刘大年:《需要着重研究"五四"运动以后的历史》,《历史研究》1958年第10期。

中华人民共和国时期（1949—1979）》（河南人民出版社1988年版）等。包括中华人民共和国各部门、各条战线专史和地方史丛书在内的《当代中国》丛书编写工作于1983年开始启动，1984年开始出书。但总体来看，国史通史研究是主要研究方向。

到20世纪90年代，国史研究领域不断开拓，门类划分越来越细。横向专门史，如政治史、经济史、外交史、文化史、社会史、军事史等，从史料、史著的出版到研究队伍的形成和扩大，学科理论与方法日渐成熟。此外，关于国史上的事件、会议等具体历史过程，组织、宣传、统战、纪检等具体部门工作，工业、农业、社会、文艺、教育等具体行业情况，研究者似乎无所不及，林林总总，各种专门史开始枝繁叶茂。《当代中国》丛书于1999年全部完成，共计152卷210册，覆盖各行业、各领域，系统、全面、完整地记录了新中国近50年的发展历史。这一系列著作，可以称得上是国史研究领域最权威、最具影响力及最有代表性的专门史著作。

与此同时，国史通史编撰加快步伐，呈现欣欣向荣的局面。如邓力群主编《中华人民共和国史稿·序卷》（当代中国出版社1996年版）、《共和国历程》编委会编《共和国历程（1946—1996）》（3卷）（光明日报出版社1997年版）、韩泰华主编《共和国之路：1949—1989》（4册）（北京出版社1999年版）、曹英主编《共和国风云五十年》（6卷）（内蒙古人民出版社1999年版）、刘国新等主编《中华人民共和国历史长编》（4卷）（广西人民出版社1994年版）、有林等主编《中华人民共和国国史通鉴（1949—1992）》（4册）（红旗出版社1993年版）、郑惠等主编《中华人民共和国国史全鉴》（6卷）（团结出版社1996年版）等，是其中主要代表作。

可见，20世纪90年代，国史研究呈现通史与专门史并行的局面。而且，这种研究趋势不断发展，一直持续至今。21世纪以来出版的单卷本国史通史著作主要有：庞松主编《简明中华人民共和国史》（广东教育出版社2001年版）、杨先材主编《中国历史·中华人民共和国卷》（高等教育出版社2001年版）、杨树标等著《当代中国史事略述》（浙江人民出版社2003年版）、王桧林主编《中国现代史》（下）（高等教育出版社2003年版）、齐鹏飞等主编《当代中国编年史（1949.10—2004.10）》（人民出版社2007年版）、金春明著《中华人民共和国简史（1949—2007）》（中共党史出版社2008年版）、陈明显主编《中华人民共和国史教程》和齐鹏飞主编《中华人民共和国史》（中国人民大学出版社2009年版）、陈述著《中华人民共和国史》（人民出版社2009年版）、中共中央党史研究室等编《中华人民共和国历史图志》(上海人民出版社 2009 年版)等。多卷本通史则以 2012 年当代中国研究所出版的 5 卷本《中华人民共和国史稿》为代表作。专门史领域则有韩大元主编《新中国宪法发展 60 年》(广东人民出版社 2009 年版)、《中华人民共和国经济发展全史》(中国经济文献出版社 2006 年版)、何东昌主编《中华人民共和国教育史》(海南出版社 2007 年版)、军事科学院军事历史研究所编《中华人民共和国军事史要》(军事科学出版社 2005 年版)、张静如主编《中国当代社会史》(5卷)(湖南人民出版社 2011 年版),等等。

国史专门史研究与通史、综合史研究的彼此交融,共同成就了国史研究不断深入发展的局面。

第三节 国史通史研究与专门史研究的关系

对于专门史研究的发展,史学界一直有不同的认识。有学者赞同专门史的发展,认为:"史学的统一体逐步解体,消失在学科的多样化之中,这绝对不是史学的没落,相反,我们认为这是史学灵魂的复活"。[①] 也有学者批评侧重专门史的治史取向,"当'专门史'的书写导致种种'决定论'的流行,则势必造成对历史的'遮蔽'",从而呼吁消解专门史,努力转向"整体的历史"或"全面的历史"。[②]

实际上在国史研究领域,专门史研究的兴起,绝不是为了取代通史、综合史研究。无论专门史研究取得的成绩如何卓越,也不能取代通史研究。二者不是互相替代、互相割裂的关系。

一、国史通史研究与专门史研究各有所长

中华人民共和国史以新中国成立以来的中国历史为研究对象,包括政治、经济、文化、国防、外交、科技、教育、卫生、体育、社会、民族宗教等内容。国史研究不仅要对国家整体历史进行研究,还包含专题史、部门史、行业史等专门史的研究。因此,专门史研究是国史研究的题中应有之义。专门史研究的发展,是国史分工研究的结果。

一般来说,国史通史抑或是综合史研究,其内容横贯政治、经济、文化、社

---

① 徐梓:《史学的统一体消失在学科的多样化之中》,《江汉论坛》1985 年第 9 期。
② 徐秀丽主编:《过去的经验与未来的可能走向——中国近代史研究三十年(1979—2009)》,社会科学文献出版社 2010 年版,第 144 页。

会等诸多方面，有利于对新中国整个历史发展历程进行比较全面的了解，进而深刻认识中国共产党领导人民进行社会主义革命、建设、改革的成就和历史经验。"通史著述不仅汇集了历史学界各个方面的研究成果，也是历史学发挥社会功能的主渠道，某种意义上代表着整个历史学的发展水平，其重要性不言而喻。"①也就是说，要完成揭示历史发展客观规律的根本任务，就必须进行系统的、综合的研究，也就是从较大的时空范围考察历史的发展，既纵向考察历史事件或现象的前后联系，也横向地对特定历史阶段的众多因素进行通盘的综合分析。这一职能，只能由通史或综合史研究才能完成。

专门史研究集中于某一学科，对某一方面的内容有深入而完备的研究。专门史是以政治史、经济史、文化史等形式表现出来，并且有着各自不同的内容和形式、地位和作用，它们各自从不同的角度和侧面研究国史。专门史研究，有利于更系统和深入地分析具体问题，理清历史逻辑的潜在秩序，发现支配历史行为的核心要素。这种研究，"决非一般史学家所能办到，而必有待于各学之专门家分担责任"②。

但是，专门史研究缺乏历史研究特别是通史研究的整体性综合视角，"一套之专史如风俗、美术、宗教、制度等之历史，无论其内容如何完备，决不足于使吾人了解社会之演化或世界之历史也。盖其所述者仅一种连续抽象之描写而已，而在所有此种抽象现象中本有其具体之连锁"③。也就是说，各专门史无论如何深入，都只是综合历史的一个侧面、一个部分，它们不能呈现整个历史发展的变迁。

二、国史通史研究与专门史研究互相促进

通史研究与专门史研究各有所长短。一般来说，通史研究面广，但不够深入；专门史研究专而深，但面不够宽。国史研究中可以让通史与专门史各展所长，弥补彼此之缺陷。

一方面，以专门史研究推进通史研究之广度和深度。因为"历史上各部分之真相未明，则全部分之真相亦不能终见。而欲明各部分之真相，非用分功的方法深入其中不可"④，各个领域的专门史梳理清晰后，对通史、综合史的了解和掌握也就容易了。事实证明，国史研究中通史的发展和完善，专门史研究功不可没。

---

① 陈立柱：《百年来中国通史写作的阶段性发展及其特点概说》，《史学理论研究》2003年第3期。
② 梁启超：《中国历史研究法 中国历史研究法补编》，中华书局2014年版，第38页。
③ 何炳松：《通史新义》，商务印书馆2011年版，第117页。
④ 梁启超：《中国历史研究法 中国历史研究法补编》，中华书局2014年版，第38页。

最初，国史通史内容侧重于政治史、社会主义时期的中共党史，随着各种专门史研究的拓展，国史的范围才逐步拓宽，内容才日益丰富。当代中国研究所出版的《中华人民共和国史稿》，较全面地吸收了国史学界在政治史、经济史、文化史、国防史等专门史领域的研究成果，比较全面系统地反映了新中国的经济建设、文化、教育、科技、军队与国防建设、卫生、体育、民族宗教、社会风尚、气候灾害等，比之以前的相关国史通史著作，在内容上有很大的拓展。

专门史研究的细致深入，加深了国史研究的深度。例如，对知识青年上山下乡运动，研究者过去多从政治和意识形态方面分析其发生原因，认为知识青年上山下乡的根本原因是由于"文化大革命"中对知识分子的"左"的错误估计，导致了这场在主观上要进行一场教育革命的运动。后来，随着经济史研究的推进，研究者着力从经济方面去探讨知识青年上山下乡运动的发生，认为城市就业压力始终是这场运动的基本动因，解决城市就业问题是其中主要战略考虑。可见，专门史的开展，有利于深化人们对一些历史事件的认识，考察多种因素合力在历史发展中的作用。

但是，国史通史绝不是专门史的简单叠加，"普遍史并非由专门史丛集而成，作普遍史者须别具一种通识，超出各专门史事项之外，而贯穴乎其间。夫然后甲部分与乙部分之关系见，而整个的文化，始得而理论也"[1]。研究者承担着将专门史研究融会贯通于国史综合研究的职责，"专门家每以考证一己范围中之事实为限。此种单独考证之结果必再有人焉为之权其轻重而综合之。此通史家之职务也。通史家必须明白各专门家研究结果之价值如何，然后方得评论其得失"[2]。这就要求研究者必须具有广博的知识体系，能够进行系统的联系和综合，也就是要把国史发展看成是一个由众多要素组成、诸要素相互影响和作用、不断运动变化的动态立体网络，再从最广阔的角度、最丰富的侧面、最众多的层次加以认识和研究。

另一方面，要以通史研究之综合知识和分析方法推进专门史研究。不了解国史通史，就不容易全面掌握每一个专门史纵向贯通之脉络，更不能深入把握专门史之间的联系，如政治史与经济史、文化史、社会史之间的内在联系。

总之，国史研究要善于将通史、综合史研究与专门史研究相结合。正如梁启超所指出的："惟有联合国中有史学兴味之学者，各因其性之所嗜与力之所及，为

---

[1] 梁启超：《中国历史研究法 中国历史研究法补编》，中华书局2014年版，第38页。
[2] 何炳松：《通史新义》，商务印书馆2011年版，第173页。

部分的精密研究，而悬一公趋之目的与公用之研究方法，分途而赴，而合力以成。如是，则数年之后，吾侪之理想的新史，或可望出现。"①

思考题：

1. 评述目前学界的国史通史研究成果。
2. 评述目前学界的国史专门史研究状况与未来趋势。
3. 国史研究如何处理好通史与专门史研究的关系？

---

① 梁启超：《中国历史研究法 中国历史研究法补编》，中华书局2014年版，第39页。

第五章 国史史料的整理和研究

史料是历史研究的基础，国史研究也是如此。国史研究史料种类繁多，数量巨大，可以说浩如烟海。如何从浩瀚的史料中收集所需史料并择之要者加以有效运用，是国史研究面临的首要任务。这就需要以正确的历史观为指导，运用科学的方法对国史史料进行整理和研究。也就是说，"要坚持用唯物史观来认识和记述历史，把历史结论建立在翔实准确的史料支撑和深入细致的研究分析的基础之上"。[①]

第一节 国史研究是史观与史料的有机结合

研究历史问题，首先必须掌握有关的史料，弄清有关的事实真相，从事实材料出发，进行分析研究，然后才能得出对历史现象的本质的、规律性的认识。本质和规律不是一眼就能看出来的，它们隐藏在繁杂的历史现象之中。在中华人民共和国历史研究中，能否对史料进行科学研究，对历史现象作出正确的判断，要看研究者是否坚持并贯彻了科学的历史观。

一、历史观对史料运用的决定性作用

什么是历史观？"判断现实社会万事万物是非善恶或利弊得失及其因果关系的价值观，投射到历史认识上，就成了判断历史事物的是非善恶或利弊得失及其因果关系的历史观。"[②] 因为现实是历史的延伸，而历史就是现实的前身。每个国史研究者心中都有一杆衡量历史事物的是非善恶或利弊得失及其因果关系的"秤"，即历史观。有种观点认为，"就学术研究而言，事实评判比价值评判更重要，论据比论点更重要。只认论点，不管论据的人，是不讲道理的人"[③]。事实上，论点与论据从来都不是割裂的。论点是由论据决定的，而论据的择取和运用则是由研究者的历史观决定的。

什么是史料？我们通常说的史料，就是指那些人类社会历史在发展过程中所

[①] 《习近平在中共中央政治局第二十五次集体学习时强调 让历史说话用史实发言 深入开展中国人民抗日战争研究》，《人民日报》2015年8月1日。
[②] 庞卓恒：《历史观与历史学家的社会责任》，《中国社会科学院院报》2007年4月26日。
[③] 郭世佑：《历史虚无主义的实与虚》，《炎黄春秋》2014年第5期。

遗留下来并帮助我们认识、解释和重构历史过程的痕迹。梁启超在其《中国历史研究法》中回答何谓"史料"的问题,指出:"史料者何?过去人类思想行事所留之痕迹,有证据传留至今日者也","史料为史之组织细胞,史料不具或不确,则无复史之可言"。① 历史研究的根本任务在于,在占有史料的基础上,找出历史事实之间的联系,发现历史的规律性。也就是说,史料是研究工作的最初出发点,是对历史进行进一步研究的基础。

历史研究从搜集资料开始到对史料的运用解读和分析评价,都离不开历史观的指导。不要任何理论指导的历史研究是不存在的。要搜集资料,就有搜集哪方面资料,根据什么观点和方法搜集资料的问题。至于分析、综合、整理历史资料,要去粗取精、去伪存真、由此及彼、由表及里地对历史资料进行概括,形成概念和理论系统,从现象到本质地揭示事物发展规律,总结历史经验、教训等等,无一不需要历史观的理论指导。

事实证明,研究者历史观不同,在研究国史的过程中,所收集运用的史料就会不同,即使面对同一客观史实,同一客观史料,也会得出不同的结论。例如,研究反右派运动历史时,在对1957年1月毛泽东《在省市委自治区党委书记会议上的讲话》这一史料的解读中,就存在截然不同的看法。有人认为这一讲话是"引蛇出洞的战略部署","是从鸣放到反右真正的转折点"。也有观点认为,虽然毛泽东这一讲话谈到了对待民主人士和知识分子的办法,但是,"这些都仅仅说明他的思想中有发动一场反右派斗争的因素,却不能说这时他已经在计划开展这场斗争了"。针对这种现象,有学者指出:"历史作为已经发生的事实,是相当客观的,但历史研究却是主观的行动。任何一部历史著作,都是对史料的主观解读。"② 因此,研究者的历史观、世界观和价值观,自然会影响到其对史料的研读。

在历史研究中,研究者的历史观形形色色。总体来看,与历史真相及其中的真理相吻合的历史观,是科学的历史观;与历史真相及其中的真理相背离的历史观,是非科学的历史观。实践证明,研究者从具体的史料出发,运用马克思主义立场、观点和方法进行分析研究,是能够得出揭示历史发展规律性的结论的。相反,虽然能够从史料出发,却以各种唯心史观为指导,这样在研究中得出的结论和认识常常是肤浅的、错误的。

在国史研究中,存在各种唯心史观理论和思潮的干扰,它们不是对社会历史

---

① 梁启超:《中国历史研究法 中国历史研究法补编》,中华书局2014年版,第40页。
② 茅海建:《史料的主观解读与史家的价值判断——复房德邻先生兼答贾小叶先生》,《近代史研究》2007年第5期。

实际正确的概括,而是对社会现象作颠倒的曲解。它们总是这样那样地用人们的思想动机来说明历史活动,而否认历史发展的客观联系,否认社会发展的规律性。这种现象在关于新中国领导人的研究中最典型。有些研究者总是把新中国社会主义探索中发生的错误归之于共和国领导人尤其是毛泽东,肆意夸大毛泽东晚年的错误,甚至不惜伪造史料,极尽造谣、诽谤、污蔑之能事。

还有些学者倡导从所谓超阶级的、去社会性的"人性"观点来评价历史事件、分析历史人物。基于这种"人性"史观,有种研究新中国土地改革背景下地主富农问题的做法是,择取土地改革运动中某些地区发生的对地主富农的乱捕、乱斗、乱打倾向的史料,展现中共"一刀切妖魔化所有地主和富农成分的人"、将其土地国有化的过程,结论是"在这场天翻地覆的大改组、大变革中,无数无地少地的农民一度获得了宝贵的土地,他们成了新政权的拥护者,而原来处在农村社会中上层的地主、富农阶层则成为这场社会大变革的牺牲品"。如此"人性"史观,不过是站在地主、富农的立场上为其鸣不平,并没有站在占农村绝大多数的广大贫雇农立场来看待土地改革的本质。

所谓价值"中立"史观是一些研究者奉行的原则。这些研究者声称要以"中立"的状态来还原历史、解释历史。事实上,任何研究都不可能完全排除研究者的价值关怀,任何史家在作出判断时,都会提出自己的观点,观点即思想和价值观的化身。因此,所谓"中立",绝不等同于客观。即使是一些标榜价值"中立"的研究者,也是明白真正的中立是不可能的。虽然他们强调史料证据,但是拿出史料当证据说话时,结论便不言自明,其中关键就在于择用史料时,已有史观先行;解读史料时,史观已经融入其中。例如有人在对改革开放前新中国的住房问题进行研究时,将毛泽东到全国各地视察、考察时居住过的宾馆等全部划归毛泽东名下,称毛泽东为那个时代的"房爷"。这种偷换概念歪曲解读,充分表明其刻意"抹黑"毛泽东的主观用意。

如此种种,无非是唯心主义历史观在新的历史条件下的表现。在唯心史观指导下的国史研究,不仅不能正确分析、说明客观历史实际,反而歪曲历史事实,隐瞒历史真相,甚至伪造历史事实。依靠唯心史观来指导的历史研究,不可能对历史发展的客观过程作出全面概括和科学说明,相反,这种研究往往是有意无意地掩盖着历史真相,抗拒着对历史本质的揭示。

二、坚持用唯物史观指导史料的解读与运用

要科学地说明历史,必须以马克思主义唯物史观为指导。马克思主义经典作家

对历史唯物主义理论的阐明，为历史科学奠定了坚实的理论基础，为历史科学研究开辟了广阔前景。历史唯物主义关于社会发展规律的学说，为历史研究提供正确的立场、观点和方法。理论是研究者射"的"的"矢"。有了正确的理论，还必须拿它去研究具体问题，拿它去和历史实际相结合，去搜集、分析大量的历史资料。

马克思主义的历史科学承认理论的指导作用，同时反对把理论作为公式和标签加以套用。有些研究者在论述历史问题的时候，不根据具体事实分析，只空谈一般原则，泛泛议论；即使接触到一些史料，也是满足于选择零星的史料，没有对史料进行综合分析。对于这种形式主义研究倾向，马克思主义经典作家进行过深入批评。例如恩格斯反对德国许多青年作家不把历史唯物主义当作研究历史的指导线索，而将之当作公式乱套的错误做法，认为他们不是在正确理论指导下艰苦细致、扎扎实实地搜集、整理大量历史资料，具体分析它的不同发展形态，探寻各种形态的内部联系，而是把历史史料剪裁得适合预先设想的结论。"如果不把唯物主义方法当作研究历史的指南，而把它当作现成的公式，按照它来剪裁各种历史事实，那末它就会转变为自己的对立物。"[①]恩格斯强调："我们的历史观首先是进行研究工作的指南，并不是按照黑格尔学派的方式构造体系的诀窍。必须重新研究全部历史，必须详细研究各种社会形态存在的条件，然后设法从这些条件中找出相应的政治、私法、美学、哲学、宗教等等的观点。"[②]

史论结合是马克思主义历史研究包括国史研究普遍认可的基本原则。然而，能否真正做到史论结合、史与论统一于国史研究的关键在于，是以科学的理论还是错误的理论为指导，是以客观历史事实还是虚构的、片面的史料为依据。那种将错误理论融合在片面史料之中的研究，不可能实现科学的"史论结合"。同时，从本质上、体系上考察，唯心史观既是颠倒历史事实的理论，不可能不同客观历史事实发生矛盾。那些秉持唯心史观的研究者不得不削足适履，歪曲历史真相。也就是说，在持唯心史观的研究者那里，不可能有在体系上是科学历史理论和客观史实相统一的研究成果。

马克思主义史学坚持以唯物史观为根本指导，站在人民群众的立场，坚持历史主义的原则和方法，把历史事件和历史人物放在当时的历史条件下和具体环境中进行研究，只有如此才能对史料进行准确解读和运用，最终获得接近历史事实、符合历史发展规律的科学认识。

---

① 黎澍主编：《马克思、恩格斯、列宁、斯大林论历史科学》，人民出版社1980年版，第397页。
② 《马克思恩格斯选集》第4卷，人民出版社1995年版，第692页。

第二节 国史史料的分类与收集

国史研究史料虽然范围广泛,但是根据史料存在的形式,总体上可分为五种类型:文献史料、口述史料、实物史料、影像史料和网络史料。国史史料的收集,既要秉持共同的基本原则,又要根据史料类型的不同,采取不同的方法。

一、国史史料的分类

(一) 文献史料

国史史料中的文献史料主要以书面史料即一切被研究者用以研究历史的文字资料而呈现,主要有以下七类:一是档案文献史料,包括新中国成立以来国内外出版的关于中华人民共和国各级党政机关、军事机构、群众团体、企事业单位的档案文件。二是重要历史人物传记资料,包括文集文稿、传记年谱、书信笔记日记等。三是报纸杂志,包括全国性及地方各种报纸期刊,机构团体印刷的内部资料、简报、小报,都是研究国史的重要文献资料来源。四是新编地方史志。20世纪80年代初开始,我国有计划编写着重反映1949年新中国成立以来的政治、经济、文化、军事、教育、科技等方面发展变化的新地方志。截至2005年11月,全国31个省、自治区、直辖市(香港、澳门、台湾暂未统计)首轮省、市、县三级志书规划编纂6000余部,已出版5000余部。与此同时,全国各地还编辑出版了4万多种部门志、行业志、乡镇志、名山大川志。[1]2005年又启动了全国第二轮省、市、县三级地方志修志工作,截至2020年第二季度末,省、市、县三级志书累计完成4915部,占规划总数的91%。新地方志很多都是利用地方档案资料写成,具有重要的第一手资料价值。五是民间文献史料。散落于基层社会的民间文献史料是国史研究的文献史料来源之一,主要包括合作社和人民公社化时期的账本单据、人员档案(如阶级成分登记表、贫协会员登记表、干部身份简历等)、上级文件、证件文书(如证明信、介绍信、户口迁移证,粮、油、棉、布、糖、酒等日常生活用品配给票证)等。农村干部工作笔记以及"文革"时期的家史、村史、社史、阶级斗争史等成册文献,也是其中的重点类别。六是国情调研(社会调查)资料。新中国成立后,党和国家有关部门以及一些科研机构组织对我国的政治、经济、文化、社会等情况开展了很多调查研究,并编辑出版了大量调查资料。如中国农业科学院西北畜牧兽医研究所编《1955—1957年畜牧兽医调查

---

[1] 本刊编辑部:《中国新编地方志二十多年辉煌成就》,《中国地方志》2006年第6期。

研究资料》、1956年各主要省市出版的《工农业商品比价问题调查研究资料汇编（1950—1955）》等。改革开放新时期以来，从事国情调研的队伍扩大，各民主党派、各地政府、各学术团体以及学者个人都深入城市、农村社会的各个方面，进行国情调研或社会调查，从而保存了大量调查数据和原始资料，成为国史研究不可或缺的第一手资料。七是文学史料，主要包括当代诗歌、小说、报告文学、民歌民谣等。例如纪实性知青文学作品对于国史研究尽可能还原和再现知识青年上山下乡运动的真实是有帮助的，因此可以和传统的史料放在同等的价值层次上予以使用。

一般来说，文献史料是记录新中国成立以来重大历史事件和重要历史人物活动的主要载体。这类史料具有内容丰富、连续系统等特点，因而是国史研究的基本史料，是最重要的史料来源。

（二）口述史料

口述史料是对文献史料的重要补充。传统的口述（或口碑）史料是指经口述世代相传而形成的史料，例如司马迁写作《史记》，就运用了诸如韩信少时受胯下之辱的故事等口碑史料。而在国史研究领域，口述史料是指历史的亲历者、当事人口传或笔记而留下来的史料，既包括历史当事人根据亲身经历或耳闻目睹所撰写的回忆录，也包括研究者对历史亲历者进行调查采访、访谈所得到的访谈资料。这些口述史料一般是以文字或录音、视频的形式留存下来的。

回忆录史料，即历史事件当事人或见证人对个人所经所见所闻的回忆记录，所反映的往往是某一阶段的历史过程或某一史事的片段。回忆录在记述形式上主要分为两种：一是人物回忆录，它是最常见的回忆录形式，其中又包含着回忆人物和人物回忆两个类别。前者是他人撰写的对某人物的回忆，如《胡乔木回忆毛泽东》（人民出版社1994年版）、《回忆邓小平》（中央文献出版社1998年版）、《缅怀陈云》（中央文献出版社2000年版）等；后者是当事人个人撰写的对历史经历的回忆，如《汪东兴回忆：毛泽东与林彪反革命集团的斗争》（当代中国出版社1997年版）等。二是事件回忆录，它是对历史某一阶段或某一事件的专题回忆录，如朱佳木《我所知道的十一届三中全会》（当代中国出版社2008年版）等。

从回忆录的撰写主体来看，国史研究的回忆录呈现多群体的特点，既有见证历史的主要领导人的回忆录，也有亲历新中国历史发展的普通人如知识青年的回忆录。近年来，还出现了一些普通人物的回忆录，即普通人对自己一生生活的回忆，如吴文勉《风雨人生》（中国文史出版社2003年版）、刘益旺《昨夜风——一位老人的真情告白》（华龄出版社2004年版）、国亚《一个普通中国人的家族史》

（中国广播电视出版社 2005 年版）等。这类回忆录从个人和社会基层的角度，对回忆者一生中所经历的新中国重大历史发展对他们的思想、工作、生活以及家庭的影响作了较多的叙述。虽然都是个人的叙述，但可以和其他历史资料互相印证。

访谈史料，即对历史事件亲历亲闻者的访问记录。访问可以分别面对个人，也可通过座谈会面对群体。此外，与访问记录相似的调查报告，主要是通过访问材料（包含文字史料），对历史的发生过程进行记录，也可视为口述史料。由访问和调查所得的史料，对研究历史发展过程有重大参考价值，历来为人们所重视。在国史研究中，由于诸多历史亲历者仍然在世，对亲历者的访谈不仅可以更全面地了解历史发生发展的复杂面貌，而且可以帮助核实档案资料的真实情况，因此访谈口述史料的征集得到国史研究者的广泛重视。

从口述主体来看，访谈史料可以分为两类，第一类是重大历史事件亲历者和重要历史人物的口述访谈史料，例如当代中国出版社出版的口述史类丛书，主要有吴德口述《十年风雨纪事——我在北京工作的一些经历》、王文正口述《共和国大审判——审判林彪、江青反革命集团亲历记》、王仪轩、许光建等口述《中韩"劫机外交"——口述实录卓长仁劫机案与汉城谈判内幕》等。第二类是普通人物群体的口述访谈史料，例如中共上海市委党史研究室等编著、徐有威主编的《口述上海——小三线建设》（上海教育出版社 2013 年版），采访了 43 位上海小三线建设的知情人，其中有参加决策的高层领导，更多的是参加建设过程的干部、工人、知识分子、解放军官兵和民工，还有上海小三线建设所在地区的安徽省的有关当事人和知情者。同一事件由诸多群体人物来讲述，可以在一定程度上减少由于口述者记忆错误而导致的史料失真。

（三）实物史料

实物史料主要是指在国史发展过程中保存或遗留下来的历史场所或历史人物用过的实际物品。历史场所包括重要人物故居及其重要活动场所，以及重大历史事件发生的场所，例如重要会议会址等。实物史料对于研究者了解当时历史活动的环境、场景等有重要帮助。重要历史人物用过的实际物品一般都作为文物予以收集和保存，例如领袖人物的工作证、所使用的日常物品、所穿过的衣服，等等，对于了解和研究领袖人物的生活工作状况等是有益的。

中国当代社会史研究的兴起，拓展了当代实物史料的范围。新中国成立以来的生产工具、家具器皿、粮票布票油票肉票、领袖像章、服饰甚至住房建筑都可以成为研究者参考使用的史料。改革开放新时期以来新实物史料形式更是层出不穷，如有关个人的材料就有出生证书、入学招工录取通知书、学生证、成绩报告单、毕业证、学历证、身份证、居民证、结婚证、工作证、聘书、奖状、委任状、履历表、资格证、执照、信用卡、电文、贺卡、车船票、公交卡等类别。关于经济活动的股票、证券、发票、商标、广告等，各类用具包括各类生产生活用具、商业用具、交通用具等，都成为新型的实物史料。

作为"看得见的历史"，实物史料是历史的见证和历史知识的可靠来源，它既能比较真实地反映历史，又具有形象直观性，因此不仅可以补充文献史料的不足，而且可以增强人们对历史的真实感，对于人们了解和研究国史具有不可替代的史料价值。

（四）影像史料

影像史料，是指依据一切历史的、现实的实物与事件所拍摄的照片、纪录片、纪实片及文艺表演影像等。影像史料能够通过提供图像、影像来呈现或传达某种历史理念。也就是说，影像史料是照片、影视图像所提供的视觉材料，经过研究者的史料学处理，被用作解释历史的资料。总体来看，影像史料也可以分成动态与静态两类。

在国史研究中，人们越来越重视对有关新中国历史发展、历史事件及历史人物影像史料的收集、整理和出版，目前已经有了不少成果。静态史料方面，由照片为主要题材构成的各种关于新中国历史、人物等的图册、画册层出不穷。例如20世纪50年代初出版的《新中国画库》丛书，包括《开国大典》《英勇的人民解放军》《新中国站在国际和平阵营的一边》《毛主席在苏联》《党的好女儿——赵桂兰》《铁路劳动模范》《农业劳动模范》《志愿军的人民功臣们》《青年学生参干去》《江南土地改革》《部队参加农业生产》《现代配备的人民战士》《志愿军前线生活》《翻身后的江南农民》《新中国劳动人民休养所》《鲁迅纪念馆》等，都收入了很多难得的珍贵照片，成为新中国成立初期历史的鲜活资料。以中央文献研究室、新华通讯社等部门为主体出版印刷了大量关于党和国家重要历史人物的画册，如《毛泽东画册》《邓小平画册》《陈云画册》等，都公布了大量关于伟人历史瞬间、生平、工作、生活等的照片，再现了他们丰富多彩的革命生涯。

动态史料方面，作为"写在胶片上的历史"，自新中国成立初期就广泛存在的新中国文献纪录片的"立体档案"和"现实的文献笔记"引起了研究者的重视。所谓文献纪录片，是指在大量新闻片、资料片的基础之上编辑而成的纪录片。新中国成立后，新闻纪录电影的主要任务就是拍摄共和国在政治、经济、军事、社会等领域的重大事件和重要活动。20世纪50年代初，新影厂每年制作的纪录片、新闻片达100多部，即使在"文化大革命"时期，纪录片的拍摄也是不间断的，为后人和以后的文献纪录片创作留下了许多宝贵的影像资料。改革开放新时期以来的当代中国文献纪录片分为重大革命历史纪录片、重要历史人物纪录片、人文历史纪录片、理论文献纪录片四种类型。近年来这类文献纪录片主要有《长征》《东方主战场》《筑梦路》《大国重器》《我们走在大路上》《英雄儿女》《摆脱贫困》《敢教日月换新天》等。

珍贵的档案价值是当代中国文献纪录片最基本的价值所在。从1999年起，中央档案馆、国家档案局利用馆藏的150多万卷档案、200余万册资料以及近万个小时的录音、录像档案资料，先后摄制历史题材的文献电视片20余部，在全国100多个电视台播出，收到了很好的社会效益。这些文献纪录片中，许多珍贵史料鲜为人知，具有重大留存价值。大量运用访谈形式，也是近年来文献纪录片的主要构成之一，从而留下了不少珍贵的口述史料。

目前，影像史料的学术价值越来越为学术界所重视。如有学者提出，影像史料的价值主要体现在"证史""补史""明史"三个方面。所谓"证史"作用，即证实或证伪文字史料所描述的历史的真实存在或真情实况，纠正有意或无意的错误记录；"补史"即填补文字史料的空白，补充文字史料稀缺之不足；而"明史"作用，则是可以使模糊、抽象、今人难以理解的文字描述，变得清晰、具象。[①]

总之，影像作品已成为历史研究的重要资料印证了"资料革命"的到来。这一变革正在改变人们的阅读方式和对原始资料的传统认识，并促使历史研究发生深刻变化。

（五）网络史料

随着现代互联网的发展和普遍使用，史料家族出现了新的成员——网络史料，即存储在网络上可以通过互联网传播和搜集的史料，也就是以互联网作为载体而存在的史料。

关于国史的网络史料分布非常广泛，数量也很可观。网络史料大致可分为三类：一是通过数字化手段把政府文件、档案、文物、图书、过期报刊电子化为数据库在网上发布而存在于网上的资料，这类资料是各地数字化图书馆的主要馆藏内容。如果得以授权，这类数据库可以供研究者在办公室和家中远程登录网络而使用，甚至可以跨国使用，非常方便。二是以单个文件的形式呈现于一些网络的史料，这类史料有的是网站建立方发布的，有的则是广大网络用户自行发布的。

---

① 《〈近代史资料〉编译室举办影像史料专题学术报告会》，中国高校人文社会科学信息网，2010年4月25日。

这类网络史料,既包括把文献史料电子化为PDF、Word、文本文档形式,也包括把实物通过数码相机、网络技术加以整理,转换成图片等影像史料。例如新浪爱问共享资料板块就曾经由诸多网络用户发布了大量关于国史的文献资料,这些资料大多以文档、图片、音频等形式发布;共青团中央的官方网站则发布了新中国成立以来大量团中央的档案文件;各地知青组织以及个人创办的100多个知青网中,不少网站发布了大量知青口述回忆资料。三是在互联网首发的信息,包括若干权威网站经授权后最先发布的重要文献、重大会议实况、法律法规等;各网站最先报道的重大历史事件、当事人的介绍说明以及先于平面媒体出现的新闻报道等。这类资料多以网页的形式呈现。

就网络史料的内容而言,它涵盖了实物史料、口述史料、文字史料和影像史料,史学工作者现在"一网打下"实物史料、口述史料、文字史料、音频、影像等所有史料也不为过。但就史料的内涵和本质而言,网络史料并没有发生根本的改变,它只是一种新的史料传播和史料搜集的方式及途径。但由于这种方式突破了传统检索和搜集史料对时间、地域、语言的限制,实现了前所未有的资源共享,使得研究者对史料的搜集更广、更快、更便捷,因此可以说,网络史料的出现是史料存储、史料传播、史料搜集方式及方法的一次巨大的变革,已经引起历史研究领域深度和广度的变化,甚至在一定程度上拓展了人们的历史研究观念。也正因为如此,它的出现虽然只有短短几十年的时间,却已经越来越成为研究者获取史料信息的主要渠道,甚至在某种程度上决定了研究者所能取得的研究成果的深度。

任何新事物的产生,在给研究工作带来好处的同时,也会带来新的问题。网络史料也不例外。目前存在的主要问题是:史料爆炸式涌现,增加了辨别真假史料的难度,也增加了处理大量史料的难度,这对研究者的综合素质提出了更高的要求。

二、国史史料的收集

史料是研究工作的最初出发点,是研究历史的基础。国史研究的第一步工作就是全面收集史料。史料收集的充分与否与研究成果的质量高低有着直接的关系。在收集史料的过程中,不仅要把握一定的原则,还要掌握一些基本的方法。

（一）史料收集的原则

首先,尽可能全面地收集史料。马克思主义经典作家都十分注重史料的全面性。马克思强调研究必须充分地占有资料,恩格斯则明确指出:任何科研工作,只说空话是无济于事的,"只有靠大量的、批判地审查过的、充分地掌握了的历史资料,才能解决这样的任务"①。列宁也指出:"在社会现象方面,没有比胡乱抽出一些个别事实和玩弄实例更普遍更站不住脚的方法了",为了使研究工作获得真实可靠的基础,"就必须毫无例外地掌握与所研究的问题有关的事实的全部总和。"②

国史史料浩瀚,在研究中很难完全穷尽,但是明确提出全面收集史料的要求,可以使研究尽量减少错误。史料的充分、全面与否,很大程度上直接决定研究结论是否科学和客观,所以研究者在所要研究的选题、课题范围内,要尽可能耐心、全面地收集有关的直接和间接资料,也就是详尽地占有史料。如果能够立足于自己的研究方向和长远目标,经年累月、持续不断地广泛收集史料,所收集的史料往往最充分、系统,研究者更能取得质量上乘的研究成果。

其次,按主次顺序收集史料。马克思、恩格斯非常强调历史资料的原始性和可靠性。拉法格回忆马克思时指出:"他从不满足于间接得来的材料,总要找原著寻根究底,不管这样做有多麻烦。"③恩格斯则强调:"有用的材料,如不与原出处认真核对,也完全不能用。"④

就国史研究而言,一般按照先一手史料后二手史料、先直接史料后间接史料、先主要史料后次要史料的顺序收集。具体来说,国史史料如果按照其原始程度(一定意义上也可以说是其重要程度)的递减顺序排列的话,大致如下:(1)已刊档案文件史料;(2)未刊档案文件史料;(3)官方编著的史书、文集年谱;(4)报纸杂志、地方史志等;(5)书信日记、回忆录访谈录、文学史料;(6)第二手资料(书籍和文章)。收集完文献史料之后,再加扩展,可以继续收集实物、视觉史料等。

再次,积极利用各种渠道收集史料。一是利用最快捷的渠道——网络,来查找收集已经出版的电子文献史料,最初可以通过已有的成果和线索确定文献史料的范围;二是在档案馆查找收集文献史料;三是在图书馆、博物馆、纪念馆以及遗址、旧址查找和收集资料;四是请历史亲历者讲述或回忆,通过查、问、访、忆等方式把资料收集上来。

(二)史料收集的方法

不同种类的国史史料,收集的方法有所不同。

1. 文献史料的收集方法

文献史料的收集,首先要着眼于已经出版发行的资料。新中国成立以来党和政

---

① 《马克思恩格斯选集》第2卷,人民出版社1995年版,第39页。
② 黎澍主编:《马克思恩格斯列宁斯大林论历史科学》,人民出版社1980年版,第309页。
③ [法]保尔·拉法格等:《回忆马克思恩格斯》,马集译,人民出版社1973年版,第348页。
④ 《马克思恩格斯全集》第39卷,人民出版社1974年版,第76页。

府有关部门的大量涉及政治、经济、文化、社会、外交、军事、党的建设等主题的档案文献得以编辑出版,而且很多档案文献如《建国以来党的重要文献选编》等书籍得以电子化、数据化,收集使用很方便。报纸杂志数据化的最多,仅中国知网的中国期刊全文数据库就收录国内8200多种重要期刊自创刊以来的全文数据2200多万篇;《人民日报》《光明日报》《解放军报》《参考消息》《经济日报》等报纸也都实现了电子化。这些数据库,各地高校及科研机构的图书馆都有购买存储。地方史志、国情调研、社会调查资料也出版了很多,比较容易收集。对于研究者个人来说,民间文献史料的收集比较困难。目前,重点收集当代中国民间文献史料的机构有山西大学中国社会史研究中心、华东师范大学当代中国研究中心和南开大学中国社会史研究中心。这些机构挖掘收集了大量民间文献资源,并将一些文献进行了整理出版。例如,华东师范大学当代中国研究中心出版了《中国当代民间史料集刊》系列丛书九种,包括《河北冀县门庄公社门庄大队档案》《师院图书馆会议记录》《物资局整风鸣放材料》《茶厂1957年整风大字报》《花岭大队表格》《橡胶厂党支部会议记录》《细峪公社"四清"运动代表会记录生产科长的"四清"材料》《铁道学院"三反"快报》,以及《一个村支书的工作笔记》(上下册),方便了研究者的收集使用。

其次,根据需要进行深层次挖掘资料。对研究者来说,公开的档案文献总是不够用,这就需要到档案馆进一步收集未公开的档案。全国大部分省级档案馆都实现了免费查阅,有的档案馆如北京档案馆专门将新中国成立以来的档案目录网络化,研究者可事先在网上查阅档案目录,再到档案馆查阅。近年来,外交部已将20世纪五六十年代的档案逐步解密公布,可凭证件前往阅览抄录。

根据研究需要针对性开展国情调研是十分必要的,例如自2011年9月起,中国社会科学院当代中国研究所经济史研究室国情调研组对三线建设项目较多的四川省、重庆市的部分三线建设项目进行持续调研,实地考察攀枝花钢铁(集团)公司、西昌卫星发射中心、成昆铁路、广安市三线建设工业遗产陈列馆、重庆市南川区三线建设项目遗址,在攀枝花市、攀枝花钢铁(集团)公司、凉山彝族自治州、重庆市社科院与当地党政有关部门、三线建设亲历者、研究三线建设的专家学者进行座谈,访问三线建设项目区周边群众,查阅相关档案文献,收集了大量调研资料。

近年来,一些研究者尤其是当代社会史研究者注意收集当代中国的民间文献,例如普通群众的长时段日记,散落民间的一些个人档案等,用以分析"四清""文化大革命"等政治运动期间的民众生活心态。孔夫子旧书网上经常会有书店拍卖出售此类文献,研究者可注意收集。

2. 口述史料的收集方法

与文献史料的收集相类似，口述史料的收集首先是利用已经出版公布的回忆录和访谈资料，这既包括专门的回忆录和口述史料著作，也包括报刊发表的相关回忆、访谈文章。《百年潮》《中共党史资料》《党的文献》《秘书工作》等杂志发表了大量关于国史上重大历史事件和重要历史人物的回忆录和口述文章。近年来，网络也成为发表口述史料的主要载体之一，例如北京知青网的"知青史库""返城史录"收录了北京知青上山下乡和返城后工作生活的口述回忆资料。除了文字资料，公布影像视频资料是网络的优势，黑河学院知青研究所的网站专门设"知青访谈录"专栏，公布了20多位北京、江西、上海知青以及知青办主任的访谈视频资料。

其次，研究者可运用访谈法亲自开展访谈活动收集史料。访谈法，就是访谈者通过口头交谈等方式向被访谈者了解情况、收集史料以展开研究的方法。访谈的一般过程，大体上可以分为访谈前的准备、访谈中提出问题和听取回答、访谈后的史料整理与查证事实和再次访谈等几个环节。

访谈前的准备工作，一是根据研究需要确定合适的访谈对象，不仅要考虑其为历史的亲历者，找最了解情况的人来回答最适合的问题，还要考虑其身体条件、思想状态等；二是对所需要了解的历史知识进行基本掌握，准备好访谈提纲，并且把访谈提纲具体化为各种访谈问题；三是与被访者做好联系服务工作，一般要向被访者简单介绍访谈的由来、目的、意义、内容等，使其对访谈内容有所准备，并确定访谈的具体时间、地点和场合。

在访谈工作的进行中，访谈者提出的问题可以分为两大类，即实质性问题和功能性问题。实质性问题是想要了解的实际内容，比如某一具体的史实等；功能性问题是指在访谈的过程中为了与访谈对象建立良好沟通而提出的问题，例如关心访谈对象的身体健康等。一个熟练的访谈者，不仅要善于运用恰当的方式提出各种实质性问题，而且要善于灵活运用各种功能性问题，促进访谈过程的顺利进行。访谈提问的方式，一般来说需正面提出问题，但是对比较尖锐、复杂、敏感的问题，应采取谨慎、迂回的方式提出。对被访谈者的回答，要善于作出恰当的反应——被访谈者认真回答问题而又答题对路，或进行努力回忆、积极思考时，最好对被访谈者的回答不插话、不表态、不干预，保持沉默，专心地听；在涉及人名、地名、时间等各种数据和重要观点时，可采取重复一遍的办法作出反应；在受访者回答过长或过于零散时，访谈者要简要归纳并请被访谈者认可。

访谈之后的工作是非常重要的，一是史料的整理与核实。包括：（1）及时整理访谈记录，主要是看记录是否完整、准确，调查的情况是否真实可靠。（2）进一步查证事实,对一些关键事实和重要数据进一步查证核实。(3)作必要的补充调查,凡是访谈中遗漏的问题、搞错的事实,都要进行补充调查。二是考虑必要的补充访谈。有时访谈不能一次完成,需要第二次、第三次访谈。

3. 实物、影像史料的收集方法

总的来说,文献史料是国史研究重点收集和运用的史料,而作为非文献史料的实物史料,研究者收集使用较少。各类博物馆(如知青博物馆)、纪念馆(如历史人物纪念馆)、展览馆(如"集体化时代的农村社会"综合展览馆)等是当代实物史料收集储存的重点部门,例如毛泽东主席像章陈列馆(山东省邹城市)分别陈列有革命战争时期、社会主义革命和社会主义建设时期、"文化大革命"时期等不同时期的毛泽东像章和各类艺术品30余万枚、16000多种类。毛泽东像章的数量之巨、品种之多、工艺之精、设计之美,在徽章史上是一个奇迹,在"文化大革命"时期更是一种全民运动,不论从设计、制作,还是佩戴、收藏,几亿中国人曾亲历其中。很多毛泽东像章的设计有特定的历史背景,富含历史内容,像章本身有较多的文字资料,因而毛泽东像章具有丰富的历史研究价值。通常研究者需要使用实物史料时去这些部门考察、拍照即可,但是由于当代实物史料尤其是改革开放新时期实物史料分布的广泛性和易得性,许多研究者目前也注意收集实物史料开展专门研究,例如新中国票证的收集和研究已经成为当代社会生活史研究的一个重要构成部分。

影像史料中,研究者收集使用较多的是照片图片。新中国成立后,新华社、人民画报社等机构用摄影机记录了国史上重大历史的瞬间,留下了数量浩瀚的关于政治、经济、文化、军事等各方面历史和历史人物的宝贵图片资料。而且,随着摄影技术的推广,民间诸多摄影爱好者也从百姓角度拍摄了大量记录群众生活的照片,《新中国生活图史》(南方日报出版社2009年版)就集萃了新中国成立以来以民间生活为主题的纪实摄影经典作品,重现了民间的"共和国记忆"。这些照片图片或登载于新中国成立以来的报纸杂志、图书、画报、画册,或呈现于各种纪念馆陈列馆,近年来更大量现于网络,极为方便于研究者收集利用。

4. 网络史料的收集方法

网络史料的收集方法因种类不同而有所区别。就文献史料来说,网络上的数据库资料比较稳定,具有其他任何史料载体无法相比的长期实用性,实现了低成本、无损保存。这类资料研究者平时无须提前过量收集储存,研究切实需要时再行收集使用即可。例如中国期刊全文数据库、《人民日报》数据库等,只要登录授权使用的网络,可以随时下载资料。网络上以单个文件存在的史料,相对来说,一些官方政府网站运营比较稳定,网络上的电子资料尤其是以历史资料出现的文件档案,一般不会删除，这类网站也可收藏管理，需要时登录下载即可。而网络用户上传的一些书籍史料，用户拥有随时删除的权利，因此需及时下载收集。网络上以网页形式存在的文献，也有不稳定因素，这些资料下载时需注明网址，在研究使用时需输入网址予以核实，如果原文件已经消失，则这类文献不宜作为史料证据予以使用。

就影像史料而言，网络是一个极为方便的收集渠道。以往影像史料尤其是文献纪录片多以光盘形式发行，而目前不少综合性网站都设有纪录片频道，收有大量关于新中国各方面历史和人物的纪录片，供用户免费观看。有些网站还提供免费下载。凤凰网纪实频道多年来展播了不少富有历史价值的新中国历史纪录片，并在大专题纪录片上采用"视频+文字+图片"的深度解读方式，更方便用户收看与阅读。

第三节 国史史料的整理与辨别

史料收集之后，在作为论据运用于研究之前，必须对其进行整理和辨别，也就是进行史料鉴别。马克思、恩格斯十分重视史料的整理工作，强调这是整个研究过程中最艰难的一道工序。恩格斯指出："整理材料的工作"，是研究过程中"最困难的工作"[1]，从众多的历史资料中"选出可靠的材料，那是一个艰难的任务"[2]。对于史料鉴别的重要性，郭沫若在《十批判书》中指出："无论作任何研究，材料的鉴别是最必要的基础阶段。材料不够固然大成问题，而材料的真伪或时代性如未规定清楚，那比缺乏材料还更加危险。因为材料缺乏，顶多得不出结论而已，而材料不正确便会得出错误的结论。这样的结论比没有更要有害。"[3]

国史史料中伪史料、误史料的存在，使辨别真伪、勘正错误成为国史史料鉴别工作的主要任务。

一、史料辨伪

伪史料在中外历史上是一种普遍存在的现象，国史研究领域也不例外。何为伪史料？荣孟源曾指出："凡本无其物，凭空制造的；伪造原物，冒名顶替的；窜改原物，混淆真相的，不论是实物、文字或口碑史料等，都是伪史料。"[4] "制

---

[1] 《马克思恩格斯全集》第 27 卷，人民出版社 1972 年版，第 11 页。
[2] 《马克思恩格斯全集》第 36 卷，人民出版社 1974 年版，第 659 页。
[3] 郭沫若：《十批判书》，东方出版社 1996 年版，第 2 页。
[4] 荣孟源：《史料与历史科学》，人民出版社 1987 年版，第 61 页。

造""伪造""窜改",这些词语说明伪史料的产生,往往有着明确的主观动机,伪造者通过种种手段伪造歪曲史料,无非是为了达到其预设的观点和结论。

在国史研究领域,由于涉及新中国成立以来中国当代政治、经济、外交、公安、司法、国家安全、高层活动等层面的档案文献,公布开放的步伐较慢,使一些重大历史问题的史料出现空白点,从而使一些人掌握可乘之机,不惜伪造史料,为自己的论断提供支撑。例如,整风反右运动研究中,多年来一直存在伪史料的问题。关于整风运动的起因,早在20世纪50年代香港出版的一本书中就指出反右前的"鸣放"是毛泽东建立"新国际组织的秘密计划"的一个步骤,并说这一计划遭到苏联的反对,苏联于1957年6月间发出一个明确的国际指示,说:"社会主义的国家里面,中国人民内部有矛盾,苏联国家的人民,没有这种矛盾的。中国共产党不考虑国际环境,独自标新立异,倡导鸣放,影响整个国际团结的发展";还说"中国人民内部,究竟有何种矛盾,必须采取鸣放与整风。在目前的世界资本主义帝帮,对整个社会主义国家环攻之下,我们的国际主义者的处境是特别危险的,一切问题也特别严重的,一切也要客观的审慎,合一步伐,无论人民有何种内部的矛盾,此时的当前,皆不需要一个政治性的鸣放和整风。公开宣扬鸣放政策和整风运动,是给资本主义帝帮一个便利袭击我们。同时,也是无形中违害了国际主义,影响了国际团结。毛泽东同志的这种主张,犯了右倾思想,机会主义的错误,务必纠正这种右倾思想的发展,扑灭这种机会主义的存在。"并说刘少奇接受了苏联的上列指示,提出"要与毛泽东为首的右倾思想机会主义作严重斗争",建议"召开人代大会,公决右派分子的罪行,予以惩处,结束鸣放,以免影响国际与国内的纠纷"。[①] 该书对这一史料没有注明来源,至今没有任何资料表明毛泽东曾有建立"新国际组织的秘密计划",将整风运动归之于此,很明显是主观揣测臆断。但是仍有研究者根据这一伪史料,得出"毛泽东决定放弃新方针而转为反右,实际上是向刘、彭'靠拢'"的结论[②],以解释整风运动转向反右派斗争的原因。事实上,为了正确处理人民内部矛盾,中共中央决定开展整风运动。在这一点上,中共中央领导人之间意见是一致的。只是在整风方式上,毛泽东与刘少奇确实存在不同意见,毛泽东主张党外整风(让全社会参与共产党整风),刘少奇主张党内整风(把整风运动限制在党内)。

关于反右派斗争中被划为右派的人数及给错划者平反的情况,史学界历来有不

---

① 《中国人民二二七鸣放重要经过报告书》,(香港)当代出版社1957年版,第47—49页。
② 朱正:《两家争鸣——反右派斗争》,(台北)允晨文化实业股份有限公司2001年版,第617页。

同说法。《中国共产党历史》第二卷出版后，中共中央党史研究室第二研究部编著《〈中国共产党历史〉第二卷注释集》，对右派人数及为错划者平反情况进行了详细说明，指出1957年的反右斗争，全国共划了右派分子55万余人。1959年至1964年，先后五批摘掉了30余万人的右派分子帽子；1978年为所有右派分子统一摘帽，但是维持右派原案、只摘右派分子帽子不应改正的全国尚有3000余人；对于这3000余人，对他们的历史功过给予正确评价，恢复其政治权利，适当安置了他们的工作和生活。另外，被划为"中右分子和反社会主义分子"的31.5万人，也一律给予平反。① 这些数字与2009年发表的一篇文章所披露的数字大相径庭，该文指出："据中共中央公布的资料，1957—1958年共划右派552973人，1978年以后'改正'552877人。不予改正的有章伯钧、罗隆基、储安平、彭文应、陈仁炳和全国各地共96人。扩大化5759.1354倍，错划比率占99.99%。所谓'必要性'只占万分之1.736；又据解密后的中央档案，全国划右派总共是3178470人，还有1437562人被划为'中右'（中右者也受到不同程度的处罚）。实际上戴帽的'右派分子'不是55万，而是55万的5.6倍！"② 至于中共中央公布的资料和解密的中央档案是何时出台的何种文件，该文并没有具体注明，只注释"参见ks.cn.yahoo.com2007-10-03"。中央党史部门在官方史著中引据的数字通常来源于档案或者相关权威著作，真实性比较高，从而较广泛地为学界所认可。而后者披露的数字虽然精确到个位，但说全国右派和中右分子达到460多万，就夸大了反右派斗争扩大化的严重程度，又没有公布这些数字的可靠来源，使这些数字有炮制伪史料之嫌。但是由于冠以"中共中央公布的资料"和"解密中央档案"的名义，这些虚假数字似乎具有了合法性而在网络上广泛传播，从而造成不良影响。

还有的人为了"证明"自己的所谓"结论"，公然篡改、裁剪史料，以史料就观点。例如荷兰学者、香港中文大学历史教授冯克（Frank Dikotter）的著作《毛泽东的大饥荒》，谎称参考1000多份档案文件，其中一份"只发给（1959年）3月25日上海锦江饭店会议参加者的绝密会议纪要"指出："毛泽东下令征购粮食总产量的三分之一，这个额度，是史无前例的。毛泽东说：'粮食收购不超三分之一，农民造不了反。'……'不够吃会饿死人，最好饿死一半，让另一半人能吃饱'。"③ 实

---

① 参见中共中央党史研究室第二研究部编著：《〈中国共产党历史〉第二卷注释集》，中共党史出版社2012年版，第285—287页。
② 郭道晖：《毛泽东发动整风的初衷》，《炎黄春秋》2009年第2期。
③ ［荷］冯克：《毛泽东的大饥荒》，郭文襄、卢蜀萍、陈山译，INK印刻文学生活杂志出版有限公司2012年版，第103—104页。

际上，毛泽东关于"粮食收购不超三分之一，农民造不了反"的谈话，是在1959年3月28日李先念作《关于粮、棉、油购销问题和财贸方面几个问题》报告时的插话；而"死一半"之说，是毛泽东在3月26日薄一波作《关于第一季度工业计划执行情况和第二季度的安排》报告时的插话里提到的。当时毛泽东说："对工业，这三个月要确实的抓一下，要抓紧，抓狠，抓实。工业方面的领导上要出秦始皇。要完成计划，就要大减项目。1078个项目中还应该坚决地再多削减，削到500个。平均使用力量是破坏大跃进的办法。大家吃不饱，大家死，不如死一半，给一半人吃饱。"①可见，"不如死一半"的比喻，完全是针对工业领域里的基建项目。冯克随意裁剪、拼接史料，刻意将毛泽东说的工业问题扭曲成粮食问题，将毛泽东说的让一半基建项目下马歪曲成毛泽东蓄意牺牲一半中国人，无非是强化毛泽东对三年经济困难时期饥荒问题的责任，妖魔化毛泽东的形象。然而，对缺乏中国历史常识的国内外一般民众来说，判断史料真伪是非常困难的，所以这些运用伪史料的著作在国内外社会层面产生了恶劣影响。

因此，在进行史料鉴别时首先要有针对性地开展史料辨伪工作。对于一些研究者披露的没有史料来源抑或背离基本历史事实的史料，第一，要敢于质疑。不能盲目接受、轻信，要敢于在历史事实的基础上予以质疑。对于与目前所披露数据出入较大的数字资料，尤其不能轻易接受。第二，对于存疑史料，要以第一手资料为准。对于一些研究者披露的来源不清却与现有资料相悖的史料，仍以现有资料为准；对于打着"档案"的名义披露的一些与基本史实明显不符的资料，要多方面核对其来源，以第一手资料为依据，指出其歪曲改造之处。中国当代史领域的第一手资料，除了档案文件、文集文稿，中央党史研究室等权威机构所撰写的著述，中央文献研究室等编撰的人物传记等，均基于大量档案资料，因此可视为第一手资料。第三，及时整理伪史料。对于史学界出现的伪史料，要及时组织批评、辨别工作；对于已经认定的伪史料，要整理出名单，向学术界公布，提醒研究者尤其是青年学者注意。

二、史料勘误

如果说伪史料包含着造伪者明确的主观动机，那么国史史料中还有一种错误史料是由于无意识而造成的。这类史料多见于回忆录和口述史料，是由于口述者

---

① ［澳］孙万国：《毛泽东的"手枪冒烟"了吗？——质疑〈大饥荒〉作者冯克（Frank Dikotter）的学术造假》，李慎明、李捷主编：《还历史的本原》，中国社会科学出版社2014年版，第459、461页。

记忆失误和知识局限造成的。这种情况即使是一些领导、专家、名人,也无法完全避免。

国史口述史料中存在着"一室之事,言者三人,而其传各异"①的现象。例如,关于华国锋是否阻挠邓小平复出的问题,史学界有不同的意见,关于这一问题,当事人的回忆也有很大不同。吴德口述指出:1976年10月,抓捕"四人帮"之后的一次政治局会议上,华国锋宣布了三条:第一条是请邓小平出来工作;第二条是要在中央会议上堂堂正正地出来;第三条是要为邓小平出来工作做好群众工作。会后,李先念、陈锡联、吴德一起去北京西山看望了邓小平,表达了中央请他出来工作的愿望。②但是也有人回忆指出:"其实,1976年10月份的时候邓小平还在宽街处于封闭状态,根本没在西山。刚粉碎'四人帮'后,中央政治局也没有谈及邓小平的问题,为了先稳定大局,甚至还提出了'继续批邓',引起了老同志和社会的不满。"③这种情况,真可谓"同时而仕,同堂而语,十人书之,则其事各异",其中原因,"盖闻有详略,辞有工拙,而意之所向,好恶不同,以好恶之私,持不审之论,而其词又不足以发之,能不失其真者鲜矣"④。这其中,既可因为回忆者的情感、立场而出现与历史事实不符的描述,也可因年代久远、回忆者记忆不清而造成失误。

有时对历史了解不全面,也会造成错谬。例如,曾担任陈云秘书的一位老同志2005年在回忆陈云提出"以邓小平同志为核心的第二代中央领导集体"这一说法的来龙去脉时指出:"1989年6月8日,陈云在修改李鹏代表中央政治局在首都党政军干部大会上的讲话稿时批了一句话,'倡导改革开放的是以邓小平同志为核心的党中央'。11月10日中顾委全会的公报正式使用了'小平同志是我们党的工作和军队工作、经济建设和改革开放以及其他各项事业的总设计师'的说法。所以说,以邓小平为核心的党中央和邓小平是改革开放总设计师的提法出自陈云。"⑤忆者披露陈云首先提出"以邓小平为核心的党中央"这一点非常珍贵,但同时认为邓小平是改革开放总设计师的提法也出自陈云,却是值得商榷的。次年,就有研究者对这一问题进行了明确考证,指出1985年7月26日,李鹏出访美国,在回答美国记者提问时向媒体宣称"邓小平主任(邓小平时任中共中央顾问委员会

---

① [清]方苞:《方望溪全集》,中国书店1991年版,第163页。
② 吴德:《吴德口述:十年风雨纪事——我在北京工作的一些经历》,朱云石等访谈整理,当代中国出版社2004年版,第194页。
③ 程冠军:《叶选基讲述粉碎"四人帮"与邓小平复出》,《同舟共进》2012年第2期。
④ [明]方孝孺:《逊志斋集》,徐光大校点,宁波出版社2000年版,第150页。
⑤ 《陈云秘书谈陈云》,《中共党史资料》2005年第2期。

主任）是中国四个现代化建设的总设计师"，这是"总设计师"的提法第一次公开出现于党和国家领导人的讲话中，并被国内媒体正式报道。1989年5月25日，李鹏在会见外宾时明确宣布，"中国改革开放的总设计师是邓小平同志，而不是别的什么人"。①

针对国史史料中的错误史料，要有针对性地开展勘误工作。第一，要坚持口述史料与文献资料相印证的原则，通过相关文献资料的对照，来辨别并纠正口述史料中的错误之处。例如，1980年朱德秘书陈友群曾回忆指出："1950年4月中宣部起草的'五一'口号中，最后两条是'中华人民共和国万岁！''中国共产党万岁！'，毛主席在后面加了个'毛主席万岁'！"2010年张素华查到1950年《庆祝五一劳动节口号》的原始档案，说明胡乔木起草《口号》初稿时就有"毛主席万岁"，后经刘少奇改动发表，最后两条为"伟大的中国共产党——中国人民胜利的领导者与组织者万岁！""伟大的中国人民领袖毛泽东同志万岁！"②。这一档案资料说明陈友群的回忆内容是错误的。所以研究者应谨慎对待得不到文献史料印证、比较的口述史料。单纯将口述史料作为记述历史的唯一渠道，很难保证历史的真实。

第二，无法得到文献史料印证的口述史料，则要多方征集同一事件当事人的记述，这样可以互相印证一些错误之处。一般来说，不同回忆者对同一事件的说法不同时，一般应尊重多数人的意见。例如，《新文学史料》1998年第1—2期发表了《文学路上六十年——老作家黄秋耘访谈录》一文，对1957年中国作协反右派斗争的情况进行回顾。该文发表后，当年中国作协部分当事人纷纷写信、写文章，指出黄秋耘访谈录中的错误之处。《新文学史料》史料编辑部在1998年第4期将这些来函和文章一字未动全部予以编发，更全面、准确地反映了当年中国作协反右派斗争的情况。从这些文章来看，黄秋耘对作协反右派斗争时的组织领导发动的回忆确有不少错误之处。幸好当事人还都在，予以了及时更正。遗憾的是，《文学路上六十年——老作家黄秋耘访谈录》1999年予以出版时，并没有将这些更正文章收录其中，这种访谈录就不能不引起研究者的注意。

此外，中国当代史研究者要对中国当代史料的性质和特点有全面的了解和把握。中国当代史料类型多样，长处与短处亦各有不同，研究者在运用和解读史料时需要注意"避短"，克服史料之缺陷。例如知青文学史料以其表达的历史记忆而

---

① 陈亚杰：《"总设计师"称谓的来龙去脉》，《中共党史研究》2006年第4期。
② 陈文君：《"毛主席万岁"口号的由来——访中央文献研究室第一编研部副主任张素华》，《党的文献》2010年第5期。

成为知青上山下乡运动研究的主要史料来源之一,这类史料丰富地展现知青上山下乡运动的面貌,但是却存在作者主观感受极强等缺陷,这类史料必须经过与历史文献资料相互印证后才能使用。再如反右派运动中的"右派"言论集,属于特定历史时期产生的批判史料,当时整理和印刷这种史料,都是供内部批判,因此有些言论不可避免地带有断章取义、"欲加之罪,何患无辞"甚至歪曲原意的特点,所以说有些"右派"言论集所承载的未必是完全真实的言论,以此为依据来研究言论的真正价值是要非常谨慎的。又如,当代民间文献史料(主要包括文件、账簿、信函、日记、笔记等)以其反映底层社会的政治、经济、文化状况和普通农民的日常生活、人际交往、家庭关系、个人境遇等而成为中国当代社会史研究的主要史料来源之一,这类史料中的日记、笔记等对于研究社会心理是非常难得的史料,同时也要看到记载者难免会受到时政的极大影响,因而具有较大的主观性和片面性,运用时需要与历史事实相对照;而且这类史料一般以大队、村社为单位,资料分散,且个案性强,因此这类资料是否具有典型性、是否具有普遍意义是研究者要十分注意的,否则从个案研究而得出普遍意义的结论是不科学的。

另外,中国当代史研究者在史料运用中要坚持"有一分史料说一分话"的原则,必须在掌握充足可靠的史料之上,才能对历史做出正确的解读。在实际的历史研究中,穷尽史料又是不可能的,因此言必有据、有一分史料说一分话成为历史研究的基本准则和常识。但是这一点,却不是每个研究者都能做到的。前述有的研究者在史料解读中出现的以偏概全的问题说明国史领域亦是如此。近年来,研究者对基层档案文献的重视、挖掘和利用,使基层个案研究成为中共党史研究的一个重要领域。在这种研究中,尤其要重视区域差异的存在,同样的历史事件在不同的基层区域往往有不同的历史面相。在这种情况下,坚持"有一分史料说一分话",不妄作由点到面、由微观到宏观的推论是非常重要的原则,做到这一点,个案研究才不失其丰富历史面貌的价值。

思考题:

1. 唯物史观是怎样重视史料的?
2. 国史研究中伪史料、误史料有哪些?
3. 国史口述史料有哪些基本特点?

第六章 国史研究的方法

历史研究方法作为一门真实的学问，往往在史学发展积累到一定阶段才能出现。国史研究自 20 世纪 50 年代初发端以来，已经有半个多世纪的历史。与其他历史学科的情况相比，国史研究者对于国史研究方法，投入了更多的热忱。马克思主义方法、中国传统史学方法、新史学方法，都被国史研究者拿来，运用于各自的研究，从而使国史研究方法领域精彩纷呈。在一定程度上说，国史研究所取得的发展，得益于国史研究方法的丰富。

国史研究方法，作为在国史认识和国史研究中所采用一切方法的总和，其种类繁多。如历史分析方法、理论分析方法、考证分析方法、量化研究方法、比较研究方法、调查研究方法、心理分析方法、口述史学方法、个案研究方法，等等，不一而足。按照这些方法的理论来源，国史研究方法大致可分为三类：中国传统的史学方法、马克思主义史学方法、近现代新史学方法。在三个类型方法系列中，马克思主义史学方法的核心构成是唯物辩证法，唯物辩证法具有一般方法论的地位和性质，因此决定了马克思主义史学方法的根本性、主要性（可以对认识人类社会历史全过程均适用的方法）。相比较而言，其他两类方法都作为国史研究的具体方法而存在。

国史研究的诸多方法，其科学性不是同等的。科学的方法在很大程度上反映了历史认识客体和历史认识实践的本质和规律；不完全科学的方法则部分地反映这一本质和规律。从历史学科和国史学科的发展来看，马克思主义史学方法是科学的方法，而心理分析方法、口述史学方法等以其鲜明的主观性影响了其科学性，如果不适当地扩大其运用的范围，则影响这些方法的科学价值。还有一些方法例如比较研究方法、定量研究方法具有其特定的规范，违反其规范不当使用也会影响研究的科学性。

根据国史研究具体方法的运用情况，主要择取其中的常用方法如定性与定量分析方法，特色方法如国情调研方法，新方法如跨学科研究方法，以及运用中容易出现问题的方法如口述史学方法、比较研究方法予以记述分析。

第一节 国史研究的马克思主义历史主义分析

马克思主义历史主义分析，是运用唯物辩证法的基本原理对历史发展过程进行考察的一种科学方法，要求人们从客观存在的历史实际出发，用全面的、联系的、发展的观点去认识历史现象，从历史的深度中把握历史的来龙去脉，从中发现问题，启发思考，以便认识现状和推断未来。

一、实事求是，全面地、辩证地看待历史事件与人物

马克思主义历史主义在分析评价历史事件和历史人物时要求尊重并运用历史辩证法。正如恩格斯所指出："唯物主义历史观及其在现代的无产阶级和资产阶级之间的阶级斗争上的特别应用，只有借助于辩证法才有可能。"① 历史辩证法的首要要求，就是实事求是，全面地、辩证地看待历史。

（一）从事实出发，实事求是地看待历史

从历史事实出发，实事求是地评价历史事件的是与非、历史人物的功与过，是马克思主义史学的基本原则。"不论在自然科学或历史科学的领域中，都必须从既有的事实出发"，"不能虚构一些联系放到事实中去"。② "要真正地认识事物，就必须把握、研究它的一切方面、一切联系和'中介'。我们决不会完全地做到这一点，但是，全面性的要求可以使我们防止错误和防止僵化。"③

然而，在国史研究中，这一基本原则却没有得到很好的贯彻。例如，有人对于"文化大革命"时期我国经济、国防、外交等领域的建设成就视而不见，将之等同于"文化大革命"本身，一概予以否定。还有人利用一些重大历史事件往往有各种不同"说法"的情况，打着"历史揭秘"的旗号，歪曲事实，甚至不惜伪造史料，极力颠倒是非。在对党和国家领袖人物尤其是对毛泽东的研究中，也存在着丑化和神化两种非实事求是的错误倾向。一些人抓住党和国家领袖人物所犯的错误，极力抹黑其历史功绩，"非毛化"思潮是其中的典型代表。还有些人出于对毛泽东伟大功绩的崇拜，不愿承认毛泽东晚年所犯的错误。这都不利于党和国家历史的研究和宣传。

2010年7月21日，习近平在全国党史工作会议上就强调坚持实事求是研究和宣传党的历史④。后来他又明确指出："历史就是历史，事实就是事实，任何人都不可能改变历史和事实"⑤，"事实就是事实，公理就是公理。在事实和公理面前，

---

① 黎澍主编：《马克思恩格斯列宁斯大林论历史科学》，人民出版社1980年版，第303页。
② 黎澍主编：《马克思恩格斯列宁斯大林论历史科学》，人民出版社1980年版，第308页。
③ 黎澍主编：《马克思恩格斯列宁斯大林论历史科学》，人民出版社1980年版，第305—306页。
④ 习近平：《在全国党史工作会议上的讲话》，《人民日报》2010年7月22日。
⑤ 习近平：《在纪念全民族抗战爆发七十七周年仪式上的讲话》（2014年7月7日）。

一切信口雌黄、指鹿为马的言行都是徒劳的。黑的就是黑的,说一万遍也不可能变成白的;白的就是白的,说一万遍也不可能变成黑的。一切颠倒黑白的做法,最后都只能是自欺欺人"①。他要求实事求是地看待历史人物,功是功过是过,指出:"不能因为他们伟大就把他们像神那样顶礼膜拜,不容许提出并纠正他们的失误和错误;也不能因为他们有失误和错误就全盘否定,抹杀他们的历史功绩,陷入虚无主义的泥潭"。②

(二)一分为二把握主流,全面地辩证地看待历史

目前,学术界和社会上有些人看待国史上的事件和人物,总是"攻其一点或几点,尽量夸大,不及其余",只见树木、不见森林,实际上采取了片面的形而上学方法。一些人研究中华人民共和国历史,总是盯着党在社会主义建设探索时期所犯的错误不放,对于党在社会主义革命和建设时期所取得的巨大成就却选择性失明,丝毫不提。还有些人看待历史现象,不把握主流,专挑细枝末节进行否定。例如,对于新中国土地改革运动,不把握土地改革使农村大多数人获得土地,调动农村群众的生产积极性,在客观上促进生产力发展的重要成就,却通过个案研究挖掘土改中存在的方式过激问题,试图以个别地区土改中的过激行为来否定整个土地改革的合理性。这种方法,实质上也违背了全面辩证看待历史的基本原则。

世界上每一个事物内部总是包含着两个互相对立的方面,社会历史现象和发展过程总是具有矛盾着的、相互排斥和对立的倾向,因此,全面辩证地看待历史,首先要采用一分为二的观点和方法。"我们必须学会全面地看问题,不但要看到事物的正面,也要看到它的反面。在一定的条件下,坏的东西可以引出好的结果,好的东西也可以引出坏的结果。"③也就是说,对待历史现象与历史人物,既要看到其在历史发展中的进步作用,也要看到其局限性。

然而,只看到这两方面是不够的,因为在国史研究中,如果不从矛盾的主要方面和次要方面看问题,没有分析出主流和支流,总是让人感觉好坏各半,得不出对历史的确切看法,实际上也是一种不科学、不准确的历史评判。"在任何工作中,我们既要讲两点论,又要讲重点论,没有主次,不加区别,眉毛胡子一把抓,是做不好工作的。"④因此,要依据主要矛盾和次要矛盾、矛盾的主要方面和次要方

---

① 习近平:《在纪念中国人民抗日战争暨世界反法西斯战争胜利69周年座谈会上的讲话》(2014年9月3日),人民出版社2014年版,第14页。
② 习近平:《在纪念毛泽东同志诞辰120周年座谈会上的讲话》,《人民日报》2013年12月27日。
③ 《毛泽东文集》第7卷,人民出版社1999年版,第238页。
④ 习近平:《坚持运用辩证唯物主义世界观方法论提高解决我国改革发展基本问题本领》,《光明日报》2015年1月25日。

面的辩证关系的原理，采用两点论和重点论相统一的认识方法，分清历史的主流与支流。正如习近平总书记所指出的："要坚持实事求是的思想路线，分清主流和支流，坚持真理，修正错误，发扬经验，吸取教训，在这个基础上把党和人民事业继续推向前进。"①也就是说，只有准确把握历史的主流与本质，才能科学地正确地看待历史，真正做到用历史的成就来激励后人，用历史的成功经验启迪后人，用历史的教训警示后人。

习近平总书记运用两点论和重点论相统一的方法，深刻阐述了中国共产党历史发展的主题和主线、主流和本质。2011年，他指出："近代以来，救亡图存成为中华民族和中国人民迫在眉睫的历史使命。争取民族独立、人民解放，实现国家富强、人民富裕，成为中国人民必须完成的两大历史任务。"中国共产党成立以来，团结带领全国各族人民为实现这两大历史任务而不懈奋斗，就是党的历史发展的主题和主线。"90年来，我们党紧紧依靠人民完成了新民主主义革命，实现了民族独立和人民解放；完成了社会主义革命，确立了社会主义根本制度并取得了社会主义建设的巨大成就；进行了改革开放新的伟大革命，完善和发展了中国特色社会主义。"这三件大事，就是党的历史发展的主流和本质。"我们要牢牢把握党的历史发展的主题和主线、主流和本质，从党的光辉历程和伟大业绩中获得继往开来的强大动力，始终坚定中国特色社会主义信念和共产主义远大理想，永葆共产党人的政治本色。"②

两点论和重点论相统一的认识方法，也就是一分为二把握主流，对于正确认识社会主义革命和建设时期的这段历史是非常关键的。在新中国成立后的30年间，党在领导经济、政治发展过程中确实犯了一些错误，但是在建立人民民主专政、实现除台湾以外的国家统一、战胜帝国主义侵略、建立社会主义制度、建立独立而比较完整的工业体系和国民经济体系等方面，以及教育、科技、文化、卫生、体育、国防、外交等领域均取得了重大成就。与这一时期所犯的错误相比，党所取得的成就和成功经验是主要的，这是社会主义革命和建设时期历史的主流和本质。

两点论和重点论相统一的认识方法对于正确评价历史人物的功与过也是十分重要的。中共十一届六中全会作出的《关于建国以来党的若干历史问题的决议》对毛泽东的历史功过进行全面评价，就是一分为二把握主流认识方法的典型运用。《决

---

① 《习近平谈治国理政》，外文出版社2014年版，第23页。
② 习近平：《领导干部要读点历史》，《学习时报》2011年9月5日。

议》指出：毛泽东虽然在"文化大革命"中犯了严重错误，但就他的一生来看，"他对中国革命的功绩远大于他的过失。他的功绩是第一位的，错误是第二位的"①。

二、把历史事物放到具体历史环境中认识

马克思主义的历史主义认为，研究历史必须从客观存在的历史实际出发。马克思在谈到《资本论》中劳动价值论的逻辑起点时指出："我不是从概念出发，因而也不是从'价值概念'出发，所以没有任何必要把它'分割开来'。我的出发点是劳动产品在现代社会所表现的最简单的社会形式，这就是'商品'。"②恩格斯也指出："原则不是研究的出发点，而是它的最终结果；这些原则不是被应用于自然界和人类历史，而是从它们中抽象出来的。"所以恩格斯强调："不论在自然科学或历史科学的领域中，都必须从既有的事实出发，因而在自然科学中必须从物质的各种实在形式和运动形式出发；因此，在理论自然科学中也不能虚构一些联系放到事实中去，而是要从事实中发现这些联系，并且在发现了以后，要尽可能地用经验去证明。"③从历史实际出发，就要求把历史现象置于其所处历史时代的具体条件、具体环境之中进行观察和分析。

（一）具体分析历史事件及人物所处的历史条件

人类历史处于永恒的发展之中。一切历史事物都处于某一具体的历史发展阶段上，都是特定历史条件的产物，都有其产生、发展、衰亡的过程。因此，对于具体的历史事物，只有从特定的历史条件、历史背景出发，分析其特殊的历史联系，即对具体问题进行具体分析，才能够完成对它的历史认识。正如列宁所强调的："在分析任何一个社会问题时，马克思主义理论的绝对要求，就是要把问题提到一定的历史范围之内；此外，如果谈到某一国家（例如，谈到这个国家的民族纲领），那就要估计到在同一历史时代这个国家不同于其他各国的具体特点。"④列宁还以人类社会历史上斗争形式的问题为例进一步对这个道理作出深入阐述，他指出："马克思主义要求我们一定要用历史的态度来考察斗争形式问题。脱离具体的历史环境来提这个问题，就等于不懂得辩证唯物主义的起码要求。在经济进化的各个不同时期，由于政治、民族文化、风俗习惯等条件各不相同，也就不免有各种不同的斗争形式提到第一位，成为主要的斗争形式，而各种次要的附带的斗

---

① 《关于建国以来党的若干历史问题的决议》（注释本），人民出版社1983年版，第46页。
② 《马克思恩格斯全集》第19卷，人民出版社1963年版，第412页。
③ 黎澍主编：《马克思恩格斯列宁斯大林论历史科学》，人民出版社1980年版，第308页。
④ 黎澍主编：《马克思恩格斯列宁斯大林论历史科学》，人民出版社1980年版，第339—340页。

争形式，也就随之发生变化。不详细考察某个运动在它的某一发展阶段的具体环境，要想对一定的斗争手段问题作肯定或否定的回答，就等于完全抛弃马克思主义的立脚点。"① 离开了具体的时间、地点和条件，历史现象和历史发展无从把握，更无从分析。

邓小平继承马克思主义关于具体分析历史事件及人物所处的历史条件的历史唯物主义态度，深刻指出："我们是历史唯物主义者，研究和解决任何问题都离不开一定的历史条件"。② 当有人把"文化大革命"的发生完全归咎于毛泽东的个人品质时，邓小平分析指出："实际上，不少问题用个人品质是解释不了的。即使是品质很好的人，在有些情况下，也不能避免犯错误。""我们当然要承认个人的责任，但更重要的是分析历史的复杂的背景。"③ 以此为指导，《关于建国以来党的若干历史问题的决议》具体分析了毛泽东晚年犯错误的历史条件、客观背景等，指出："从马克思主义的观点看来，这个复杂现象是一定历史条件的产物，如果仅仅归咎于某个人或若干人，就不能使全党得到深刻教训，并找出切实有效的改革步骤"④。只有在分析、掌握具体历史条件的前提之下，我们才有可能公正地评价历史人物，了解历史人物言行思想的深层内涵。

任何社会历史现象都是在一定的时间、地点、条件下产生和发展的。因此，在研究历史问题时，首先要把历史现象和历史事物放在其发生的具体历史时空下，根据当时的历史条件与历史环境，对具体的情况作具体的分析评价。例如，对于新中国粮食统购统销政策，社会上和史学界一直众说纷纭，有人认为这一政策是"苛政和犯罪"，是剥夺农民，牺牲农业。这种观点就没有采用历史主义分析法，没有考虑统购统销政策产生和实行的基本历史条件。

只有在分析、掌握具体历史条件的前提之下，我们才有可能公正地评价国史上那些比较复杂、容易引起歧见的事件。对于新中国粮食统购统销政策也不例外，要将它放到新中国 20 世纪 50 年代初的历史条件下予以具体分析，才能认识这一政策产生的历史必然性和所发挥的重要作用。新中国土地改革完成后，粮食完全掌控在农民手中，出于对旧中国粮食短缺的担心，农民有防灾惜售心理，加上私商抬价收购，造成 1952 年至 1953 年的粮食收购危机。更重要的是，新中国成立伊始，中国共产党面临着实现工业现代化的迫切任务，尤其是要发展重工业。发展工业需要大

---

① 黎澍主编：《马克思恩格斯列宁斯大林论历史科学》，人民出版社 1980 年版，第 342 页。
② 《邓小平文选》第 2 卷，人民出版社 1994 年版，第 119 页。
③ 《邓小平文选》第 2 卷，人民出版社 1994 年版，第 300—301、172 页。
④ 《关于建国以来党的若干历史问题的决议》(注释本)，人民出版社 1983 年版，第 39 页。

量的资金,当时由于帝国主义的封锁,中国无法直接利用外资,只好采取用农业来支持发展工业的办法。在这种情况下,统购统销成为当时唯一正确而且代价最小的选择。在贯彻统购统销政策过程中,中共中央根据农民的实际情况进行了调整,通过"定产、定购、定销"使粮食征购的数量和价格保持在相对合理的范围,从而获得了农民的拥护。作为特殊时期实行的一项特殊政策,统购统销对于保持社会稳定、支援工业建设和保证国家粮食安全起到了至关重要的作用。

同样的道理,评价国史人物,确定他们在历史上的地位和作用,也必须将他们放在一定的时空条件下,按照社会发展的客观规律来判断。就是说,要看他们在当时的历史条件下,是反映时代要求和人民意愿、促进社会发展,还是违背时代要求和人民意愿、阻碍社会的发展。要分析在他们所处的历史条件下,他们可能做到什么,他们比前辈们提供了什么新的东西,他们在哪些方面高于同时代的人们,而不能要求他们提供现代所要求而在他们那个时代不可能提供的东西。正如习近平总书记在谈到正确看待毛泽东晚年的错误时所指出的,"对历史人物的评价,应该放在其所处时代和社会的历史条件下去分析,不能离开对历史条件、历史过程的全面认识和对历史规律的科学把握。"①

(二)不同历史条件和环境下相似历史事物作用的差异

在人类社会历史发展过程中,有些历史现象与历史事件极为相似,甚至同一历史事物,在不同的历史条件下和历史环境中,会产生完全不同的结果,发挥不同的历史作用。这就要求研究者按照历史条件和历史环境的不同,对之分别作出具体的认识、分析和评价。正如马克思所指出的:"极为相似的事情,但在不同的历史环境中出现就引起了完全不同的结果。如果把这些发展过程中的每一个都分别加以研究,然后再把它们加以比较,我们就会很容易地找到理解这种现象的钥匙。"②

在这方面,马克思、恩格斯作出了很好的范例。他们对空想社会主义,就针对不同的历史条件和历史环境,对其性质和作用作出了不同的评价分析。他们指出:空想社会主义在科学社会主义产生之前,曾经是进步的,它们"抨击现存社会的全部基础。因此,它们提供了启发工人觉悟的极为宝贵的材料"③。但是,随着资本主义社会的发展,随着历史条件与历史环境的变化,空想社会主义思想的性质和社会作用也发生了变化。所以,"虽然这些体系的创始人在许多方面是革命的,但是他们的信徒总是组成一些反动的宗派。这些信徒无视无产阶级的历史进展,

---

① 习近平:《在纪念毛泽东同志诞辰120周年座谈会上的讲话》,《人民日报》2013年12月27日。
② 黎澍主编:《马克思恩格斯列宁斯大林论历史科学》,人民出版社1980年版,第352页。
③ 《马克思恩格斯选集》第1卷,人民出版社1995年版,第304页。

还是死守着老师们的旧观点。因此，他们一贯地企图削弱阶级斗争，调和对立"，"他们逐渐地堕落到上述反动的或保守的社会主义者的一伙中去了"。[1]

在中华人民共和国历史上，新中国成立之初，在国家整体实力薄弱、经济资源不足的形势下，为快速实现工业化（尤其是重工业化），国家实施了工农业产品不等价交换、农业合作化、统购统销和要素流动控制等一系列确立城乡二元体制的政策与制度，形成了一个相互支撑、互为补充的完备的制度体系，确保了农业对工业、农村对城市长期而巨大的贡献。在当时的条件下，城乡二元体制有其合理性，其积极作用不容否定。然而，随着改革开放的深入，在我国经济社会面貌已经发生巨大变化，社会生产力和综合国力已经有了明显提高的情况下，城乡二元经济结构却逐渐成为中国经济和社会发展的一个严重障碍。

可见，在不同的时空条件下，物质生产条件不同，历史提出的任务和课题也不同，因而真理和谬误的具体内容也不尽相同。在一定的时空条件下为真理性的东西，在另一种时空条件下可能成为谬误，反之亦然。

三、以联系的观点认识历史事物的产生和发展

在特定的历史范围内，一切历史现象都是彼此联系、相互制约的。恩格斯指出："当我们深思熟虑地考察自然界或人类历史或我们自己的精神活动的时候，首先呈现在我们眼前的，是一幅由种种联系和相互作用无穷无尽地交织起来的画面，其中没有任何东西是不动的和不变的，而是一切都在运动、变化、生成和消逝。"[2] 历史事物内部以及外部的联系使得历史事物在发展过程中呈现不同的面貌，因此评价历史事物不能从固定的、先验的观念出发，而只能从历史事物产生、发展的内部和外部的联系出发。

（一）从历史事物内部的联系出发

马克思主义的历史主义要求从历史事物产生的直接条件和内部条件出发考察历史事物的发生和发展，只有如此，才能完全反映历史现象的真实面貌。

任何社会都是经济、政治和文化的有机结合，要研究历史现象产生的各种社会内部条件，就要重视各个部分或各个要素之间的有机联系。马克思指出："不同要素之间存在着相互作用。每一个有机整体都是这样。"[3] 马克思在《政治经济学批判》中，把生产、分配、交换、消费作为生产关系总体的四个结构环节来分析，

---

[1]《马克思恩格斯选集》第1卷，人民出版社1995年版，第304—305页。
[2]《马克思恩格斯选集》第3卷，人民出版社1995年版，第359页。
[3]《马克思恩格斯全集》第30卷，人民出版社1995年版，第41页。

并从这些环节的相互作用中认识和把握生产关系总体。而在认识和把握人类社会历史时，马克思主义经典作家则从生产力、生产关系、经济基础、上层建筑这些部分及其相互联系、相互作用上来分析。正如恩格斯所指出的："要精确地描绘宇宙、宇宙的发展和人类的发展，以及这种发展在人们头脑中的反映，就只有用辩证的方法，只有不断地注视生成和消逝之间、前进的变化和后退的变化之间的普遍相互作用才能做到。"①

在国史研究中，只有正确把握中华人民共和国政治、经济、文化之间的关系，才能全面理解历史发展的逻辑。

第一，经济是政治的基础，政治是经济的集中表现，文化由一定的经济、政治决定，又是对它们的反映并反作用于经济、政治。先进的、健康的文化会促进社会经济、政治的发展。把握这些联系，就能对新中国初期在经济上开展社会主义改造，政治上确立社会主义政治制度，文化上展开知识分子思想改造和社会主义新文化建设之间的关系有比较准确的认识。

第二，文化在与经济的相互交融中体现着越来越突出的文化生产力的作用，具体表现在科学技术与教育事业培养高素质劳动者、各种文化产业的迅速崛起以及文化消费的日益丰富方面。在改革开放新时期，邓小平高度重视科技教育事业的发展，提出"科学技术是第一生产力"的马克思主义论点，强调"实现四个现代化，科学技术是关键，基础是教育"，明确把科教发展作为发展经济、建设现代化强国的先导，摆在我国发展战略的首位。到20世纪90年代中期，中共中央明确提出了在全国实施科教兴国的战略，并将之作为我国的基本国策。可以说，科技的发展为我国经济发展取得卓越成就提供了强大动力。

第三，文化在与政治的相互交融中体现着两个方面的作用。一方面，为了更好地参与国内的政治生活，人们需要不断地提高自身的文化素养。因此，我国高度重视中国特色社会主义文化建设，兴起社会主义文化建设新高潮，激发全民族文化创造活力，使社会文化生活更加丰富多彩，使人民精神风貌更加昂扬向上，使人民基本文化权益得到更好保障。另一方面，随着世界多极化的发展，西方大国借助文化渗透的方式推销其价值观念，企图削弱甚至取代我国的民族文化。因此，反对西方文化霸权主义的斗争成为我国当代国际政治斗争的重要内容。

（二）把握历史事物发展的外部联系

从历史事物与周围环境的相互联系与相互作用中来认识和把握历史现象的产

---

① 《马克思恩格斯选集》第3卷，人民出版社1995年版，第736页。

生和发展，对于正确认识历史发展十分重要。马克思主义经典作家在研究人类社会时，非常注意人类社会与自然环境的相互联系和相互作用。马克思在《资本论》中指出："撇开社会生产的不同发展程度不说，劳动生产率是同自然条件相联系的。""外界自然条件在经济上可以分为两大类：生活资料的自然富源，例如土壤的肥力，鱼产丰富的水等等；劳动资料的自然富源，如奔腾的瀑布、可以航行的河流、森林、金属、煤炭等等。在文化初期，第一类自然富源具有决定性的意义；在较高的发展阶段，第二类自然富源具有决定性的意义。"[1] 马克思明确肯定了自然条件对社会经济发展的影响，并指出了自然条件的不同部分在人类文明发展的不同阶段所起的不同作用。

在中华人民共和国历史上，历史的联系既表现在国内各种历史条件、历史因素相互作用，也体现在世界上的国际因素对中国国内相关事件的影响和作用。这就要求在研究和认识国史的过程中，要全面把握国内外各种因素的相互联系，只有如此才能对历史现象作出准确的观察和分析。毛泽东在论述如何研究中共党史时说：研究历史，根本的方法"就是全面的历史的方法"。他指出："如何研究党史呢？根本的方法马、恩、列、斯已经讲过了，就是全面的历史的方法。我们研究中国共产党的历史，当然也要遵照这个方法。我今天提出的只是这个方法的一个方面，通俗地讲，我想把它叫作'古今中外法'，就是弄清楚所研究的问题发生的一定的时间和一定的空间，把问题当作一定历史条件下的历史过程去研究。所谓'古今'就是历史的发展，所谓'中外'，就是中国和外国，就是己方和彼方。"[2]

例如，研究评价三线建设，必须联系20世纪60年代初中期中国面临的严峻国际局势。1962年至1965年，台湾当局利用大陆出现的经济困难局面不断进行军事骚扰，向大陆派出几十股武装特务；1961年9月、1962年9月，美国制定并进行了两次以台湾为基地、以在中国大陆登陆为目标的大型核战争演习；1964年4月，美国又制定了打击中国核设施的计划，并形成了具体实施方案；1962年10月和11月，印度军队向中国领土发动大规模入侵，中国军队被迫两次进行反击，将印军击退；再加上美越战争逐步升级，苏联不断向邻近中国边境地区增兵。在这种形势下，中央领导人不得不从战争的观点考虑重新部署中国工业布局，"争取时间，积极建设三线战略后方，防备帝国主义发动侵略战争"。1969年三线建设的第二次高潮，也是在苏联领导人企图使用核武器打击中国的威胁下掀起的。在这种情况

---

[1] 黎澍主编：《马克思恩格斯列宁斯大林论历史科学》，人民出版社1980年版，第74页。
[2] 《毛泽东文集》第2卷，人民出版社1993年版，第400页。

下,中央领导人从战争的观点重新部署中国工业布局就是必要的、合理的。再如,对产生"大跃进"运动的原因,既要看到我国社会主义建设经验不足,领导人对经济发展规律和中国经济基本情况认识不足,在胜利面前滋长骄傲自满情绪、急于求成,又要充分认识国际因素的影响。在东西方的冷战背景下,中国共产党人很自然地生出一种与帝国主义争时间、抢速度的紧迫感;在破除了对"斯大林模式"的迷信之后,特别是在苏联大国沙文主义压力下,中国共产党独立自主意识不断增强;加上20世纪50年代"东风压倒西风"国际政治的鼓舞,故而掀起"大跃进"的浪潮。由此可见,国际视野是国史研究中一个非常重要的观察视角。

自然条件如地理、气候等,也是国史研究中不可忽视的因素。例如,对于三年经济困难时期即1959年至1961年期间发生的全国性的粮食短缺和饥荒,刘少奇曾分析其原因是"三分天灾、七分人祸",概括了三年困难发生的内外部因素。正确地认识三年经济困难时期,需要结合当时的历史条件、自然条件、政治状况等之间的关系进行综合研究。

四、把历史事物置于历史发展过程中认识

马克思主义历史主义认为,人类历史是一个依据一定规律向前发展的过程。除了不断发生和消灭的过程,历史上没有任何东西是永存的,是一成不变的、绝对的、神圣的,而是都带有暂时的性质。前一阶段的发展是后一阶段发展的出发点和必要条件,后一阶段的发展或者通过数量的增补,或者通过性质的变革改变前一阶段遗留下来的条件,同时成为更下一发展阶段的出发点和必要条件。以往的一切,就这样或者以肯定的形式或者以否定的形式,保存在以往的发展里。今天是昨天的否定,又是昨天的继续,一切历史事物的发展就是这样地绵延更新,永无绝期。"事物之所以有发展变化,之所以有历史,是由于事物内部的矛盾性以及该事物和其他事物的相互联系和相互作用。事物内部以及外部矛盾的发展、斗争及其转化,引起了事物面貌的不断更新,引起了对事物自身的否定,引起了一事物向他事物的转化,从而使得任何事物都呈现出暂时性、阶段性和前进性。"①

(一)把历史事物放到历史的发展中考察

马克思主义的历史主义方法要求研究某个历史现象时,不能割断历史,不能将它作为永恒的现象,而应当作一个历史地发展着的存在,从历史的发展中去进

---

① 宁可:《论马克思主义的历史主义》,《历史研究》1964年第3期。

行考察。对那些阻碍历史前进的消极事物，应予揭露和批判；对那些推动历史前进的进步事物，则应予以辩证的合理的肯定。马克思主义经典作家在这方面作出了典范。例如，对于奴隶制这种曾经是人类历史上最残酷的一种社会制度，恩格斯却明白无误地进行过赞扬，他说："在当时的情况下，采用奴隶制是一个巨大的进步。""只有奴隶制才使农业和工业之间的更大规模的分工成为可能，从而使古代世界的繁荣，使希腊文化成为可能。没有奴隶制，就没有希腊国家，就没有希腊的艺术和科学；没有奴隶制，就没有罗马帝国。没有希腊文化和罗马帝国所奠定的基础，也就没有现代的欧洲。我们永远不应该忘记，我们的全部经济、政治和智力的发展，是以奴隶制既成为必要、同样又得到公认这种状况为前提的。在这个意义上，我们有理由说：没有古代的奴隶制，就没有现代的社会主义。"[1] 恩格斯客观评价奴隶制在历史上所发挥过的积极作用，这才是马克思主义历史主义态度。判断一个社会如此，对历史上的一件事、一个人、任何一个值得探讨的历史现象，都应放到历史发展的过程中进行评价。

马克思主义历史辩证法认为，历史发展过程是阶段性和连续性的统一，过程发展的不同阶段，事物发展的内容和形式有所不同，因而互相区别；但事物发展的不同阶段之间又有许多相同之处而互相衔接，从而使事物的发展连续不断地进行。因此，考察、分析历史必须注意其发展中的连续性。毛泽东在1938年10月所作《中国共产党在民族战争中的地位》一文指出："今天的中国是历史的中国的一个发展；我们是马克思主义的历史主义者，我们不应当割断历史。从孔夫子到孙中山，我们应当给以总结，承继这一份珍贵的遗产。""文化大革命"结束后，如何评价毛泽东的历史地位及毛泽东思想，成为一个众所关注的敏感问题。对此，邓小平指出："对毛泽东同志的评价，对毛泽东思想的阐述，不是仅仅涉及毛泽东同志个人的问题，这同我们党、我们国家的整个历史是分不开的。要看到这个全局。"[2] 邓小平是把毛泽东放在中国革命历史、中国现代历史的整个发展过程中来分析、评价的，强调"毛泽东思想这个旗帜丢不得。丢掉了这个旗帜，实际上就否定了我们党的光辉历史"[3]。

近些年来，在改革开放前后两个历史时期的关系问题上，存在一些片面看法甚或错误认识，只注意到改革开放前后两个历史时期的重大区别，要么用改革开放后的历史时期否定改革开放前的历史时期，要么用改革开放前的历史时期否定

---

[1] 《马克思恩格斯选集》第3卷，人民出版社1995年版，第524页。
[2] 《邓小平文选》第2卷，人民出版社1994年版，第299页。
[3] 《邓小平文选》第2卷，人民出版社1994年版，第298页。

改革开放后的历史时期,割裂了两个历史阶段的连续性。在这一问题上,习近平总书记提出:"改革开放前和改革开放后两个历史时期,这是两个相互联系又有重大区别的时期,但本质上都是我们党领导人民进行社会主义建设的实践探索。中国特色社会主义是在改革开放历史新时期开创的,但也是在新中国已经建立起社会主义基本制度、并进行了20多年建设的基础上开创的。虽然这两个历史时期在进行社会主义建设的思想指导、方针政策、实际工作上有很大差别,但两者绝不是彼此割裂的,更不是根本对立的。不能用改革开放后的历史时期否定改革开放前的历史时期,也不能用改革开放前的历史时期否定改革开放后的历史时期。"① 这一论述,蕴涵马克思主义历史主义分析法,用发展的观点阐述了改革开放前后两个历史时期的辩证统一关系。

(二)正确评判历史事物在历史发展中的作用

把历史事物放到整个历史长河中进行研究,而历史长河滚滚涌流,如何评判历史事物是否推动了社会历史的进步呢?社会历史是由以经济运动为主的各种历史因素相互作用发展前进的。据此,马克思主义认为,凡是从经济、政治、社会、思想文化等各个角度对历史发展起推动作用的历史事物,都应予以辩证的合理的肯定。在这其中,从本质上来说,由于物质资料生产的水平,即生产力的发展水平,是人类历史赖以存在和发展的基础,只有生产力的发展是"社会进步的最高标准"②,不可能离开生产力的实际发展抽象地谈论政治、文化、道德的标准。

由于历史原因,国史上一段时期内曾经习惯以生产关系或政治的标准来衡量社会历史发展,而忽视从生产方式即生产力与生产关系的辩证统一中认识社会。"宁要贫穷的社会主义"的谬论曾经极大地搞乱了人们的思想。"文化大革命"结束之后,邓小平以唯物史观关于生产力是社会发展最终动力和源泉的思想,总结经验,提出在中国社会真正走向进步的实践中,"发展才是硬道理","判断的标准,应该主要看是否有利于发展社会主义社会的生产力,是否有利于增强社会主义国家的综合国力,是否有利于提高人民的生活水平"③。

总之,马克思主义历史主义分析作为历史唯物主义基本方法,要求做到从客观历史实际出发,把历史现象和历史事物放到具体历史条件之中,把历史现象产生的各种历史条件联系起来考察,将之放到历史发展过程中进行实事求是的观察和全面辩证的评价。如果在研究中不能正确运用马克思主义历史主义分析,"没有这种观

---

① 《习近平谈治国理政》,外文出版社2014年版,第22—23页。
② 《列宁全集》第16卷,人民出版社1988年版,第209页。
③ 《邓小平文选》第3卷,人民出版社1993年版,第372页。

察社会现象的历史观点,历史科学就会无法存在和发展,因为只有这样的观点才能使历史科学不致变成偶然现象的糊涂账,不致变成一堆荒谬绝伦的错误"①。

第二节 国史研究的定性与定量分析方法

定性分析与定量分析是国史研究中不可或缺的方法。定性分析有助于确定历史事物的性质,定量分析则可以使人更全面、更精确地认识历史事物。但是,这两种分析方法的作用都不是万能的,其运用范围也不是无止境的。定性分析方法与定量分析方法各有其长,也各有其局限。只有将定性分析和定量分析相结合,才能做到比较全面、深入地认识历史。

一、国史研究的定性分析方法

所谓定性分析方法,就是对历史事物进行"质"的方面的分析,具体地说是运用归纳和演绎、分析与综合等方法,对获得的各种史料进行整理思考,从而去粗取精、去伪存真、由此及彼、由表及里,认识历史事物的本质,揭示历史发展的内在规律。国史研究中,无论是评价重大历史事件的历史意义和影响,还是分析重要历史人物的历史贡献和地位,都离不开定性分析方法。例如,评价中共十一届三中全会的历史意义,就要从党的"解放思想,实事求是"的指导思想的确立、党和国家工作重心的转移、党的第二代中央领导集体的形成以及党的民主集中制传统的恢复和发展等方面,予以全面综合分析,给出"质"的评价。定性分析方式的进行,通常要采用归纳和演绎法、综合法等具体方法来实现。

（一）归纳和演绎法

在定性分析中,归纳和演绎是研究者首先必须运用的方法。归纳法是由诸多的个别事实归纳出一般性结论的方法,即通过分析,从众多的特殊性事件中找到它们之间的共同性,继而得出一般性的规律。在国史研究中,它要求研究者大量搜集典型性的个案进行求同性分析,也要注意到对相反史料的说明。也就是说,运用归纳法自归纳收集原始史料开始,凭史料证据得出结论,证据愈多,结论愈巩固。如果只有孤证,那么便不能做结论,即"孤证不立";如果凭孤证得结论,无异于凭臆测得结论。在归纳证据的过程中,必须尊重反证,一条反证,有时可

---

① 黎澍主编:《马克思恩格斯列宁斯大林论历史科学》,人民出版社1980年版,第351页。

以否定数条正面的证据；单从正面归纳类似的证据是远远不够的，应积极地归纳相反的证据，不顾反证的存在，结论必流于武断。演绎法与归纳法相对，是从一般到个别的过程，即从已知的一般性前提论断出发，来考察某一特殊对象，从而推断出关于这个对象的结论的认识方法。

归纳法和演绎法在历史研究过程中互为补充，研究者往往以归纳方法完成一般性结论的求证过程，发现普遍原理，之后又可以通过演绎方法来验证对个别事物的具体认识。例如，通过对国史发展过程的研究，可以总结出关于影响经济发展的因素有哪些的一般性认识：（1）生产力的发展，这是衡量经济发展的标准，也是推动经济发展的根本动力。（2）生产关系的变革调整，如社会主义改造促进了社会主义经济社会的发展。（3）上层建筑的反作用，它包括政治上层建筑和思想上层建筑。（4）有利的社会环境，包括人民民主政权的统一和社会的安定、和平的国际环境和国内环境，促使经济稳步增长。（5）有利的地理资源环境，为经济发展提供物质条件。（6）人民群众的主体作用，如中国人民建设社会主义的积极性，使得1956年至1966年曲折发展的10年仍取得很大的成就。（7）市场的因素。（8）资金的因素。通过以上八个方面的归纳，可形成关于影响新中国社会经济发展因素的一般性认识。

以演绎法运用这一般性认识可分析得出同类属性历史现象的成因，如可用来分析改革开放以来中国经济取得巨大成就的原因：（1）生产力的角度：中国共产党十一届三中全会以来中国制定科教兴国的战略，积极发展国内教育培养人才，并积极引进国外先进的技术，极大地促进了经济社会的发展。（2）生产关系的变革调整的角度：中国进行经济体制改革，调整生产关系以解放和发展社会生产力。（3）上层建筑的反作用的角度：中国特色社会主义理论体系的形成和发展，为中国经济社会建设提供了指导思想。（4）有利的社会环境的角度：改革开放历史新时期的外交政策为经济建设提供了安定的国际环境。（5）有利的地理资源环境的角度：广阔的中西部的开发和中国漫长的海岸线为经济发展提供了物质条件。（6）市场因素的角度：社会主义市场经济体制的建立、发展和中国加入世贸组织，为经济建设提供了广阔的国内和国际市场。（7）资金因素的角度：开放政策的实施，引进国外资金促进了中国经济发展，并融入经济全球化体系。

（二）综合法

综合法也是定性分析中不可或缺的重要环节。历史的发展具有关联性，即历史时间上之连续性、空间上的联系性以及客观条件与主观创造之不可分裂性。在历史研究的定性分析中，应把握历史之间的关联性。而要全面把握历史的关联性，就必须进行定性分析与综合研究。

首先要全面分析历史发展之间的联系。任何历史发展从来都不是孤立的,既有纵的发展,也有横的联系。纵的发展,是指历史发展过程中存在着严密的相互依存性和制约性;要分析把握历史发展各个阶段之关联性。横的联系,是指要分析把握历史发展中间政治经济、国内国外等种种因素之间的相互作用;还要分析人民群众和重要历史人物对历史发展所起的作用。例如,分析1976年"四五"运动的发生,就必须从对"文化大革命"的发生和演变,尤其是"四人帮"在"文化大革命"中的表现的基本把握,来了解"四五"运动发生的整体历史背景;必须对1972年尼克松访华和《中美联合公报》所带来的国内外影响有充分的了解;还要认识到周恩来、邓小平等在"文化大革命"后期尤其是1975年全面整顿中所起的作用,从而了解1976年1月8日周恩来逝世后"四人帮"的所作所为激起民众的强烈愤怒成为"四五"运动的直接诱因。

在全面把握历史关联性的基础上,再对历史现象进行博览通观之综合评价,才能得出对历史的正确认识。正如列宁所指出的:"要真正地认识事物,就必须把握、研究它的一切方面、一切联系和'中介'……全面性的要求可以使我们防止错误和防止僵化。"[1] 只有综合把握历史的关联性,"才能理解历史之一贯的发展以及部分与全体之统一性。否则从历史的长流中截出一段,或在整个世界史中截取一部分,而孤立地甚至对立地去研究,则这样的人只是企图从爪子认识狮子,结果他所谓的狮子,不是活的狮子,而是他任意幻想出来的一个狮子"[2]。

(三)定性分析方法的局限性

定性分析方法,是在对历史事物给予综合分析与解释后,确定历史事物的最终性质或属性的基本方法。例如,"四五"运动是一场什么性质的运动?我们除了考察其规模程度时需要借助定量分析之外,更重要的是在马克思主义唯物史观的指导下通过分析研究,指出它的性质、历史地位及局限性等,这就是历史的定性分析。在一定程度上说,定性分析方法是历史解释、历史评价中最重要的环节。但是定性分析方法不是万能的,它在一些领域表现出一定的局限性。

首先,定性分析包含着不确定性和模糊性。这一方面是指定性分析的过程充满不确定性因素。例如,归纳法的功能之一是从特殊事实中提取普遍结论,进而推导历史一般状况或一般常态,这是国史研究的重要一环,但也是极易使历史失

---

[1] 黎澍主编:《马克思恩格斯列宁斯大林论历史科学》,人民出版社1980年版,第305—306页。
[2] 翦伯赞:《历史哲学教程》,河北教育出版社2000年版,第94—95页。

真的一环。其原因在于：一是由于历史的个别缺乏天然的齐一性，使得通常所用的典型性研究的普遍性大打折扣。某一典型个案的研究，究竟在怎样的程度上、在怎样的时空范围里代表着一种普遍性，从而可以帮助描述出历史上的一般状况或普遍常态，这是难以作出正确无误的判断的。二是由于史料的留存、史实的选择、对史事属性的阐释，都或多或少地掺入了研究者个体的主观因素，这就使得用作归纳的历史个别，并非那么可靠，而是包含着不确定性和含糊性。

另一方面，定性分析都是以文字的形式来表达的，但在某些情况下单用文字语言解释历史却存在难以克服的缺陷，即文字语言的模糊性和不准确性。例如，在研究某些历史现象的某些特征时只能进行大概的评价，诸如"强烈的""迅猛的""缓慢的"等等；在对一些历史过程作出结论时，又评价为"绝大部分""基本正确"或"基本错误""大体如此"等等。也就是说，虽然定性分析方法可以揭示历史现象之间的联系和影响，但却难以准确地测定这种联系和影响的程度大小。

其次，当代中国社会历史事物之间存在大量的数量关系，定性分析虽然在某种程度上能够确定历史事物的某些特征和本质，但却不能揭示历史事物之间的数量关系。尤其是在经济史、人口史、社会史等需要进行统计、数量分析的研究领域，单一运用定性分析方法很难得出精确的结论。例如，要评价土地改革对新中国生产力的作用，必须对土地改革以后我国的农业总产值、主要农产品产量、人均粮食产量、农具耕畜数量、播种面积、灌溉面积、化肥用量、面积产量等进行数量分析，用数字来阐明土地改革对生产力的解放和促进作用。如果单靠定性分析方法，用"产生重要的作用""发挥重要的影响"之类的描述性判断，很难保证研究结论的说服力。

二、国史研究的定量分析方法

定量分析方法，是指运用统计学方法和数学方法，对历史事物的数量特征、数量关系与数量变化予以分析，来揭示和描述历史现象的相互影响和相互作用的研究方法。由于新中国成立以来的各种数字统计资料比较健全，因此在国史研究中进行定量分析是必要的和可行的。国史研究兴起和发展以来，定量分析方法在中华人民共和国经济史、人口史、社会史、军事史乃至政治史研究中，都得到了不同程度的应用。定量分析方法以其鲜明的科学性、客观性推动了这些学科的发展。

（一）定量分析方法的种类

总的来看，在国史研究领域运用的定量分析方法主要包括两类：一类是统计学方法，一类是数学方法。

相比较而言，一些简单的统计学方法，如计算总量、平均数、频率、百分比等，研究者运用得比较多。尤其是中华人民共和国经济史研究者，目前在研究中普遍运用数量统计方法，即根据统计数据进行数量运算、制作图表，对历史现象间的相关关系进行数量分析。例如，中国社会科学院经济研究所董志凯运用数量统计方法，分析新中国的一些重大历史事件对我国社会生产力产生的作用。1987年，针对美国学者德·金·珀金斯所提出的"土地改革主要是由于政治的原因而不是经济的原因""土地改革对生产也许具有消极影响"的观点[1]，董志凯撰写发表《土地改革与我国的社会生产力》一文（《中国经济史研究》1987年第3期），充分运用定量分析方法研究了土地改革对我国社会生产力的促进作用。她根据《中国统计年鉴》、地方档案等资料中1949年至1953年有关统计数字，计算了我国农业总产值、主要农产品产量、人均粮食产量、农具耕畜数量、播种面积、灌溉面积、化肥用量、面积产量、社会商品零售总额的城乡比例、出口商品额构成等，构建了13张数量表格，直观、有力地说明了土地改革对我国生产力的巨大解放和促进作用。

相对来说，数学方法的运用，如相关分析、回归分析、构建数量模型等，需要有较高水平的数学统计理论基础。在中国古代史、近代史研究中，定量分析方法的运用主要限于简单的统计学方法，而在国史研究领域，由于一些人口学、经济学、社会学专业学者的加入，数学方法与统计学方法同样得到充分运用，通过构建数量模型进行量化分析，从而使国史研究领域的定量分析研究取得比较丰硕的成果。

（二）定量分析方法的功用与局限性

对于定量分析方法的功用，有的学者曾评论指出："量化方法对于研究历史上某些问题，不容否认的是一种利器"。[2]

作为一种"利器"，定量分析方法不仅使传统定性研究中的模糊认识得到量化验证而更趋于严谨和精确，而且可以获得仅靠定性分析方法达不到的认识，从而有效弥补国史研究中定性分析方法的不足。传统史学定性分析方法的主要局限之一，就是采取一种模糊的语言来解释历史，而在影响历史发展的众多因素中，很多是可以用计量方法来精确度量的。例如，分析"大跃进"运动对我国工业建设的影响，传统史学定性分析会说"'大跃进'运动对我国工业建设产生了严重影响"，究竟"严重"到何种程度，却是需要进行量化分析的。定量分析可以通过运用大量统计数字来说明1958年至1960年积累与消费比例、工农业投资比例、工

---

[1] ［美］德·金·珀金斯：《中国农业的发展（1368—1968）》，宋海文等译，上海译文出版社1984年版，第141页。

[2] 杜维运：《史学方法论》，北京大学出版社2006年版，第140页。

业内部与工交之间比例的变化，工业总产值的增长速度的下降和工业固定资产原值的增长速度的放慢，比较准确地说明"大跃进"对我国工业建设的影响。

就探讨历史演变趋势并进行历史发展趋势的预测而言，定量分析方法具有独特功用。回归分析是研究相关关系的一种数学工具，把它用在历史研究中，首先就是探寻历史上相互依赖、相互制约的变量之间的数量关系，即建立数学模型，然后用某种方法给出未来期间外生变量的数值，将这些数值代入数学模型，计算出要预测的变量的未来值。"利用回归分析，使历史学家能够预测而且应该预测。"[①] 国史研究中，运用这种分析方法具有现实意义。例如，可以历史上的人口数据为基础，建立我国人口自然增长率模型，总结出中国人口自然增长率的演化规律，对中国未来若干年的人口变化趋势作较为科学的预测，以期为人口政策的科学制定提供一定的依据。

定量分析方法在显示其独特功效的同时，也呈现出自身固有的局限性。首先，定量分析方法的单纯、过度运用，会使史学丧失自身的特性和功能。这主要是指运用定量分析法的研究者日益倾向于通过复杂的统计图表、数学公式来表达他们的研究成果，从而使史学变得越来越抽象、难懂，离传统的叙述体越来越远。"如果历史研究的成果完全用演算过程、函数公式、统计图表等形式语言来陈述，不仅使一般读者感到枯燥无味，而且有悖于历史科学的性质。"[②]

其次，定量分析方法在国史学科中的运用并不是所向披靡、一用即灵的，尤其是数量模型分析也并不像它所标榜的那样科学和客观。其中，有研究者计算方法本身存在问题的因素，更重要的是，研究者的主观态度影响了数量模型的构建，最终影响了研究结果的客观性。

数量模型方法在史学中运用的一个关键步骤，就是提出假设条件，假设条件决定了数量公式的形成，并最终直接影响计算结果，直接决定研究结论和研究成果的是与非。史学中的假设条件，与数学本身的假设是不同的，它必须是客观的符合历史事实的；在违背客观事实的假设条件下建立的数量模型，计算再精确，所得出的结论也不可能是科学的。也就是说，在定量分析方法的运用中，如果"所用的假设与历史事实相反"，那么这种研究肯定是"质量欠佳"的。[③] 正如美国历史学家柯林武德曾经指出的："统计学研究对于历史学家来说，是一个好仆人，但却是一个坏主人。进行统计学上的概括对于他并没有好处，除非他能由此而窥

---

① 李振宏：《历史学的理论与方法》，河南大学出版社1999年版，第505页。
② 李振宏：《历史学的理论与方法》，河南大学出版社1999年版，第515页。
③ ［英］罗德里克·弗拉德：《计量史学方法导论》，王小宽译，上海译文出版社1997年版，第4页。

探他所进行概括的那些事实背后的思想。"[1]

三、国史研究坚持定性与定量分析相结合

历史研究的根本任务是探究历史发展规律。无论是定性分析还是定量分析，最终目的都是发现历史真相，揭示历史规律性。定性与定量两种分析方法各有利弊，作为具体方法来讲，这两种方法并不是对立、矛盾的。为了更好、更全面地解决问题，同时发挥两种方法的优势，弥补单一方法的不足，必须将定性分析与定量分析相结合。国史研究中的实践表明，定性与定量分析相互配合，能够收到最佳的研究效果。

（一）定性与定量分析相结合的必要性

如前所述，缺乏数量研究的定性分析具有含混性、笼统性，如果要使史学研究精确化、科学化，必须进行大量的、严肃的数量分析研究，这样才能使研究对象直观、明确、简洁，最终得出的结论更近乎科学。另一方面，历史是由有意识有目的的人创造的，历史的无限丰富性与复杂性使得很多历史现象是无法用数量关系来表示的，单靠数量关系不可能真正揭示出历史的本质和规律。历史研究的根本任务是探究历史发展的规律，不管是使用数量统计抑或是制作数量模型，最终还是由研究者在此基础上经过定性分析，才能发现社会历史发展规律。正因如此，史家非常强调定量分析与定性分析相结合。如英国史学家罗德里克·弗拉德指出：定性与定量两者不可分解地联系在一起，"定量问题补充定性问题，定量证据补充定性证据；两者无法相互取代，两者各自也不能以了解整个历史学的研究而自命"[2]。

定性分析与定量分析相结合，应当以定量分析为基础，在定量分析的基础之上，进行定性的分析研究。历史定性研究如果缺少大量的数量研究作基础，那么定性研究就缺乏根据，史学研究也就谈不上精确化、科学化，甚至会陷入唯心史观。与此同时，定量分析研究必须升华到定性研究，否则历史研究的结果只能是那些毫无用处的数字、图表、曲线和方程式，无助于对历史发展规律的探索。

定性分析与定量分析相结合，必须坚持以唯物史观为指导，才能确保研究方法的正确运用。虽然定量分析方法以技术手段处理问题为主要内容，具有很鲜明的准确性和客观性，但是，它时刻都离不开理论的指导。作为一种研究方法和手

---

[1] ［英］柯林武德：《历史的观念》，何兆武、张文杰译，商务印书馆1997年版，第320页。
[2] ［英］罗德里克·弗拉德：《计量史学方法导论》，王小宽译，上海译文出版社1997年版，第3页。

段,它可以被任何一种理论或学派所使用,因此,定量分析的结论是否符合历史实际,不仅取决于研究者运用它的科学程度,还取决于研究者所持理论的科学程度。苏联学者科瓦利琴科曾指出:"历史研究中数量方法的成就,将首先取决于它的质的、实质的内容方面,而这方面本身又有赖于历史学所依据的历史认识论和方法论的性质。数量方法必须具有彻底的历史主义原则的马克思主义的历史认识理论和方法论,才能保证在历史研究中最客观最有效地采用。"① 马克思主义反对把史学的数量研究绝对化、庸俗化。为统计而统计的形式主义,主观片面的形而上学及不分主次、本质与非本质地使用数学方法,则是历史研究的大忌。

(二)国史研究中的定性与定量分析相结合

国史研究中,不少学者采取定性与定量分析相结合的方法,对一些历史现象进行深入研究。实践表明,坚持定性与定量分析相结合,可以在国史研究中发挥独特的作用。

首先,有利于研究者对历史现象进一步分析,得出定性或定量一元分析所不能得出的结论。例如,有研究者采用 Cox 比例风险模型来分析新中国成立以来至"文化大革命"时期具有不同社会背景的学生的入学、升学概率,借以研究"文化大革命"对学生入学、升学的影响。② 文章得出了一些与以往研究完全不同的结论,如认为"文革"事件只是在"文革"前期对高中教育的获得模式产生了严重的影响,而对其他阶段的教育获得模式并无重大改变;"'文革'期间,阶级出身标签对中小学各级教育机会获得的影响是反向的,也就是说,阶级出身好,接受教育的机会反而更小";"文革"期间,入学、升学机会的获得,仍然受制于较深刻的制度和文化因素,不平等的代际传承模式仍然影响着机会的获得。作者还对自己的研究结论进行了历史分析,比较充分地论证了采用数量模型分析出的观点。

其次,可以帮助研究者揭示历史规律,发现并预测历史趋势,从而提升国史研究的史学价值。研究历史过程和现象,揭示历史发展规律,从而以史为鉴,用以指导现实,这是史学的主要社会价值之一。揭示历史规律,需要分析历史过程和现象所固有的相互关系及其密切程度,而分析历史过程和现象所固有的相互关系最为详尽的方法是相关分析,即借助于专门的指数来对关系的紧密程度作出评价。例如,可以通过选择主要社会指标组成指标体系,对新中国成立以来我国历年社会经济的发展情况进行综合评价。同时,对发展中的进步和差距进行比较分

---

① 李振宏:《历史学的理论与方法》,河南大学出版社 1999 年版,第 516 页。
② 参见刘精明:《"文革"事件对入学、升学模式的影响》,《社会学研究》1999 年第 6 期。

析，从中揭示社会发展中的弊病和不安定因素，及时提供决策部门参考。这样，可以比较好地体现和发挥国史研究的社会功能。

第三节 国史研究的国情调研方法

历史研究工作不能仅限于书本文献和前人提供的资料，尤其是中华人民共和国史研究，不能脱离现实。国史中的很多问题与现实密切相连，现实中的很多问题需要到国史中寻找答案。这样，对历史和现实进行调查研究的国情调研方法就成为具有重要意义的国史研究方法。通过国情调研来认识中华人民共和国历史发展的社会历史条件，并以现实问题为出发点和切入点来认识新中国成立以来历史的发展变化，是创新国史研究的重要途径。随着越来越多的国史研究者对国史国情调研的重视和投入实践，国情调研方法日益成为国史研究中的重要方法之一。

一、国情调研对国史研究的意义与作用

国情调研是我国哲学社会科学工作非常重要的组成部分。国情调研主要围绕重大现实问题和中央重大决策的反馈、社会关注的热点和焦点问题、基本国情调查和重要国情考察活动等方面来开展工作。国史研究中的国情调研，范围更广一些，既包括对国情、民情、党情现实状况的调查研究，也包括对国史发展进行调查研究。也就是说，国史研究中的国情调研法，是指对新中国成立以来党和国家以及社会的历史发展和现实状况进行深入调查研究，获得对现实国情和历史国情的准确认识，从而以现实问题为出发点来认识和研究国史发展变化的一种方法。

（一）正确认识国情的重要性

正确认识国情是中国共产党在领导中国革命、建设和改革过程中制定正确的方针政策的重要保证。毛泽东曾经指出，正确认识中国社会的性质和特点，即中国社会的特殊国情，是解决中国一切革命问题的基本出发点。"只有认清中国社会的性质，才能认清中国革命的对象、中国革命的任务、中国革命的动力、中国革命的性质、中国革命的前途和转变。"[1]邓小平在领导中国人民开创中国特色社会主义现代化建设的历史进程中，高度重视对国情的认识，指出："过去搞民主革命，要适合中国情况，走毛泽东同志开辟的农村包围城市的道路。现在搞建设，也要

---

[1] 《毛泽东选集》第2卷，人民出版社1991年版，第633页。

适合中国情况，走出一条中国式的现代化道路"，"中国式的现代化，必须从中国的特点出发"。①

中国共产党以及中华人民共和国历史发展过程中的挫折、曲折和错误，都与未能正确认识当时的国情分不开。例如，1958年提出开展"大跃进"运动便是明显的错误认识国情问题。当1957年一些工厂、农村出现生产迅速增长的新气象时，许多人就错误地认为，可以用比第一个五年计划高得多的速度来进行社会主义建设，甚至提出中国未来15年的钢产量可以赶上或者超过英国，而忽视了当时中国社会主义改造刚刚完成、经济刚刚恢复、人民生活水平亟待提高的国情。由于对国情没有一个清醒的认识，1958年5月召开的八大第二次会议制定了社会主义建设总路线：鼓足干劲，力争上游，多快好省地建设社会主义。这条总路线的提出，反映了广大人民群众迫切要求尽快改变我国经济文化落后状况的普遍愿望，但是对于如何根据需要和可能，确定经济发展的速度没有充分研究和重视。这条总路线又是在批评反冒进的过程中形成的，结果导致批判根据实际条件确定的速度，盲目求快压倒了一切，不可避免地导致新的更大规模的冒进，发生了"大跃进"运动。

对国情的正确认识离不开调查研究，调查研究是中国共产党的优良传统，是党一切重大路线、方针、政策，重大思想、理论形成的基础。毛泽东是伟大的无产阶级革命家、战略家和理论家，对中国革命作出了重大贡献，晚年却在"文化大革命"中犯了严重的错误。他的贡献源于充分的调查研究，他的错误则是因为缺乏调查研究。毛泽东非常重视对国情进行调查研究，他的很多经典文章如《中国社会各阶级的分析》《湖南农民运动考察报告》都是在对国情进行调查研究的基础上写成的；20世纪50年代，他在撰写《〈中国农村的社会主义高潮〉按语》时做了大量的调查研究工作，看了200多份调查研究材料；《论十大关系》也是他在进行了两个多月的调查研究，并找国务院各部门的同志谈话了解情况后写成的。"文化大革命"时期，毛泽东对国情缺乏充分而正确的调研和判断，从而导致了错误的出现。

与此同时，调查研究也是新中国成立后历史研究的一个重要方法。1956年，在毛泽东的直接推动下，彭真主持展开了规模浩大的全国少数民族社会历史调查。这次调查研究取得了丰硕成果，不仅收集了数千万字翔实的调查资料，摸清了全国少数民族的社会性质和历史状况，还编写了各少数民族的"简史""简志"和各

---

① 《邓小平文选》第2卷，人民出版社1994年版，第163、164页。

民族自治地方概况等三种民族问题丛书。这次调查研究对新中国历史研究产生了深远影响，它促使很多历史学家认识到社会历史调查是历史研究工作中极重要的一个环节，"由于旧中国的文献档案残缺不全，而其中绝大部分又为地主资产阶级所歪曲捏造，仅仅依据文字记载，很难深入探讨许多重大历史问题。因此，只有在全国范围有计划、有组织地开展社会历史调查，树立优良的学风，才能逐步克服过去研究工作中的缺陷"[1]。基于这些认识，1964年由胡乔木提议，中宣部、中央统战部批准，杨东莼、刘大年具体筹备成立"近代中国社会历史调查委员会"，拟订了规模宏大的由学术界和政协合作开展近代中国社会历史调查工作的计划方案，但是因后来的政治运动而未能得到落实。

（二）国史研究中国情调研方法的重要性

对国史研究而言，国情调研是必不可少的一个重要研究方法。

第一，国情调研是坚持和贯彻唯物史观来研究国史的应有之义。唯物史观强调从社会关系体系和物质生产考察一切历史的发展，强调对人民群众历史主体性的充分尊重和发挥。因此，在国史研究中坚持和贯彻唯物史观，就必须深入当代中国社会，并着重研究人们的物质生产活动及经济社会状况；必须深入人民群众这一历史主体的社会实践活动，贴近他们的社会生活。只有这样才能挖掘国史中一切思想的根源，找到国史发展的根本推动力量和社会源泉。

第二，国情调研可以弥补历史文献资料的局限性，使研究者获得对历史的全面认识。如果单纯依据历史文献资料，是难以全面看到历史的具体情况的。因为历史文献资料往往反映的是历史的决策或者是历史的结果，而对复杂的历史过程则不可能尽其详。也许这并不影响对历史主流和性质的基本判断，却难以对历史的曲折复杂性进行更为深入的把握。在国史研究中之所以仍然出现为数不少的历史悬案，除了认识的局限性，还有一个重要原因是，或对其历史记载不具体，一些史实无从查考；或只记载了历史的某一方面，而忽略了另外的方面。在这种情况下，通过国情调研探寻历史发生和发展的社会历史条件，有助于问题的解决。

如果国史研究者缺乏对所要研究的具体对象的实地的和历史的调查，或许通过历史文献等资料能了解一些政策或规章制度的文本内容，但不晓得政策和制度的实际执行情况，依此写出的历史更多的是概念化的历史；研究者或者通过当事人的书面总结，能知道一些历史的结果，但这一结果是怎样获得的，依逻辑的推

---

[1] 参见赵庆云：《一次流产的近代社会历史调查》，《博览群书》2011年第7期。

理，则难免有失偏颇。而国情调研就是要深入当代中国社会，去把握社会的变迁、社会发展的程度、社会历史的总体面貌；深入人民群众，尤其是访谈重大历史事件的亲历者、见证者，去把握人民群众的历史意识和对历史的认知程度；深入历史遗存，去把握历史记载的整体面貌。只有通过国情调研对所要研究的对象进行深入的体察，形成对事物本体的基本认识，才能更好地解读文献文本和运用文献资料，写出政策、制度与其实施过程相统一的国史著述来。

第三，国情调研可以帮助提升国史研究的现实价值。国情与历史本来就不可分割，正如李大钊所指出的："言国情者，必与历史并举，抑知国情与历史之本质无殊，所异者，时间之今昔耳。昔日之国情，即今日之历史；来日之历史，尤今日之国情。"①

国史研究承担着资政、育人、护国的社会功能，具有为重大现实服务的社会职责。因此，国史研究必须关注现实，紧密结合现实。国情调研是使国史研究走向现实的重要渠道。通过国情调研认识国情，既要了解这一国情的现实状况，又要摸清这一现实国情如何由历史变动而来，还要对这一国情将如何变动而去及发展趋势作分析判断，也即在这一国情下国史将如何变化和发展。通过国情调研，国史研究者深入当代中国社会，了解和把握人们的物质生产活动和经济社会状况，把握现实重大问题的社会历史基础，从而在认识国情的同时为国史研究提供具有现实意义的课题和素材；与此同时，研究者可以把历史文献记载的历史与现实生活中的发展的历史相统一，从而更好地解读历史文献，提高历史认识水平，促进国史研究更好地为现实服务。

第四，国史研究中运用国情调研法有着独特的优势。国史是正在发展着的历史，国史研究是"当代人研究当代史"的认识活动。因此，国史研究开展国情调研有着深厚的研究资源和优势。其一，当代中国社会历史不长，一些历史要素仍然在当下发生着作用，追溯历史的线索直接而丰富。其二，重大历史的见证人、亲历者还在，他们能够提供诸如回忆、口述形式的历史研究素材。其三，现代科学技术的发展，调查手段的多样化，促使调查工作更为系统、科学和便捷。其四，国情调研的科学性能够得到更为直接和多方面多渠道的检验。

二、国史研究中国情调研的开展

作为国史研究的一项重要研究方法，国情调研的开展和运用不是随意的、无

---

① 《李大钊全集》第1卷，人民出版社2006年版，第109页。

限制的。国情调研方法既有其适用的研究领域，也有其必要的学术规范。

（一）国史研究对国情调研的需要

需要指出的是，国史研究中的一些内容和课题，必须通过国情调研才能真正深入进行。国史研究中需要进行国情调研的内容大致可分为以下三类：

一是在国史上发生的重大历史事件，只靠文献资料不能对其进行全面的历史评价，而是需要深入社会，通过实地调查，调查历史事件亲历者的经历和看法，从而通过实践来检验和评价历史事件在当时的实际效果和对当代中国发展的长远影响。例如对新中国20世纪六七十年代进行的三线建设，长期以来学术界的评价争议颇多：有的认为三线建设是在极左思潮影响下对战争爆发可能性估计出现严重错误的结果，因此造成了极大的浪费和损失，应该基本否定；有的认为三线建设是在国际形势严峻情况下，出于建立后方战略基地和改变中国工业不平衡布局目的进行的一次西部开发，初步改善了西部的基础设施，应该基本肯定；还有的认为三线建设得失各半，既有成就，也有损失。经过40多年的发展，三线建设的长远影响已经显现，如果结合对三线建设项目进行实地调研，就有条件、有可能对三线建设作出客观全面的评价。

鉴于此，自2011年9月起，中国社会科学院当代中国研究所经济史室国情调研组对三线建设项目较多的四川省、重庆市的部分三线建设项目进行了调研。调研组实地考察了三线建设项目企业，与当地党政有关部门、三线建设亲历者、研究三线建设的专家学者进行座谈，访问三线建设项目区周边群众，查阅相关档案文献。基于调研，调研组从历史与现实结合的视角发表系列研究成果，对长期争论未果的三线建设评价进行了深入的研究和探讨。调研组认为，对三线建设的重新评价，不应回避战略构想动因与现实性、促进区域协调发展的预期外绩效、当期效率低的缘由及企业的搬迁、转产、废弃等历史与现实问题。调研组提出："从生产力区域布局的战略构想、促进西部大开发和区域经济社会协调发展的实际绩效看，对三线建设不能予以否定，不但如此，还应当予以积极肯定。至于三线建设项目当期效率低下和搬迁、转产乃至废弃的问题，既有三线建设自身的问题，也有大的经济社会背景及制度变化的问题，否则就难以解释以攀枝花钢铁（集团）公司为代表的三线企业发展壮大的现象。"[①]

二是仅从政策层面并不能全面把握历史面貌、不能对历史作出正确解读的问

---

① 郑有贵、陈东林、段娟：《历史与现实结合视角的三线建设评价——基于四川、重庆三线建设的调研》，《中国经济史研究》2012年第3期。

题，需要深入社会调查，在动态的过程中去探讨政策的实施及影响，才能尽可能发现历史发展的脉络。尤其是对新中国社会史研究领域而言，要研究新中国社会发展和社会变迁，例如要研究农村土改对新中国农村社会秩序的重塑，《婚姻法》对新中国妇女和家庭的影响等等，都不能仅仅将研究目光限于文献中的政策，而是要深入基层进行田野调查，挖掘基层档案，征集口述访谈，把历史的参与者和政策最直接的影响者——基层民众纳入研究视野，才能对历史发展作出全面而准确的观察。20世纪七八十年代一些西方中国问题研究者较早运用这种通过田野调查来研究当代中国社会问题的方法，例如傅高义的《先行一步：改革中的广东》、陈佩华的《当代中国农村历沧桑》等著作，都是基于在广东等地的调查研究而写成。

三是与国史密切相关的重大现实问题，需要对其现状和历史进行调查研究。研究这些重大问题的由来和发展变化历程，从中总结规律和经验教训，再提出可供现实借鉴的建议。例如经过30多年的发展，计划生育政策的走向引起了社会和学术界的热议。要对30年来计划生育政策的实施及其效果作出客观评价，必须将历史与现实相结合，既要从新中国成立以来计划生育政策的由来和变化，又要深入实际从就业、教育、婚姻、住房、家庭等诸多方面调查这一政策的全方位影响，在此基础上再提出切实可行的政策建议。

（二）国情调研方法的实施

中华人民共和国历史主要由新中国的政治史、经济史、文化史、社会史和外交史等领域所构成。相应地，在国史研究中开展国情调研，必然涉及诸如政治学、经济学等多种学科及其与历史学的结合。因此，国史研究中的国情调研，是一项综合性的和跨学科的认识活动。它以深入实地，通过座谈、访谈、观察和问卷调查为基本研究方法，辅之以历史学、经济学、政治学等多学科的理论和方法。

国史研究中的国情调研，首先要明确调查课题和任务。研究者根据自己的研究需要确定好调查研究的主题后，还需要进行调查研究方案的初步设计，包括调查地点、对象的选择以及相关的联系工作，调查研究内容和范围的设计等。调查地点、对象的选择要注意代表性，调查研究内容和范围的设计要注意主题鲜明。这些工作都离不开围绕调查主题做资料准备，尤其是掌握相关史实、背景、历史人物的基本情况，为调查的深入奠定扎实的基础。合理地确定调查研究主题是搞好国情调研的前提，科学地设计调查研究方案是保证国情调研成功的关键。充分做好准备工作，可以使国情调研过程避免盲目性和人力物力的浪费，使国情调研成果更具科学性，达到较好的预期效果。

其次，运用各种调查方法进行调查，收集国情调研资料。调查是国情调研最为重要的阶段，这一阶段的主要任务就是利用各种调查方法收集有关资料。国史研究中国情调研常用的方法一般有座谈访谈、文献收集、问卷调查和实地考察等。

座谈访谈，即有计划地与调查对象进行口头交谈，来了解有关历史和社会实际情况，收集有关调研主题的口述史料，这是国情调研中应用最普遍的调查方法之一。在国情调研中，一般优先进行座谈调查，因为座谈是邀请若干调查对象，以开座谈会的形式进行集体访谈。这样可以同时收集若干人对同一历史或社会现实的看法，无论调查对象的看法一致与否，对于研究者的调查主题都是有益的。通过集体访谈所收集的资料较其他访谈所获得的信息更为全面、广泛，而且通过调查对象之间的互相启发、互相补充、互相核对、互相修正，可以在最短的时间内获得系统全面、真实可靠的资料，使研究者减掉后期一些史实核对印证的工作。毛泽东曾指出："开调查会，是最简单易行又最忠实可靠的方法，我用这个方法得了很大的益处。这是比较什么大学还要高明的学校。"[1] 国情调研中还经常需要对某一历史情况进行深度访谈或重点访谈，这就需要选择最了解情况的调查对象进行个别访谈。

对于国史研究而言，文献收集是国情调研中最重要的方法之一。国情调研一般要深入基层。基层文献恰恰是研究者平时接触不到的资料。首先，基层档案文献资料，是研究者要重点收集的资料。一方面，基层档案馆藏有新中国成立以来的文献资料，一般开放程度高，查阅收集非常方便；另一方面，很多地方的企事业单位内部编辑发行了一些档案资料汇编，研究者可注意收集。其次，研究者在国情调研中也要注意收集散落在基层企事业单位、农村基层组织以及个人中的民间文献资料，包括照片、日记、笔记等。此外，研究者在国情调研中要经常考察一些与调研主题相关的纪念馆、博物馆、展览馆，图片、实物陈列是这些馆藏中必不可少的内容。

问卷调查法，是研究者运用统一设计的问卷向被选取的调查对象了解情况或征询意见的调查方法。它是以书面提出问题的方式搜集有关调研主题资料的一种调查方法。在国情调研中，研究者要事先将所要研究的问题编制成问题表格，在调研过程中向调查对象直接发放当面作答或者以邮寄方式追踪访问方式填答，来了解调查对象对调研主题的看法和意见。问卷调研法的运用中，设计问题、编制问卷非常关键，问题需紧贴调研主题，提问要具体通俗、准确简明。同时要注意保证充分的问卷回复率，以利于后期对调查资料做定量分析。实践证明，问卷调

---

[1]《毛泽东选集》第 3 卷，人民出版社 1991 年版，第 790 页。

查法可以在国史国情调研中发挥很好的作用。

此外，新中国成立以来的历史发展，保留了大量历史现场和遗迹，例如山西昔阳大寨村保持的大寨公社旧址、三线建设中的大型项目、新中国成立以来建设的各种大型工程、当代历史人物故居等，都为研究者实地考察，到历史的发生地，进入历史遗址或现场感受历史场景和环境提供了独特的优势，因此实地考察成为国史研究者进行国情调研经常采取的方法，采取这种方法有助于研究者获取与调查主题有关历史的直观认识。

然后，对调查资料进行整理与分析。在国情调研的实地调查结束后，研究者需要对所收集的调查资料进行系统的整理和分析。

在调查资料的整理工作中，要将国情调研中所收集的文献资料、口述访谈资料、视觉资料、调查问卷资料等予以分类，并进行必要的史料鉴别、史实核对工作，去伪存真，以保证调研资料的真实、准确和完整。有的国情调研和社会调查收集的资料非常系统，极富史料价值，经过整理后可予以编辑出版。

在国情调研中详尽地占有资料固然重要，但是要有效地解决问题，达到较好的调研效果，还必须对资料进行必要的历史分析、数量分析和理论分析。

由于人类历史处于永恒的发展之中，一切历史事物都处在某一具体的历史发展阶段，都是特定历史环境的产物。因此，运用历史分析法对史料进行分析，一是根据国史发展的特点，找出所调研的主题在国史上怎么发生的，现在的状况又是什么样的；历史上发生的条件和现实中发生的条件是否有了大的改变，造成这种变化的原因是什么；造成历史和现状不同的变革的内外部成因又是由什么条件影响而产生的。对调研主题的历史分析，就是要弄清事物发展变化的详细脉络，从事物发展的脉络中发现问题，解决问题并预测未来。二是要坚持马克思主义历史主义原则，要从具体的历史事件发生的时代条件出发，具体问题具体分析，在新中国特定的历史条件下理解历史人物的思想和行为以及各种历史事件和历史现象的发生，最终获得接近历史事实的理解和认识。

事物的质与量是统一的，要想获得对事物本质的正确认识，必须对事物进行一些量的分析。尤其是对于调研中所获得的数据资料以及调查问卷资料，必须要做数量统计工作，并运用统计学方法来分析研究现象之间的数量关系，进而揭示历史发展规模、发展水平以及历史事物之间的数量关系。毛泽东指出："对情况和问题一定要注意到它们的数量方面，要有基本的数量的分析。任何质量都表现为一定的数量，没有数量也就没有质量。我们有许多同志至今不懂得注意事物的数量方面，不懂得注意基本的统计、主要的百分比，不懂得注意决定事物质量的数量界限，一切都是胸中无'数'，结果就不能不犯错误。"①毛泽东在做农村调查时，就非常注意对农村各阶级状况作出精确的数量分析。

对资料进行理论分析，一方面是指要运用马克思主义史学理论对史料进行分析研究，例如要运用阶级分析方法来研究当代中国社会变革，运用矛盾分析方法分析历史事件的发生和发展。另一方面，对于不同的专门史调研主题，还要结合专门史学科理论。例如对经济史问题的调查研究，要运用马克思主义经济学理论进行分析，总结经济历史发展的规律。

调查资料分析的直接结果是得出研究结论，不同的调查主题有不同形式的研究结论，有的是学术理论观点，有的是实际工作建议，还有的是宏观政策建议。作为学术观点的研究结论，其意义在于肯定或否定或修正学术界流行的某些观点，或者提出某种新观点推动国史研究的发展，这类研究是国史国情调研中比较常见的。作为工作建议的研究结论，也是国史国情调研的主要目标，这类调研一般针对现实问题而展开，所以研究结论提出的建议可作为参考供有关部门使用。

最后，进行调研报告的撰写，并将国情调研报告成果运用到国史研究中去。国情调研所获得的资料经过分析整理，最终需要形成调研报告，对调研活动的情况进行详细阐述和总结，将从调研活动中得到或者经过调研活动得到证实的观点、结论完整地表述出来。国情调研报告的撰写，遵循以下基本原则：一是针对性原则。针对性首先是指问题的针对性，即明确报告要解决什么问题，这与调研主题是紧密结合在一起的。国情调研都是为了解决问题而进行的，无论是理论学术问题还是现实工作问题，都是针对某些情况作出探索性研究。针对性还指国情调研报告要注意根据不同的读者对象，采取不同的撰写方法。有的内部报告是呈报给有关部门参阅的，问题一般比较敏感；有的报告则是由学术界公开发表，与国史研究者交流的，这类报告要注意学术规范。二是真实性原则。真实性是撰写国情调研报告的根本原则，要尊重客观事实，以大量具体可靠的调研资料为基础，真实反映现实的客观面目，不能对调研资料呈现的事实进行虚假歪曲处理。如果调研报告不能如实反映客观事实，那么调研报告就必定是失败的。三是新颖性原则。根据调研中获得的新资料，在调研报告中提出新的学术观点，提出一些对实践具有借鉴意义的结论，这是调研报告的价值所在。如果报告呈现的仍是陈旧观点，这样的国情调研是毫无意义的。

国史国情调研报告，根据不同的调研主题和调研目的，分为以下三种：（1）反

---

① 《毛泽东选集》第4卷，人民出版社1991年版，第1442页。

映社会基本情况的调研报告。这类报告以认识当代中国社会为主要目的，主要作用在于通过报告使人们认识当代中国的社会现象，了解当代中国社会问题，从而把握当代社会发展的脉搏。这类报告综合性强，要求研究者对社会普遍存在的基本状况有清晰的认识。（2）学术研究性调研报告，这是学术界也是国史学界经常使用的专业性很强的调研报告。（3）以研究总结历史经验为主要目的的调研报告。此类报告着眼于总结历史发展中的工作经验，以为目前和将来的政策制定提供借鉴。（4）以发现问题和提出相应对策为主要目的的调研报告。这类报告主要针对现实中的一些问题和不足，指出问题所在，剖析问题产生的根源和性质，找出解决问题的办法，提出相应的对策建议。

国史研究作为新兴学科，需要继承、借鉴和发展，也需要在发展中不断创新。国史研究创新也是坚持马克思主义对国史研究的指导地位所要求的。其创新最根本的则在于解放思想，实事求是和与时俱进。这就要求坚持理论联系实际。国情调研方法就是国史研究中理论联系实际的重要工作。国史研究中的国情调研，不仅是深入实际认识国情、国史，进行爱国主义教育的重要途径，而且是贯彻唯物历史观的重要方法。总之，将国情调研方法运用到国史研究中，对于国史史料搜集、整理以及研究方法等方面都具有创新意义。

第四节　国史研究的比较研究方法

比较研究方法是国史研究中运用较多的一种分析方法。它通过对不同时间、不同空间条件下复杂历史现象进行对比研究，分析其异同，发现其本质，从而探寻历史共同规律和特殊规律。比较研究方法同时也是一种规范性要求较高的方法，它有特定的内涵、原则、程序和步骤。如果违背其基本规范，容易犯机械类比的错误而流于形式化的比较。只有正确地科学地运用比较研究方法，才能真正发挥比较研究在国史研究中的有效作用。

一、比较研究方法的基本原则

事物之间存在差异性和同一性。要认识一种事物，需要将其与其他事物进行比较，才能真正认清这一事物的特点与实质。正因如此，比较研究方法自古就有，对历史进行观察、研究和写作，离不开比较。例如，两汉时期的史著《论六家要旨》《史记》《汉书·艺文志》都运用了比较研究法。但是总体来看，古代史家运用比较方法多处于自发状态，缺乏自觉意识与系统理论。

（一）现代比较史学方法的产生

人类历史发展过程中存在的差异性和共同性，为历史比较研究提供了实际的前提。也就是说，比较研究方法的产生和运用，是历史本身的要求。

马克思、恩格斯、列宁等马克思主义经典作家非常重视运用比较研究方法研究具体的历史问题。马克思曾指出："要了解一个限定的历史时期，必须跳出它的局限，把它与其他历史时期相比较"。[①] 这是因为"极为相似的事情，但在不同的历史环境中出现就引起了完全不同的结果。如果把这些过程中的每一个都分别加以研究，然后再把它们加以比较，我们就会很容易地找到理解这种现象的钥匙"[②]。马克思、恩格斯、列宁在进行社会历史研究的实践中，广泛运用比较研究方法，既有把不同时间的历史现象作比较性研究的纵向比较，又有把不同空间范围的历史现象作比较性研究的横向比较；既有宏观的历史比较，又有微观的历史比较。具体来说，社会形态、国家、阶级、政治制度、历史事件、历史人物等等，都成为他们比较研究的对象。他们在比较研究中对于如何正确运用比较研究方法作出概括，主要有：比较研究包括寻找相异点或相同点的比较以及二者皆有的综合比较；比较方法应遵循可比性原则，并在充分研究被比较的各方的基础上进行；不要作肤浅的历史对比等等。例如，列宁曾经指出："把各个国家的政治经济的发展情况加以比较，把各个国家的马克思主义纲领也加以比较，从马克思主义观点看来，具有极大的意义，因为各现代国家的资本主义本性和它们的发展规律无疑是共同的。可是，这样的比较必须作得适当。这里有一个起码的条件，就是要弄清拿来作比较的各个国家的历史发展时期是否可以互相比较。"[③] 马克思主义经典作家非常反对不顾基本历史条件不同进行"极其肤浅"的历史对比，将这种比较视为"对马克思主义的历史方法的侮辱"[④]。他们对比较研究的论述和运用，为现代比较史学的形成提供了科学的理论和方法论框架。

到20世纪30年代，法国年鉴学派史学家马克·布洛赫倡导系统的、专业的而不是附带的历史比较研究，并构建起有关的理论方法体系，标志着现代比较史学方法的诞生。第二次世界大战后特别是20世纪50年代以后，比较史学方法逐渐受到西方史学界的重视和广泛运用。

---

① 《马克思恩格斯全集》第44卷，人民出版社1982年版，第287页。
② 黎澍主编：《马克思恩格斯列宁斯大林论历史科学》，人民出版社1980年版，第352页。
③ 黎澍主编：《马克思恩格斯列宁斯大林论历史科学》，人民出版社1980年版，第354页。
④ 黎澍主编：《马克思恩格斯列宁斯大林论历史科学》，人民出版社1980年版，第353、354页。

中国共产党人十分注重在中共党史研究中运用比较研究方法。毛泽东在1942年3月30日中共中央学习组关于"如何研究中共党史"的讲话中，提出了研究中共党史要遵照"古今中外法"，"就是弄清楚所研究的问题发生的一定的时间和一定的空间，把问题当作一定历史条件下的历史过程去研究。所谓'古今'就是历史的发展，所谓'中外'，就是中国和外国，就是己方和彼方"。①毛泽东把"古今中外法"视为马克思主义方法论的一个方面。这里的"古今中外法"，可以说就是纵横比较法。它以"中"和"今"为坐标轴心，以"古"和"外"为参照系，进行全面的、系统的比较研究，从而真正地认识历史事物。1964年，胡乔木指出，"比较历史研究方法还是要承认的"，"比较历史研究法可以帮助我们研究历史"。②

然而，比较研究方法真正受到我国国史学界的广泛关注和重视，并在国史研究实践中得以运用，是在中共十一届三中全会以后。1981年3月24日，周谷城在《光明日报》发表《中外历史的比较研究》一文，提倡运用比较方法研究历史。其后，我国运用比较研究方法的历史著述逐步增多，甚至掀起了"比较史学热"。

（二）比较研究方法的可比性原则

中外史学界对比较研究方法的定义颇多，理解不尽一致。例如马克·布洛赫认为："比较就是在一个或数个不同的社会环境中选择两种或数种一眼就能看出它们之间的某些类似之处的现象，然后描绘出这些现象发展的曲线，揭示它们的相似点和不同点，并在可能的范围内对这些相似点和不同点作出解释。"③我国有的学者认为，比较研究是"对历史进行宏观考察的一种重要方法"，"或者通过对于不同时期的历史的比较研究以求常求变，或者通过对于不同地域（不同民族、不同国家）的历史的比较研究以求同求异"。④还有的学者指出："所谓历史的比较研究，是指对历史上的事物或概念，包括事件、人物、思潮或学派等等，通过多种比较方法进行比较对照，判明其异同，分析其缘由，从而寻求共同规律和特殊规律的一种研究历史的方法。"⑤

就国史研究而言，比较研究方法就是在马克思主义指导下，通过两种或两种以上的历史现象的比较，来加深、扩大和验证对国史的认识的一种方法。历史现象的范围是极为广阔的，国史上的事件、人物、制度、思想等，只要具有同一性

---

① 《毛泽东文集》第2卷，人民出版社1993年版，第400页。
② 《胡乔木文集》第3卷，人民出版社1994年版，第43页。
③ [法]马克·布洛赫：《比较史学之方法》，项观奇编：《历史比较研究法》，山东教育出版社1986年版，第104页。
④ 丁伟志：《马克思主义与历史宏观研究》，《人民日报》1981年8月25日。
⑤ 范达人：《比较史学撮述》，《国外社会科学》1999年第3期。

和差异性,原则上都可以用来比较。但是,这种方法的运用却是有一定条件的,也就是说,历史的比较研究不是没有前提的,而是要遵循一定原则的。

比较研究方法运用的基本原则就是可比性原则。什么是可比性原则?有学者指出:"所谓可比性原则就是只能对具备共同基础和联系的两种或两种以上的历史现象进行比较。"[1]因此,可比性原则可以细化为以下三个方面:(1)国史比较研究的历史事物必须是确实存在过的。历史研究的对象是人类过去的发展过程,是以有据可考的历史事物为研究对象的。对于目前尚未确定的历史现象,即使是历史上曾经发生的,也不能作为比较研究的对象。(2)国史比较研究的对象是两个或两个以上的历史现象或事物,或者同一事物经过两个或两个以上的不同发展阶段。此对象既可以是不同的两个历史事物,如苏联的工业化道路与中国的工业化道路;也可以是同一历史事物的两个不同发展阶段,如改革开放前30年与改革开放后30年。但是比较对象之间必定是异同并存,否则,无同之异与无异之同,都会令比较失去意义。(3)国史比较研究的现象或事物必须是同类的或者同一层次上的。用于比较的历史现象和事物之间必须具备共同的因素,存在某种关系或联系。把不同类型的历史现象放在一起加以比较是违背逻辑的,是错误的。

在符合可比性原则的基础上,研究者可以采用不同的方法进行比较研究。

二、国史比较研究方法的运用

(一)国史比较研究的类型及其特点

一般来说,国史比较研究有四种类型:横向比较、纵向比较、宏观比较、微观比较。

横向比较,主要是从空间角度出发,对国史上同一历史时期不同的历史事物、历史人物进行比较研究。例如,对20世纪50年代末60年代初安徽和江西两省"大跃进"运动及饥荒进行比较研究,来分析安徽和江西两省"大跃进"期间饥荒和死亡率的差异出现的原因,并正确认识"大跃进"和饥荒省际差异的存在。再如,对改革开放时期邓小平和陈云经济思想进行比较研究,总结两者在改革开放思想上根本的一致性和具体的差异性。横向研究还包括对新中国与其他国家之间类似历史事物的比较,例如比较20世纪80年代以来中国、越南两个社会主义国家的经济改革的背景、理论、实践等方面,以加深对中越两国经济改革历程的认识,并从中总结出某些共同的历史规律;还可以比较中国与苏联的农业集体化道

---

[1] 杨豫、胡成:《历史学的思想和方法》,南京大学出版社1996年版,第335页。

路的异同，从中更深刻地总结中国农业集体化道路的经验教训。

纵向比较，主要是从时间角度出发，对国史上不同发展时段的历史事件、历史现象以及人物等进行比较研究，通过考察国史上不同发展阶段或时期的相同点与差异处，全面完整地把握其发展的全过程，并发现其本质和规律性的东西。例如，考察比较中国共产党三代中央领导集体对苏联、俄罗斯的外交思想，可以探讨其中的继承与发展关系，总结中苏（俄）外交工作规律，为当代中俄外交的发展提供经验和启示。

宏观比较，是从整体与系统的角度出发，对不同历史现象、历史事物进行贯通或高度概括的比较研究。通过宏观比较研究，获得对历史发展的系统认识，揭示历史发展的本质，发现历史发展的普遍规律和趋势。在研究方法上，宏观比较更多的是摒弃偶然因素，重视高度的抽象与概括；宏观比较研究的对象，在时空的跨度上相对地要有较长的延续段与较大的覆盖面；研究所取得的结果，具有普遍的适应性。例如，中外现代化比较研究是国史研究中常见的宏观比较，有的学者从经济发展水平、城市化水平、信息化水平、科技发展水平、教育水平、居民生活质量、社会发展等角度，系统对比中国、日本、韩国、印度的现代化，从中得出中国现代化水平以及与其他国家的区别。

微观比较，是宏观比较的基础，是指从时间和空间的角度进行的具体历史比较，即对各种不同的特殊历史现象进行的具体比较。对具体的历史过程的政治、经济、思想、社会等各个不同的侧面，个别的历史人物、历史事件和历史现象的比较研究，都属于微观比较。微观比较，所比较的对象、研究的范围多带局部的含义，一人一物，就事比事，不求宏观，只求清晰。例如，将中国共产党第十八次全国代表大会与中国共产党第十二次全国代表大会进行比较研究，比较两者在我国改革开放史上的不同地位和作用，就是一种微观比较研究。

比较研究方法在国史研究中的运用不是无限制的，也不是凝固不变的。作为国史研究中的一种方法，比较研究类型是多样的。研究者往往同时使用多种类型的比较方法，只有综合运用多种类型的比较，才能收到较好的研究效果。

在国史研究中运用比较研究方法，需要遵循一定的程序和步骤。首先，要确定比较研究的主题和比较研究类型。在对历史事物或现象进行比较研究时，研究人员应在遵循可比性原则的基础上，根据自己的知识结构及认识能力确立比较研究的主题，即确立进行比较研究的切入口、寻找进行比较研究的对象，并根据所确立的比较主题，确定比较类型。

其次是找出比较研究的对比点，进行比较研究。历史比较研究必须是在两个或两个以上的历史事物间进行的。因此，对比较的双方或多方，要分别进行单独研究，包括史料的搜集与考证，史实的辨明与复原。研究者应在占有史料、明辨史实的基础上，确立或找出比较研究的对比点进行对应的比较和分析，较真实地显现比较对象的面貌和本质，意在同中求异，异中求同。

再次是总结比较结果，得出研究结论。经分别研究，对应比较，所比较研究的历史问题的相异与相同处已显现，进一步的工作，就是对业已显现的异同处的原因进行综合性的分析探究，旨在揭示所比较研究的历史问题的本质和规律。为此，研究者应在综合分析所比较研究的历史问题的基础上，运用抽象思维的方式，进行理论的判断和概括，最后形成符合历史实际的认识和结论。

（二）国史比较研究方法的功效与局限性

对于国史比较研究方法的功效，有学者曾以一言而概之，即帮助研究者"察同察异求规律"[①]。具体来说，比较研究方法在国史研究中的运用，可在以下方面取得积极效果。

第一，比较研究有助于研究者从整体上把握历史的全局和局部的异同关系，揭示历史进程的规律。在国史的比较研究中，有的侧重于求同，总结比较对象的共同点；有的侧重于求异，分析比较对象的不同之处。但是，如果比较研究仅止步于此，不再进一步研究比较对象相同点与不同点出现的原因，不再进一步在比较的基础上探索历史发展规律，那么这种比较研究就是极为肤浅的，研究价值将大打折扣。所幸的是，国史领域中不乏立足于"察同察异求规律"的进行比较研究的探索。例如，有研究者把以赫鲁晓夫为首的苏共中央对斯大林的评价，和以邓小平为核心的中共中央对毛泽东的评价作比较，指出了中苏两党对历史伟人的评价，其态度、方式、结论都各不同。赫鲁晓夫为巩固自己的领导地位，消除斯大林影响，突然发难，以秘密报告方式全盘否定斯大林，否定斯大林时期的一切；以邓小平为核心的中共中央则以实事求是的态度，以中央作决议的方式，客观公正地评价了毛泽东的历史地位与贡献，即毛泽东的功绩是第一位、错误是第二位的。不同的评价产生的影响、后果也迥异：以赫鲁晓夫为首的苏共全盘否定斯大林，给苏联人民带来了思想混乱和灾难，使国际共产主义运动出现了严重挫折。以邓小平同志为核心的中共中央科学评价毛泽东，促进了思想解放，维护了毛泽东的历史地位，丰富发展了毛泽东思想，推动了社会主义发展。在此基础上，作者总结出规律性结论：历史实践证明：以科学的态度，采取妥善的步骤和适宜的

---

① 庞卓恒：《察同察异求规律：比较史学的追求》，《史学月刊》2005年第1期。

方式，超越以个人为本位的立场和感情来审视、评价历史伟人，才能客观公正，才能推动社会主义事业的发展。①

第二，通过比较研究，有助于研究者克服片面性和主观性，发现历史现象之间联系的异同，从而获得认识历史现象的新视角。对此，恩格斯曾经指出："德国1525年革命和1848—1849年革命间的类似之处异常明显，以致当时不能完全不谈到它。"② 周谷城明确说："比较研究，即经常拿不同的东西对照着看的意思，这样做，可以使我们易于看出一些不应有的偏见。"③ 杜维运也认为："由比较历史现象所得的结论，能避免一部分的道德判断（亦可称之为价值判断）。"④ 历史的比较研究之所以有如此功效，是因为它是一种"间接实验法"，通过历史现象之间的比较，可以从某个历史现象中验证或说明另外一个历史现象。

第三，比较研究方法的运用，有助于研究者提高史论结合的写作能力。在史学研究中，既不能片面强调理论，忽视史料；也不能片面强调史料，轻视理论。比较研究既需要掌握充分的史料、史实，在比较中进行史料史实的分类、排比，又需要一定的理论分析能力，对所比较的历史现象进行总结，探求历史规律。比较研究方法，就其有助于人们对各种历史现象进行归纳、演绎、鉴别异同方面的作用而言，带有技术性方法的性质；但就其有助于人们通过比较揭示历史运动的普遍规律和特殊规律方面的作用而言，显然又带有理论上的导向性方法的作用。就是说，当人们在掌握了大量可靠的史料的基础上通过比较发现历史现象中的"相似点"和"不同点"，并对此进行解释时，就必然涉及许多理论问题。解释的过程是一种更高层次上的比较的过程，这个过程既需要人们掌握充分的史实，又需要人们具备理论思维能力。

与此同时，比较研究方法在国史研究运用中也呈现一些问题和不足。一是有些比较研究在理论方法上仍欠深度和广度，还停留在浅层次的历史异同现象的简单罗列类比或归纳对照上，而没有更进一步地去探求异同现象背后的深层原因和所呈现出的规律性。例如，有的研究者罗列比较中国共产党和苏联共产党在社会主义实践的历史过程中对社会主义的本质和特征、社会主义发展阶段、社会主义指导思想、社会主义模式、社会主义与资本主义关系和社会主义领导力量等社会主义若干重大

---

① 袁景华：《苏共对斯大林的评价和中共对毛泽东的评价比较研究》，《聊城大学学报（社会科学版）》2003年第1期。
② 《马克思恩格斯全集》第16卷，人民出版社1964年版，第447页。
③ 周谷城：《中外历史的比较研究》，《光明日报》1981年3月24日。
④ 杜维运：《史学方法论》，北京大学出版社2006年版，第81页。

问题认识上的异同之处,却没有分析产生中苏两党认识异同的实践和理论原因,更没能回答为何两党认识最终导致两种不同的社会主义前途的问题。二是一些具体历史现象的比较研究往往对有关的史实本身还缺乏深入和扎实的把握,或忽略了所比较对象的可比性,浅尝辄止,牵强附会,以致得出肤浅甚至错误的结论。

(三)正确运用国史比较研究方法

在国史研究中正确运用比较研究方法,应该注意如下问题。

第一,比较研究方法的运用,必须以马克思主义唯物史观为指导。比较研究方法仅仅是一种科学方法,使用它并不一定能得出科学的结论。"事物的本质并非完全外在于比较者的客观存在,它同时也有赖于比较者的理论构想。"[①]比较研究方法运用成功与否,关键取决于研究者的指导思想。在运用这种方法时,比较中的标准问题、比较类型的划分、比较应得出的结论等,都是与研究者的历史观和所秉持的理论相联系,并受其制约的。坚持以马克思主义唯物史观为指导,可以使人们在具体的比较研究中,能够自觉地从整体角度认识问题,把整体与局部结合起来,防止片面和走向极端。国外一些学者在进行毛泽东与邓小平的比较研究中,认为毛泽东和邓小平代表了"两个时代",而且这"两个时代"是个180度的大转变。他们之所以看不到"两个时代"的继承与发展的关系,看不到"两个时代"的社会主义本质一致性,就在于割裂了历史的联系,不能从整体上观察问题。

第二,要切实坚持可比性原则,切忌进行简单类比。简单类比会影响比较研究方法的科学性。1931年底,斯大林接见了德国作家艾米尔·路德维希。在会谈中,路德维希将斯大林与俄国封建沙皇彼得一世相比拟,认为斯大林是彼得一世事业的继承者。斯大林指出这种比较是不恰当的,他回答道:"绝对不行。历史的比拟总是冒险的,这种比拟是毫无意义的"[②]。封建帝王和无产阶级领袖是不能相提并论的,不能简单地类比。但是国史研究中仍有一些研究者将没有任何联系的、风马牛不相及的历史人物和历史事物放在一起进行简单类比。例如,有的研究者把毛泽东"农村包围城市,最后夺取全国胜利"的革命理论命名为"毛泽东模型",与英国经济学家刘易斯提出的二元经济发展理论即刘易斯模型进行比较研究,其依据是:"农村包围城市的基本理论依据是'中国政治经济发展不平衡',刘易斯认为发展中国家普遍存在'二元经济结构',这两者之间具有同构性。毛泽东模型的科学性就在现代经济学意义上得到新的诠释",并得出结论:"毛泽东模型的实

[①] 刘家和、陈新:《历史比较初论:比较研究的一般逻辑》,《北京师范大学学报(社会科学版)》2005年第5期。
[②] 《斯大林全集》第13卷,人民出版社1956年版,第93页。

践效果优于刘易斯模型，在于传统农民能够得到了利益激励"，因此"转变二元经济结构的科学路径是先进群体用利益引导激励落后群体，形成发展动力"。从性质上说，毛泽东"农村包围城市"理论是一种革命理论，而刘易斯模型是针对城乡二元结构提出的一种经济发展理论，二者有本质区别；毛泽东"农村包围城市"理论的基本内容是：中国民主革命首先在敌人统治力量比较薄弱的农村发动农民武装暴动，建立人民军队，建立革命根据地，把武装斗争、土地革命、建立政权结合起来，使之建成支持长期革命战争的战略基地。依托根据地积累发展革命力量，随着革命战争、人民武装和根据地的发展，逐步造成农村包围城市的战略态势，最后夺取全国胜利。而刘易斯模型目的是促进不发达经济发展，动力是劳动力转移和城市化。可见，二者性质、实践目的和运用范围有着根本区别，属于不可比的历史事物。

第三，要注意提升比较研究的层次，注重本质的比较。国史研究的目的，是研究国史发展的本质、规律。这是最深层次的研究。仅仅研究现象，是表面、肤浅的研究。如果比较研究只停留于对比历史现象的共同点、不同之处，不从中进行理论分析，发现历史发展的本质，总结历史发展的一定规律，比较研究法就失去了应用的最基本价值。比较要深入，而不是停留于表面；在各种形式的比较研究中发现了问题，不能就此止步，而应"乘胜追击"，找出解决问题的方法，总结出经验教训。这样，才能真正实现比较研究的价值，使历史研究有用于社会。

第五节　国史研究的跨学科方法

历史跨学科研究方法，指的是把历史学以外的自然科学和其他社会科学、人文科学的理论和方法运用于历史研究的方法。这种方法是在世界历史发展出现急剧变迁的形势下，首先在西方兴起的一种历史研究方法。[①]20 世纪 80 年代以来，随着我国史学界对传统史学研究经验总结的不断深化，研究者十分重视史学研究中的跨学科研究，跨学科方法被我国越来越多的学者所接受并运用于历史研究工作中。到 21 世纪初，我国的历史跨学科研究已经取得了一定的成果。

中华人民共和国史研究中，现实关怀使得研究者更多地关注和研究社会生活

---

① 1955 年召开的第十届国际历史科学大会作出关于跨学科历史研究的倡议，指出经济学、社会学、宗教学、语言学、地理学、人类学、民族学、人口学、心理学等诸多学科，都能够为历史学提供新史料、新方法、新思路。这标志着历史跨学科研究方法的兴起。

史、物质文化史、心态史、观念史和心理史等，并努力向数学、社会学、人类学、人口学、民族学、经济学等自然学科和社会学科借鉴理论与方法，用这些学科的学理去阐释相应的历史现象，从而促使国史研究不断开辟新的研究领域，研究视野得以不断拓宽和丰富。

一、跨学科方法在国史研究中的运用

（一）国史研究跨学科方法的可行性

随着现代科学的发展，学科越分越细，人们已经很难在一个学科的范围内对某项研究专题作出客观的、全面的分析，而需要运用其他有关学科的知识，对研究对象进行多角度的观察，以求得尽可能正确的结论。历史学和其他社会科学、人文科学一样，正越来越明显地走向跨学科的发展道路。

国史研究是史学领域中比较适合进行跨学科研究的领域。从研究内容来讲，国史研究是一门综合性学科，研究的问题广泛，而且与现实存在较密切的联系，其中某些问题，例如改革开放的一系列问题甚至可以说就是现实问题。正因为如此，国史中的很多问题单纯运用历史学科的知识是无法深入解决的。国史研究必须注意与其他学科的交流，注意吸取其他学科的研究方法和研究成果，特别是要注意借鉴政治学、社会学、文化学、经济学等领域的研究理论与方法。通过与其他学科的相互借鉴，吸取一切有益的理论和方法，大大提高自身的认识能力和认识手段，从而使国史研究更客观、深入，使立论更坚实、科学，在了解新中国的过去、认识复杂的现实乃至预测未来的发展方面，发挥更加积极的作用。

从跨学科研究方法在国史研究领域的运用来看，它具有两方面的含义。一是研究对象或研究领域之间的交融。就国史研究中的研究对象和研究领域来看，很多内容与其他学科是交叉的。例如，政治史领域，新中国的政治发展、政治体制改革和民主法制等，既是政治学的研究内容，又是国史的研究范畴。因此这两个学科的一些研究者运用政治学和历史学相结合的方式来研究这些内容，拓宽了中华人民共和国政治史研究空间。社会史则是社会学与历史学相交叉的研究领域之一，社会学关于社会结构的深入研究有助于理解和把握历史的社会存在，而社会变迁正是世界存在的时间维度，也是"历史"或者"历史的生成"，因此一些社会学学者研究现实中国社会，也涉及当代中国社会的历史。在他们的推动下，史学工作者也把目光转向当代中国社会史，把社会史作为国史研究的主要专题史。在社会学与史学工作者的共同努力下，当代中国波澜壮阔的社会变迁、社会生活历史成为当前国史研究的一个新的学科增长点。二是各学科研究方法之间的借鉴。国史研究运用跨学科方法最多的就是将其他学科的理论与方法运用到历史研究中，这其中既包括数学等自然科学方法，也有其他社会科学方法。当前，许多社会科学研究者不再满足于对所研究的对象进行现今时态的研究，转而注重进行历史性、溯源性探索。于是，一些研究者运用其自身专业的理论和方法，涉足历史研究领域，去探明本学科研究对象的历史演化过程。其所取得的研究成果，既是其本学科跨学科研究的有机组成部分，同时也积极推动了国史领域跨学科研究。

（二）国史研究中运用的跨学科方法

首先，数学方法被广泛运用到中华人民共和国经济史、人口史、社会史、军事史等研究中，以其鲜明的科学性、客观性推动了这些学科的发展。

当代中国经济史研究者普遍运用数量统计方法，即根据统计数据进行数量运算、制作表格，对历史现象间的相关关系进行数量分析。20世纪80年代中后期，我国当代经济史研究中就出现了建立经济运行的数学模型对我国经济运行的状况和经济发展史进行系统的数量分析、评价的研究成果，取得了良好效果。在人口演化规律研究中也经常运用数学模型分析方法，即以新中国成立以来的人口数据为基础，建立中国人口演化的模型，探索中国人口随时间演化的规律，并在此基础上对中国人口发展趋势进行预测。

当代中国社会史领域有许多内容尤其是与经济密切相关的经济社会史适合运用数学方法。例如就业问题，就业率与失业率的计算是必不可少的。与数字密切相关的军事史研究中，数量统计方法得到了充分应用。例如，有的学者以数据为基础，统计了新中国每年军费开支的数量和所占国家财政支出以及GDP的比例，实事求是地分阶段总结军费演变的特点，对驳斥国际上某些人就中国军费数字增长大加渲染炒作"中国威胁论"的论调很有说服力。

其次，其他社会科学学科的方法也在国史研究中得到运用。从目前国史研究运用其他学科方法的情况看，主要有以下几种：

其一，心理学方法。心理学方法在历史研究中的成功运用，促成了心理史学方法的诞生。心理史学方法在国史研究中主要应用于两个方面，一是研究个体历史人物的心理，尤其是对领袖人物的心理研究。例如有学者运用个性心理学、政治心理学的理论和方法，结合大量史料，对毛泽东进行心理分析研究。二是研究不同时期、不同群体的社会心理。从20世纪80年代末开始，我国学术界开始将心理学引入对"文化大革命"起源的研究，分析"文化大革命"时期群众变态心理的种种特征，如狂热的崇拜心理、病态的恐惧心理、固执的自大心理、消极的保守心理、幼稚的盲从心理、扭曲的逆反心理等，认为这些心理引爆了"文化大革命"。而且，已经有心理学专业的研究者投入这一研究领域。

其二，社会学方法。将社会学有关学科理论运用于国史研究，对当代中国社会结构、社会建设和社会变迁作出深入考察，已经成为当代中国社会史研究领域的常见做法。这一广阔领域，吸引着众多的史学工作者参与其中，使当代中国社会史研究迅速取得引人瞩目的成绩。当代中国社会存在前提如时段、疆域、气候、山川、资源、生态环境、自然灾害、生产力水平等，社会结构如人口、婚姻、家庭、宗族、阶级、阶层、群体、社区等，社会生活如物质生活、政治生活、精神生活等，社会功能如教育、就业、收入分配、医疗卫生、社会保障、社会体制与机制、社会管理、社会安全等，都成为当代中国社会史重点研究领域。

其三，人类学方法。将人类学的理论与方法引进到历史研究中，使得历史学研究产生较大的变化，因为人类学除了强调在内容上注重基层民众的日常生活世界外，在研究手段上更多地注重田野、口述，注重共时性研究。利用田野调查方法，深入社会，收集民间文献史料，也已成为当代区域社会史研究重要的研究途径。通过田野调查，可以搜集到各种不同种类的地方民间文献。以历史学为本位的田野调查工作，对于扩充社会史、区域社会史研究资料有重要意义，尤其是在史料上掀起了一场变革，以往不登学术研究大雅之堂的诗歌、日记、碑刻、族谱、报纸、广告、手札、回忆录、契约、账簿等也愈益得到研究者的青睐与重视。

田野调查还可以促使研究者更好地解读文献。当代中国社会史研究利用的文献，既有权威机构文献也有民间文献，还有既含有权威机构又含有民间内容的半官方半民间文献。民间文献来源于开放性的田野与社会，研究者可以了解民间文献产生的具体情境，在保存较好、种类和数量较多的地方，甚至可以从中读出文献的系统性、连贯性与整体性，进而对其作出文本上的分析。可以说，通过田野调查，研究者对历史的解读方式发生了改变，对历史认识的方法、研究的方法也发生了改变，这样可以深化对历史的理解，甚至修正以往的研究结论。

其四，经济学方法。新中国经济史的研究对象是生产力和生产关系的矛盾统一过程，这决定了它的研究方法必须是经济学的方法。它与以经济为研究对象的其他经济学科的区别之一在于，它以研究经济发展的具体过程为对象，即按照经济发展的历史顺序，从动态中揭示经济运动的轨迹。这决定了它具有历史科学的特性，其研究方法必须具有历史学方法的特点。经济史学的研究方法是将经济学方法与历史学方法融为一体，以历史主义的态度处理历史和现实的关系。

在实际的研究中，跨学科方法的运用并不是唯一性的，并非在使用某一种方法时，必定排除其他的方法，而经常是不同的学科方法相互配合，统一运用于综合研究之中。例如研究"大跃进"运动的发生、"文化大革命"的起源这类问题，由于这类历史事件的发生有其政治、经济、社会、文化原因以及领导人个人因素，因此运用政治学、经济学、社会学、心理学等学科的理论与方法进行综合研究，才能真正对这些重大历史事件的发生有一个比较全面的了解。

二、国史研究跨学科方法的功效与要求

把其他学科的理论和方法引进和借鉴到历史学领域，势必使历史研究发生深刻的变化。对此，法国学者科林·卢卡斯曾概括地指出："同社会科学挂钩引起了法国史学的两大变化"，首先，最明显的变化是"研究课题的多样化"；其次，最重大的变化是"史学同社会科学的接触对历史编纂法所产生的影响"。[①] 所谓"研究课题的多样化"，是说相较于传统史学偏重研究政治史、军事史和外交史而言，历史研究的范围得以大大拓展；所谓"对历史编纂法所产生的影响"，并非单纯指历史表述的形式，更主要的是指对人类社会历史的把握方式，即不再局限于单纯叙述，而是代之以分析，通过分析去揭示历史发展过程中的种种因果关系。上述两方面的变化表明，在史学领域展开跨学科研究，极大地深化了对人类社会历史的理解和认识。跨学科研究方法在国史研究中的对象，既有传统历史研究对象，也有历史研究开拓的新领域，甚至还有历史学尚未触及而其他学科已经有所建树的方面。跨学科研究方法使这两方面均发生了深刻的变化。

（一）跨学科方法的学术价值

首先，跨学科研究方法在国史研究中的运用，使传统领域的研究得以创新。借鉴一个学科的理论和方法去解决另一个学科的问题，往往导致学科研究的创新，"新概念常促进人们对因果关系的认识的发展"[②]。无疑，历史学家之能够慢慢地摆脱古代谬误的见解，大部分不是取决于他们自己的力量，而是取决于自然科学的影响，取决于不断出现的各种社会科学的特殊影响。政治学、经济学等诸多学科的融入，为历史学家没弄清的一些现象和事物提供了科学解释。跨学科研究方法的运用，使国史研究中一些传统认识发生调整和修正，促进了研究创新。

其次，跨学科研究方法的运用有利于拓展新的研究领域和视角。新的学术领域往往是在跨学科的地方生长出来，现在越来越多的研究突破传统史学的藩篱，运用跨学科研究方法，在多领域开辟新的研究方向。当代中国社会史的兴起，是

---

① ［法］雅克·勒戈夫、皮埃尔·诺拉主编：《史学研究的新问题新方法新对象——法国新史学发展趋势》，郝名玮译，社会科学文献出版社1988年版，第41页。
② ［法］M. 多冈等：《社会科学中的杂交领域》，黄育馥译，《国外社会科学》1990年第2期。

跨学科研究方法在国史研究运用的直接成果，借鉴社会学的理论与方法，当代中国社会史形成了单位制、社区制、社会组织等诸多新的研究课题。心理学方法的运用直接带动了历史人物心理和社会心理的研究，为"大跃进""文化大革命"等历史事件的研究带来新的视角。

国史研究有待于运用跨学科研究方法，继续开辟新的研究领域。例如，生态环境史是研究人类与自然环境之间的相互关系及其互动演变过程的学科。由于迄今为止，我们所认识的人类与自然环境的互动演变过程主要是历史现象，是人类历史的组成部分，因而生态环境史属于历史学的范畴，被视为历史学的分支学科，从事环境史研究的学者大都是历史学者。但人类与自然环境关系的研究又非史学研究的"专利"，而是与诸多学科相关联的公共研究领域。例如，地理学、生态学、人类学等，都是研究生态环境史必不可少的知识，如果将之运用于生态环境史的研究，无疑将开辟出一番新的天地。

跨学科方法在国史研究中的有效运用，并不是一蹴而就的。浅层次地将其他学科的概念引用到国史研究中，谈不上真正的跨学科研究。就心理学方法的运用而言，真正意义上的心理史学研究应当是跨学科的研究，即同时运用心理学与历史学两种学科的方法来从事的研究。在这方面，国史领域的心理史学研究符合这一标准的研究成果不多。一些对心理、心态问题进行研究的文章，只是在题目上有"心理""心态"的字样，但在方法上与传统的研究没有什么区别，只是改换一个角度来论述某一个旧问题，在学术上也没有更多的新意，这就很难称为"心理史学"方法；有些虽然标明是心理史学研究，在不同程度上采用心理学的某些概念或理论，但在史料使用上却很欠缺。心理史学的特点不仅应该体现在方法上，也应该体现在资料使用上。结合心理学的理论与方法，充分运用反映当时人们的心态的第一手资料如论著、笔记、回忆、日记、书信、诗文等，才能更好地体现心理史学的特点。

（二）正确运用跨学科方法的基本要求

正确运用跨学科方法，需要研究者对相关学科知识体系有深入而全面的把握。这种多学科背景不应该局限于了解的层次，而应该提升到通晓甚至精通的层次。不论是从国史研究旁涉其他学科，还是从其他学科转入国史研究，国史跨学科研究都要求在深层次上实现融会贯通，忌讳浅尝辄止、急功近利。那种"仅基于对其他专业的一知半解知识，凭其才气和灵性而提出见解"[1]的做法不是真正意义的

---

[1] ［日］中根千枝：《何谓跨学科研究》，梁仁译校，《中外科技信息》1989年第1期。

跨学科研究。因此，更准确地说，作为学科自身方法层面的跨学科研究，国史跨学科研究要求研究者具备包括国史在内的多学科复合知识结构。就现代历史学的学科发展而言，这也可以说是现代历史学对史学工作者的基本素质要求。在国史研究的政治、经济、社会等领域，如果缺乏专业性的知识与技能，某些问题的研究工作不可能获得展开。另一方面，如果过度运用其他学科的理论和方法，而使国史研究丧失历史本位也是不可取的。如数学方法的单纯、过度运用，使史学不断丧失自身的特性和功能。

跨学科方法起源于西方，在具体运用中很容易受到当代西方史学观念的影响。例如，西方心理史学方法论的主要缺陷在于其心理学上的还原论，社会和政治事件被还原为心理的原因，历史人物成年后的经历被还原为童年的原因，从而夸大人格在历史上的作用，忽视社会物质生产和社会发展对个人行为改变的影响。如利夫顿1968年指出：在毛泽东的思想和行为中，"'有一个重大的深层特征尚未得到应有的注意，这就是一种生命存在意义上的绝对化倾向'。这一倾向坚持以要么获得一切，要么一无所有的极端态度去直面死亡。这一特质是塑造文化大革命精神基调的最重要因素。"[①] 这就把"文化大革命"的发动还原为毛泽东的"心理特质"。这种做法过分夸大了个人心理因素的作用。

正确运用跨学科方法，必须坚持以唯物史观为指导。为避免西方史学的缺陷，坚持以唯物史观为指导的原则是正确运用跨学科方法所必需的。在心理史学方法的运用中，我国学者在对国史政治事件的发生进行心理分析时，并不把历史事件看作历史人物个人的产物，而是将之作为历史多种因素的复合体，在承认其政治、经济、社会原因的同时，再从心理学的角度予以分析。在这样的前提下开展的心理分析，所起的作用就是"补充历史学研究中的其他解释，而不是取代这些解释"[②]。在社会史研究中，由于社会是由经济基础和上层建筑构成的整体，是动态的具有复杂相互关系的人群结构。因此，研究社会就必须考察社会的政治、经济、文化的状况，考察社会组织、社会阶级和阶层、社会关系、社会意识形态、社会心理和社会生活方式等，既然要研究社会的进化和社会的变革，就必然要涉及社会的发展规律、社会发展的动力等问题。对于这些问题的解释，又必然要坚持以马克思主义唯物史观为指导。

---

① 转引自萧延中：《论毛泽东"革命牺牲"的政治学——利夫顿〈革命的永生〉一书解读及其他》，《湖南科技大学学报（社会科学版）》2006年第2期。
② ［英］杰弗里·巴勒克拉夫：《当代史学主要趋势》，杨豫译，北京大学出版社2006年版，第88页

第六节 国史研究的口述史学方法

口述史学方法,主要指搜集和利用口头史料来记述历史和研究历史的方法。口述史学方法在中国历史研究中由来已久。司马迁在撰写《史记》时充分运用口述历史材料,奠定了中国口述史学方法传统,对后世史学研究产生了深远影响。20世纪以来,现代科学技术发展和新的技术手段的使用,赋予了口述史学方法新的活力。更重要的是,与传统史学对口头史料进行简单的搜集和运用相比,现代口述史学更着重于对口述史料的收集、整理、运用进行专门的理论探讨。而且,口述史学方法不仅可以用来搜集史料,还可以把口述资料作为研究写作历史的主要依据来形成口述史学著述。

在中华人民共和国史研究中,由于历史事件亲历者可能健在,口述史学方法大有用武之地,成为国史研究中最常用、最有特色的研究方法之一。

一、国史研究中口述史学方法的应用

在中华人民共和国历史研究中,口述史学方法的运用大体可分为两大类:第一类是回忆录的方式,即人们根据回忆将自己经历的历史事件作一个系统的梳理,亲自撰写或通过口授由别人记录整理成文;第二类是访谈录的方式,即由访谈人或研究者通过对当事人或亲历者进行问答式访谈,并将谈话内容整理成稿。相对来说,回忆录的主体多为领导人物,以自己或亲属的亲身经历为内容,对新中国历史上的重大事件和重要人物进行回顾与思考,很少反映中下层社会普通的人生遭遇和日常生活。访谈录的主体则要宽泛得多,既可以访谈名人,也可以访谈普通百姓,只要是亲历者,都可以参与进来。自20世纪五六十年代以来,这两种方式的口述史学方法在国史研究中都得到比较广泛的运用。

(一)20世纪五六十年代口述史学方法的初步运用

新中国成立后,文史学界非常重视口述史料的征集。1959年4月29日,周恩来在人民政协茶话会上,号召政协委员们把自己的知识和经验留下来,对社会有所贡献。在这一倡议下,人民政协开始有组织、有计划地征集、整理、编辑、出版近现代文史资料。这些文史资料以"亲历、亲见、亲闻"为特色,所以又称"三亲"史料。半个世纪以来,据不完全统计,各级政协共征集了80多亿字,出版了50多亿字的文史资料。其中,全国政协共征集了5亿多字,出版了《文史资料选辑》153辑,3000多万字;出版各种专题史料200多种,6000多万字。政协文史资料的征集,不仅是口述史学方法的典型运用,培养了一大批口述史料工作者,而且还积累了很

多关于新中国重大历史事件比如知识青年上山下乡运动的口述史料。

作为一种新的史学方法,口述史学方法突破了以往历史著述偏重于政治和领导层、较多地自上而下书写历史的传统,使普通人的生活、社会的变迁、人民大众对历史的认识更多地走进了史学领域。20世纪50年代末60年代初,毛泽东提出"用村史、家史、社史、厂史的方法教育青年群众"①,激发了史学界尤其是高校历史系年轻学生走向工厂、矿山、农村进行历史调查,撰写"四史"的热情。在"四史"运动中,史学工作者强调"四史"编写中要运用口述访谈、社会历史调查,因为"四史"本身缺少文字资料,大量资料深藏在群众的记忆和口碑中,因而"更主要的材料来源是通过访问来的"②。在"四史"的撰写中,口述访谈、回忆成为较多运用的一种主要方法。尤其是口述家史,多着重于结合大的历史背景,通过个人回忆反映时代面貌。

总起来看,五六十年代,文史学界运用口述方法来记述新中国成立以来的历史发展,是口述史学方法在国史研究中的初步尝试。口述史学方法在中华人民共和国历史的记述和研究中得到较广泛运用,是在改革开放以后。

(二)改革开放以来口述史学方法的发展

20世纪八九十年代,中华人民共和国历史发展中一些重大历史事件的亲历者开始进行有组织的口述回忆活动。工作方式一般是自己口述史实,在记录整理的基础上由工作人员参阅档案文献资料写作成文,再由口述者审阅修改,然后经征求有关方面或部门的意见,最后修改定稿出版。这类著作有李维汉的《回忆与研究》、徐向前的《历史的回顾》、师哲的《在历史巨人身边》、薄一波的《若干重大决策与事件的回顾》、胡乔木的《胡乔木回忆毛泽东》及《黄克诚自述》、《杨尚昆回忆录》等。

由于这些亲历者具有重要的政治和历史地位,对于重大历史事件的内幕有着比较准确的了解,并且使用了很多不对外公开的档案资料,因此他们的回忆录不仅在史实方面比较可靠,而且往往含有很多独特的资料,具有不可替代的价值。例如薄一波著《若干重大决策与事件的回顾》(上、下册)(中共中央党校出版社1991、1993年版)、吴冷西著《忆毛主席——我亲自经历的若干重大历史事件片段》(新华出版社1995年版),均涉及中华人民共和国历史发展中诸多重大历史事件的决策。《风雨四十年》(中央文献出版社1996年版)的作者童小鹏在周恩来直

---

① 《建国以来毛泽东文稿》第10册,中央文献出版社1996年版,第297页。
② 苏双碧:《北京历史学会座谈村史讨论了编写村史的意义方法内容体例等问题》,《北京日报》1964年1月18日。

接领导下工作了近40年,新中国成立后曾长期担任国务院副秘书长兼总理办公室主任。他于书中记述了从1949年召开新政协到1976年周恩来逝世这一阶段的状况,其中也回忆了三年困难时期周恩来带头节俭度荒的情况。

除了党和国家的高层领导人物,一些亲历历史事件的中下层领导也撰写回忆录,回顾历史的发展进程。萧克等著《我亲历过的政治运动》(中央编译出版社1998年版)等,对新中国成立以来历次主要政治运动,包括整风反右运动、反右倾运动、"四清"运动、"文化大革命"等,都进行了回忆。当代中国出版社从2004年开始推出"当代中国口述史"丛书,即汪文风《从"童怀周"到审江青》(2004年);吴德口述,朱元石等访谈、整理:《十年风雨纪事——我在北京工作的一些经历》(2004年);汪东兴:《汪东兴回忆:毛泽东与林彪反革命集团的斗争》(2004年);师哲口述、李海文整理:《中苏关系见证录》(2005年),王文正口述,沈国凡采写:《共和国大审判——审判林彪、江青反革命集团亲历记》(2006年);朱佳木:《我所知道的十一届三中全会》(2009年);王仪轩、许光建等口述,阮虹访谈并整理:《中韩"劫机外交":卓长仁劫机案与汉城谈判内幕》(2009年);刘冰:《风雨岁月:1964—1976年的清华》(2010年),都是亲历了重大历史事件的有关领导的口述著述。

新时期以来,普通群众对于历史的记忆也得以以口述著作的形式大量出版。例如被错划为"右派"的人写成的口述资料,包括回忆录、日记、自编年谱和纪念文集、较完整的个人简历等,这类回忆录数量很大,又分为公开出版与自行刊印两种。相较而言,公开出版的多是错划的知名"右派"口述资料,如戴煌《九死一生——我的"右派"历程》(中央编译出版社1998年版)、温济泽《第一个平反的"右派"——温济泽自述》(中国青年出版社1999年版)等。这类回忆录从内容到形式都比较规范。自行刊印的口述资料,如吴容甫《劫海恶波》(2000年,长沙)、李仕兴《自掌嘴——我当"右派"的心路》(2003年,郑州)、李泥《历史伤口——二十年寻访"右派"实录》(2004年,北京)等,多数出自基层被错划的"右派",对于了解整风运动和反右派斗争在基层的发展面貌有重要帮助,但是这类资料中一些史实难免有失误之处,而且口述主体对历史的认识判断未尽准确。

各地知青撰写的口述著作更是大批量公开出版,充分体现了现代口述史学方法关注社会下层的特点。这其中既有地区性口述著述,又有群体性口述资料;既有以知青为撰写对象的回忆录,也有知青自己撰写的自传;还有对知青进行访问的口述记录,内容比较丰富多样。

总体来看,口述史学方法在中华人民共和国历史记述和研究中的运用,覆盖了新中国建立以来的政治、军事、经济、文化、科技、教育等诸多领域的内容。口述史学工作者不仅关注新中国成立后的重大历史事件,如土地改革,镇压反革命,抗美援朝,社会主义改造,"三反"、"五反",反右派斗争,"大跃进","四清"运动,"文化大革命"以及40多年的改革开放等,而且也关注新中国历史上的重要历史人物,如毛泽东、刘少奇、周恩来、朱德等老一辈革命家和各个时期党和国家高层领导人物的生平思想与活动,并特别注意抢救一些重大事件的参与者、决策者和经历者等重要人物的口述史料。更值得肯定的是,口述史学工作者还关注普通人民群众眼中的新中国历史变迁,将人民群众作为历史主体纳入了新中国历史视野,促进了国史记述、国史研究的深入发展。

二、口述史学方法的价值与功效

口述史学方法之所以得到人们的青睐,与其具有独特的史学功用密不可分。保罗·汤普逊在《过去的声音:口述史》一书论述了口述史学方法的功用和价值,指出:"口述史是围绕着人民而建构起来的历史。它为历史本身带来了活力,也拓宽了历史的范围。它认为英雄不仅可以来自于领袖人物,也可以来自于许多默默无闻的人们。它促使师生成为了合作伙伴。它把历史引入共同体,又从共同体中引出了历史。它帮助那些没有特权的人,尤其使老人们逐渐获得了尊严和自信。在它的帮助下,各阶级之间、代际之间建立起了联系,继而建立起了相互理解。而且,对于单个的历史学家以及其他人来说,由于口述史是有意义共享的特点,所以它在地点和时间上为这些人提供了归属感。"[①] 具体来说,口述史学方法在国史记述和研究中发挥的积极作用,可以从国史史料、国史学科发展两方面来考察。

(一)在国史史料领域发挥的作用

口述史学方法在国史研究中的运用,可以征集到大量丰富的口述史料。口述史料作为国史研究史料中不可或缺的重要组成部分,在国史研究中发挥重要作用。

第一,可以弥补国史研究中文献记载的空白,使历史更完整。由于主客观各方面的条件限制,中华人民共和国历史上有很多问题无法留下文字记录,没有文献记载。例如,在中华人民共和国历史发展过程中,有时党和国家的一些重要会议尤其是政治局会议是不允许做会议记录的,但是与会者因为工作需要有时可以做个人记录,从而成为后来回顾历史的重要资料。这类资料就成为文献档案无法

---

① [英] 保尔·汤普逊:《过去的声音:口述史》,覃方明等译,辽宁教育出版社2000年版,第24页。

替代的独特史料。

吴冷西的《十年论战——1956—1966 中苏关系回忆录》就是这样一部具有重要史料价值的口述史学著作。中苏大论战前后,吴冷西担任《人民日报》总编辑,同时担任"反修文件起草小组"副组长(这个小组于 1963 年 2 月由政治局常委会决定设立并直属常委会领导)。当时这一职务甚至比《人民日报》总编辑更重要、更特殊,因此吴冷西掌握了许多一般学者无法接触到的有关"中苏大论战"经过和背景的资料。吴在该书后记中说,"本书基本上是本著述而不作的初衷,披露笔者十年间亲身见闻所及"。可以说,他的特殊身份、经历、所掌握资料的独特性,使该书成为中苏论战问题的重要参考资料。

还有一些历史事件和历史人物,具有一定的敏感性和复杂性,因此有关的档案资料并不予以公布。这样,人们要了解历史真相,就只能运用口述史学方法,对当事人、亲历者进行口述访谈,收集口述史料,最大限度地解决这一难题。例如对于整风反右运动、"大跃进"运动、"文化大革命"等重大历史事件的研究,参与这些历史事件的当事人基本还健在,他们对这些事件的口述,可以从政策实践的另一个层面来展现历史发展的具体过程,与相关文献资料一起构成比较完整的历史记述。

总之,最大限度地挖掘和利用口述方法所形成的"鲜活材料",有利于更全面、更客观地研究当时的历史。

第二,可以从侧面印证文献资料的可靠性,使历史更真实。国史研究中所运用的史料,大部分是来源于党和政府部门的文献记载,长此以往,使得国史研究具有深厚的政治和官方色彩。运用口述史学方法,征集亲历者对历史发展的认知和亲身感受,从某种程度上可以与党和政府部门的文献资料相互佐证。

例如,在改革开放史的研究中,多年来,党和政府部门很多重要档案文献得以编辑出版,成为研究改革开放重大决策和重大历史事件的基本文献。但是单纯依赖这些文献,并不足以记录和展现改革开放波澜壮阔和艰辛探索的磅礴历程,而亲身经历和见证这段历史的老领导、老同志大多数还健在,他们的回忆录、口述历史,正是研究这段历史的重要资料和宝贵财富,在很大程度上可以与档案文献资料相互辉映,从而更真实、生动、具体地再现改革开放历史。

第三,可以帮助确定一些不确定的史实。历史发展过程中存在很多没有明确记录的历史细节,口述史学方法可以多方征求当事人的回忆,根据多人意见的一致性来确定历史事实。例如,毛泽东的《六言诗·给彭德怀同志》最早非正式地发表在 1947 年 8 月 1 日出版的冀鲁豫解放区部队的《战友报》上。编者在按语中只是笼统地说:"这里搜集到毛主席在长征中所作的两首诗词"(另一首是《清平乐·六盘山》)。至于怎么"搜集"到、从哪里"搜集"到的,则没有说明。而且在注释里把这首诗的写作地点和背景也误写为是在腊子口战斗后毛泽东发给彭德怀的一份电报。1957年2月,一家杂志编辑部给毛泽东写信,请他校阅并准予在该刊上发表这首诗。毛泽东则回信说:"记不起了,似乎不像。腊子口是林彪同志指挥打的,我亦在前线。不会用这种方法打电报的。那几句不宜发表。"这首诗到底是不是毛泽东作的呢?中央有关部门在20世纪80年代作了十分认真的考证。他们查阅了此诗的受赠人彭德怀的自述,查阅了老将军黄克诚悼念彭德怀的文章,查阅了伍修权的回忆文章,向杨尚昆、王震等领导同志作了调查。在得到这些当事人和熟知内情的人的旁证材料以后,确认该诗确实是毛泽东所写。于是,1986年出版的《毛泽东诗词选》将这首诗收入。①

(二)对国史学科发展的贡献

口述史学方法面向大众、鲜活生动的特点,为国史学科的发展带来不少新的面貌。

首先,口述史学方法在国史研究中的运用,有利于开拓研究视角。由于传统史学关注的重点是统治阶级和社会上层以及与之直接相关的历史事件,研究视角往往自上而下。一段时期以来,国史研究深受这种史学传统的影响。然而,口述史学方法的运用,使底层民众开始走入中华人民共和国历史视野,为研究者提供了一种自下而上的观察历史的视角。口述史学方法"会使人类变得更加充实。同样,口述史对公认的历史神话,即历史传统所内在固有的权威判断发出了挑战,它为从根本上转变历史的社会意义提供了手段"②。

其次,口述史学方法在中华人民共和国政治、经济、文化、外交等诸多专题领域的运用,拓展了许多新问题的研究范围,使这些领域出现了新的增长点。20世纪90年代末期以来,清华大学社会学系孙立平主持研究项目"20世纪下半期中国农村社会变迁口述资料收集与研究",其研究成果《"过程—事件分析"与当代中国国家—农民关系的实践形态》,成为将口述史学方法应用于中华人民共和国农村社会生活史的典范。

再次,口述史学方法有助于国史宣传与教育。中华人民共和国历史研究承担着资政育人的社会功能,国史宣传教育是国史研究者的重要职责。如何面向社会

---

① 参见陈安吉:《试论研究毛泽东诗词版本的意义》,《党的文献》2002年第2期。
② [英]保尔·汤普逊:《过去的声音:口述史》,覃方明等译,辽宁教育出版社2000年版,第24页。

大众，使国史以喜闻乐见的形式被人们所接受，一直是国史研究者所探寻的。在这一过程中，将口述史学融入国史的宣传与教育，无疑是有效渠道之一。口述史学方法的运用，使历史研究变得鲜活和生动。基于文献资料的文本解读而写成的历史著作经常有枯燥乏味的缺陷，而口述史学方法具有形象、生动的口传特点，它的运用可以大大改变文本研究的呆板缺点。从实践来看，无论是国史宣传教育的书籍，还是关于重大历史事件、重要历史人物的电视片，都比较广泛地运用口述访谈，极大地增加了国史的可读性、可视性。

三、口述史学方法的缺陷与对策

历史学的生命在于客观与真实，历史学家都把追求历史的真实作为自己研究历史的最高目标。然而，口述史学方法以其不可避免的主观性、不准确性等缺陷给研究者带来很多困扰，甚至遭到一些研究者的排斥。正如约翰·托什所说："大多数专业史学家甚至现在仍对利用这类材料进行研究持怀疑态度，并时常不愿意讨论它实际存在的优点与缺点。"[①]

（一）口述史学方法的缺陷

口述史学方法的第一个缺陷，是口述主体和访谈者的主观性。口述主体，无论是回忆者还是受访者，都是历史的亲历、亲闻、亲见者，但这并不意味着他们所讲述的历史全部是真实客观的。相反，有种种因素使他们的回忆具有明显的主观性。其一，口述主体出于一些原因故意歪曲真相，特别是涉及一些敏感的人和事，或者推卸责任，或者避重就轻，或者自我拔高，或者无中生有，或者有所保留，从而使回忆失真，背离历史真相。其二，口述主体知识面不够宽，对历史了解不全面，从而使回忆出现错误之处。其三，口述主体出于情感因素，对历史事件和人物的褒贬不够客观。这种情况在一些历史人物的亲属或身边工作人员所作的回忆中比较常见。

口述史学方法的主观性还来自组织实施口述的访谈者或者研究者，研究者的偏见是口述中经常出现的问题。其一，有些访谈者在访谈过程中以已经知道或先入为主的想法为基础，为了实现预先的一些主观判定，会故意诱导（或暗示、或曲迎等）被访者，从而使"过去的声音"变成了"现在的声音"。其二，在整理访谈资料的过程中，访谈者会根据自己的立场，将自身的价值判断与观点强加于对口述资料的分析与阐释，并刻意选取一些有利于自身的资料作为诠释历史的基础。

---

① ［英］约翰·托什：《口述的历史》，雍恢译，《史学理论》1987年第4期。

口述史学方法的第二个缺陷是个人记忆的不可靠或整理、记录者的失当。口述史学方法主要依靠回忆者、受访者的记忆和叙说来进行，而个人记忆却存在不可靠性。其一，受访者因年龄、身体健康等原因，要么失去对过去的记忆，要么对过去的记忆不准确、不完整。其二，由于个人感情色彩故意扭曲记忆。事关受访者过去的不幸经历时，他们要么渲染甚至放大苦难，要么把过去描绘得很好，因为他们不愿意回到过去的阴影之中，这样就不能保证叙述的可信性和准确性。由于历史人物的亲属或身边工作人员经常是一些重要事件的知情人，也可以就当事人有关的社会关系等提供线索，因此历史人物的亲属和身边工作人员经常是回忆录主体和访谈的对象。但是一些受访者总是极力维护自己的亲属和领导的声誉，在历史记忆中掺杂个人感情，使一些回忆不尽客观和准确。其三，口述者的回忆受到后来历史发展的影响，对当初的历史事件和历史事实有了不同看法，而导致他们回忆时对历史真实情况的描述发生了变化，与当时的历史事实不符。

（二）正确运用口述史学方法的基本原则

为了避免口述史学方法存在的主观性、偏差性缺点，准确性、客观性就成为口述史学方法运用的重要价值追求。

第一，访谈者、研究者需要具有正当的价值立场、深厚的史识功力和扎实的知识背景。一方面，口述研究者不仅要对中华人民共和国历史发展过程有基本的了解，还要掌握学界和社会上对重大历史事件和重要领导人物的主流评价看法，这能帮助研究者在采访时辨析访谈者的回忆是否准确、客观。另一方面，还要对口述史学方法的优势和缺陷有清醒的认识，如此才能保证口述研究者能够严谨而合理地使用口述史料。

第二，要坚持口述史料与文献资料相印证的原则，做好口述史料的考证工作，来辨别并纠正口述史料中的错误之处，确保口述史料的客观性。谨慎对待得不到文献史料印证、比较的口述史料，单纯将口述史料作为记述历史的唯一渠道，很难保证历史的真实。

第三，对于无法得到文献史料印证的口述史料，要多方征集同一事件当事人的记述，这样可以互相印证一些错误之处，尽量保证口述史料的准确性。一般来说，不同回忆者对同一事件的说法不同时，应尊重多数人的意见。对于互相矛盾又没有得到进一步考证的资料，研究者最好存疑，不能作为主要证据来论证自己的观点。因为在口述回忆相互矛盾的情况下，研究者依靠任何一方的回忆来作为证据得出结论都是不合适的，需要挖掘更多的历史文献，需要征集更多亲历者的口述史料，多角度印证，才能进行一定的判断。

需要指出的是，任何研究方法都不是万能的，每种研究方法总是具有各自的优势与缺陷，都有各自适用的研究领域，口述史学方法尤其如此。总体来看，口述史学方法特别适用于那些缺少文献资料的研究领域和比较单纯的历史问题，例如社会史研究中，口述史学方法大有用武之地。而对于研究比较庞杂、深刻的问题，对于以统计为主的经济史和以原始文件为主的政治制度史，口述史学方法恐怕难有用武之地。

思考题：

    1. 国史研究基本方法有哪些？

    2. 请结合研究成果谈一谈国史研究方法的运用。

    3. 国史研究如何创新方法？

阅读文献

1. 《马克思恩格斯选集》，人民出版社1995年版。
2. 《列宁选集》，人民出版社1995年版。
3. 黎澍主编：《马克思恩格斯列宁斯大林论历史科学》，人民出版社1980年版。
4. 黎澍主编：《马克思恩格斯列宁斯大林论历史人物评价问题》，中国社会科学出版社2012年版。
5. 吴玉贵主编、杨艳秋副主编：《马克思恩格斯列宁斯大林论社会形态》，中国社会科学出版社2012年版。
6. 《胡乔木传》编写组编：《胡乔木谈中共党史》，人民出版社1999年版。
7. 司马迁：《史记》，中华书局2013年版。
8. 刘知几：《史通》，重庆出版社1990年版。
9. 章学诚：《文史通义》，中华书局1985年版。
10. 梁启超：《中国历史研究法 中国历史研究法补编》，中华书局2014年版。
11. 《郭沫若全集·历史编》，人民出版社1982年版。
12. 侯外庐：《韧的追求》，生活·读书·新知三联书店1985年版。
13. 荣孟源：《史料与历史科学》，人民出版社1987年版。
14. 翦伯赞：《历史哲学教程》，河北教育出版社2000年版。
15. 《翦伯赞史学论文选集》，人民出版社1980年版。
16. 瞿林东：《中国史学史纲》，北京出版社2005年版。
17. 杜维运：《史学方法论》，北京大学出版社2006年版。
18. 中共中央党史研究室编：《历史是最好的教科书——学习习近平同志关于党的历史的重要论述》，中共党史出版社2014年版。
19. 欧阳淞：《党史学基本问题研究》，中共党史出版社2014年版。
20. 张剑平：《中国马克思主义史学研究》，人民出版社2009年版。
21. 中共中央文献研究室：《关于建国以来党的若干历史问题的决议》（注释本），人民出版社1983年版。
22. 金春明主编：《评〈剑桥中华人民共和国史〉》，湖北人民出版社2001年版。
23. 当代中国研究所编：《〈中华人民共和国史稿〉出版后的思考》，当代中国出版社2014年版。

24.［法］保尔·拉法格等:《回忆马克思恩格斯》,马集译,人民出版社1973年版。

25.［英］柯林武德:《历史的观念》,何兆武、张文杰译,商务印书馆1997年版。

26.［美］鲁滨孙:《新史学》,何炳松译,上海古籍出版社2012年版。

27.［英］罗德里克·弗拉德:《计量史学方法导论》,王小宽译,上海译文出版社1997年版。

28.［英］杰夫里·巴勒克拉夫:《当代史学主要趋势》,杨豫译,北京大学出版社2006年版。

29.［美］费正清:《伟大的中国革命(1800—1985)》,刘尊棋译,世界知识出版社2001年版。

30.［美］傅高义:《邓小平时代》,冯克利译,生活·读书·新知三联书店2013年版。

后 记

《中华人民共和国史研究的理论与方法》这本教材，主要内容是梳理国史研究的学术发展史和学科建设史，探讨国史和国史研究中需要正确认识和处理的重大理论问题，辨析国史研究中出现的若干思潮，分析国史通史研究与专门史研究的关系，梳理国史史料收集与整理、国史研究的基本方法，努力构建国史研究理论与方法的学理基础，使历史专业的研究生、青年研究者对中华人民共和国史研究有一个基本的了解。

本书的整体内容，由宋月红、王爱云共同撰写，曹守亮对于第一章的写作给予了很大帮助，提供了部分内容初稿。

国史研究的理论与方法，内容丰富，涵盖面也比较广。就此而言，本书的内容还只是基础性的，需要随着国史发展的历史逻辑和国史学科建设的认识逻辑的发展而深入推进。

著 者

2021 年 8 月